라운드와 함께하는 입문에서 싱글까지 완벽가이드

나이스 샷 골프핸드북

데이비스 존스 지음 / 김영태 옮김

아이템북스

라운드와 함께하는 입문에서 싱글까지, 모든 가이드

나이스 샷 골프핸드북

2012년 3월 5일 초판 1쇄 인쇄
2021년 6월 7일 초판 6쇄 발행

- 지은이 _ 데이비드 존스
- 옮긴이 _ 김 영태
- 자료제공 _ 보　　성

- 펴낸곳 _ 아이템북스
- 펴낸이 _ 박 효 완
- 등　록 _ 2001. 8. 7. 제2-3387호
- 주　소 _ 서울 마포구 서교동 444-15

※ 잘못된 책은 교환해 드립니다.

차 • 례

들어가는 말 · 8
골프 게임 1 · 10
골프 게임 2 · 13
위대한 골퍼 1 · 16
위대한 골퍼 2 · 18
위대한 골퍼 3 · 20
위대한 골퍼 4 · 22
위대한 골퍼 5 · 24
위대한 골퍼 6 · 26
위대한 골퍼 7 · 28
위대한 골퍼 8 · 30
골프 기록들 1 · 32
골프 기록들 2 · 34
골프 클럽의 발달 · 36
골프 볼의 어제와 오늘 · 39
골프 클럽 · 42
골프 클럽의 디자인 · 44
골프 클럽의 선택 · 47
퍼터 · 50

골프 복장 1 · 53
골프 복장 2 · 56
골프 용품들 1 · 58
골프 용품들 2 · 60
골프 용품들 3 · 62
볼과 클럽의 역학 · 64
그립 · 67
스탠스 · 70
단순한 스윙 · 73
롱 샷을 위한 세트업 · 76
백 스윙 · 79
스루 스윙 · 82
스윙에 관하여 · 85
숏 아이언 샷 · 88
롱 아이언 샷과 미디엄 아이언 샷 · 91
페어웨이 우드 · 94
드라이브 샷 1 · 97
드라이브 샷 2 · 100
드라이브 전략 · 103

골프 길라잡이

숏 퍼팅 : 세트업 · 106
숏 퍼팅의 조준 · 109
숏 퍼팅 스트로크 · 112
짧은 거리와 긴 거리의 퍼팅 · 115
롱 퍼팅 · 118
그린 읽기 · 121
짧은 거리 퍼팅을 위한
그린 읽기 · 125
숏 퍼팅 연습 · 127
롱 퍼팅 연습 · 130
치핑과 러닝 1 · 133
치핑과 러닝 2 · 136
롱 피칭 · 139
숏 피칭 · 142
커트 샷 · 145
벙커 샷 : 올바른 클럽 · 148
스플래시 샷 · 151
벙커에서의 방향 · 154
익스플로전 샷 · 157

벙커 샷의 거리 · 160
벙커 턱 아래에서의 플레이 · 163
다운힐 스윙 · 166
업힐 스윙 · 169
사이드힐 스윙 · 172
그린 턱에서의 공략법 · 175
펀치 샷 · 178
러프에서의 탈출 · 181
좋지 않은 라이 · 184
드라이브 샷의 향상 · 187
도전과 전략 · 190
전략 · 193
파3 · 196
리커버리 샷의 예술 · 199
바람과 날씨 · 202
바람 속에서의 샷 · 205
거리 판단 · 208
조준 · 211
기술적인 샷 · 214

차·례

긍정적인 사고 · 217
습관적 행동의 중요성 · 220
레슨 및 연습 · 223
롱 게임 연습 · 226
짧은 게임 연습 · 229
볼 컨트롤 · 232
슬라이스 교정 · 235
초보자의 나쁜 스윙 · 238
밀어내기 샷과 훅 · 241
멀리 치는 법 · 244
확률 골프 1 · 247
확률 골프 2 · 250
코스 읽는 법 1 · 253
코스 읽는 법 2 · 256
근육 운동 1 · 257
근육 운동 2 · 260
근육 운동 3 · 262
근육 운동 4 · 264
발전과정 모니터하기 · 266

프로 경기 관전 · 269
코스 설계의 대가들 · 272
물을 끼고 있는 코스들 · 276
클래식 챔피언십 코스 1 · 279
클래식 챔피언십 코스 2 · 280
세계의 코스들 1 · 282
세계의 코스들 2 · 284
세계의 코스들 3 · 286
스트로크 플레이 · 288
매치 플레이 · 291
카드 및 핸디캡 · 294
경기 · 297
에티켓 · 301
주요 룰 · 305
부록(골프용어 해설) · 309

들어가는 말

골프를 배우는 이상적인 방법, 핸디캡을 줄이는 데 방해가 되는 스윙의 결함들을 없애주는 가장 좋은 방법은 프로와 함께 필드에 나가는 것이다. 그러나 당신 혼자서도 집이나 공원에서, 또는 친구들과 함께 라운딩하며 할 수 있는 것도 많다. 바로 이「나이스 샷 골프」의 내용은 모든 골프 기술에 관해 원리부터 자세히 설명하여 놓았으므로 코치의 도움 없이도 스스로 연습할 수 있도록 엮어져 있다.

자신의 능력에 따라 처음부터 다시 시작해야 할 필요를 느끼는 이들도 있을 것이다. 기초부터 시작하여 각 장에 소개되어 있는 대로 연습해 나가다 보면 얼마 지나지 않아 눈에 띄게 향상되는 자신의 실력을 느끼게 될 것이다. 골프 기술을 각 개인의 특성에 맞게 분석하고, 코스에서의 어려움들을 깊이 있게 다루었기 때문에 로우 핸디캐퍼들도 이 책의 가치를 깨닫게 될 것이다. 로우 핸디캐퍼들은 스윙 스타일을 완전히 바꾸거나 테크닉 샷에 변화를 주지 않고도, 개선해야 할 필요가 있는 자신의 스윙이나 전략을 이 책을 통해 분석할 수 있을 것이다.

물론 필드에까지 이 책을 들고 나갈 수는 없다. 그렇기 때문에, 필드에서 만나게 될 여러 가지 상황들과 스윙 기술의 주요 포인트들을 강조한, 꼭 기억해야 할 중요한 사항들을 각 페이지 하단에 적어 놓았다. 스윙을 교정하고 향상시키는 기간에는 라운드 도중에 너무 깊은 기술에 얽매이지 않는 것이 좋다. 기억해야 할 가장 중요한 것은 쉽게 생각하라는 것이다. 이 말은 스윙의 메커니즘이나 마인드플레이에도 적용된다.

「나이스 샷 골프」는 기술에 관한 것 뿐만 아니라 연습의 효율적인 방법과 플레이를 전술적으로 향상시키는 방법도 담고 있다. 골프를 전공하려는 사람들을 위해 절대로 필요한 요소들과 체력 향상을 위한 운동 방법도 다루었다. 쉽고 올바른 선택을 위해 클럽과 의상들에 대한 정보, 골프의 역사, 어떻게 시작되고 플레이 되었는지, 그리고 모두가 흉내내고 싶은 위대한 골퍼들에 대해서도 간단히 소개하였다.

최고의 게임

골프 게임 1 THE GAME OF GOLF

골프의 정확한 시발점은 아무도 모른다. 어떤 이는 중세기에 양치기들이 양을 돌보는 동안 손잡이가 굽어진 지팡이로 자갈을 치던 놀이에서 시작되었다고 하고, 어떤 의견은 이미 14세기 중반에 영국인들이 즐겼다고 하는 플렌다스의 콜이라고 하는 놀이에서 유래되었다고 한다.

어쩌면, 가장 그럴듯한 것은 13세기에 행해진 것으로 증명된 네덜란드의 콜프(kolf) 인데, 이 콜프를 하는 그림은 16세기 네덜란드의 벽화 등에서도 많이 발견되었다. 이 게임은 막대기와 볼, 그리고 홀컵은 아니지만 특정한 지점-대개는 어떤 건물의 문 안-으로 볼을 쳐서 집어넣는 것으로 나라 전체에 걸쳐서 플레이되었던 것은 확실하다.

그러나 골프가 개발된 것은 스코틀랜드이다. 동부해안을 따라 전지역에서 성행한 오락이었고, 드디어

↓ 제임스 6세와 함께 남으로 온 스코틀랜드의 귀족들은 우선 해야할 일이 골프를 할 수 있는 시설을 만드는 것이었다. 그래서 런던의 교외에 블랙허스라는 코스를 만들었다.

→ 어니 엘스

골프 – 최고의 게임

는 1457년 제임스 2세에 의해 축구와 함께 금지령이 내려졌다. 이유는 활쏘기 연습을 게을리하여 잉글랜드의 침공을 막지 못한다는 것이었다. 어찌되었든 이 게임은 금지령에도 불구하고 네덜란드의 콜프와 함께 스코틀랜드에서 존속되다가 영국의 왕이 된 제임스 6세에 의해 남쪽으로 퍼졌다. 그리고 스코틀랜드의 귀족들에 의해 런던의 남부에 블랙허스라는 7홀의 코스가 만들어졌고 게임은 계속되었다.

골프 게임 2 THE GAME OF GOLF

← 19세기 말의 캐디. 골퍼들은 단 몇 개의 클럽만을 사용했고, 캐디의 역할은 골퍼가 진행하도록 길을 치워주고 볼을 찾아주는 것이었다.

↓ 골프의 세계에서 가장 유명한 아버지와 아들인 톰 모리스 시니어와 젊은 톰 모리스. 이들 두 사람은 브리티시오픈에서 8회 우승하였다.

옛날 스코틀랜드의 골프 코스는 오늘날의 코스와는 달랐고, 공공의 땅에서, 지금도 퍼블릭 코스가 있기는 하지만, 자연 그대로의 해저드와 장애물들을 극복하며 플레이하였다. 지날 수 없는 장애물이나 개천도 있는가 하면, 플레이어들은 승마, 크리켓, 피크닉 등을 하고 있는 다른 사람들 사이를 빠져 나가며 플레이하기도 했다.

캐디는 있었지만 골프백을 메기 위해서가 아니라—골프백은 1870년까지는 없었다—다른 게임을 하고 있는 사람들 사이를 지나가도록 길을 터주고 볼을 찾아주기 위해 필요했다. 코스는 양떼와 토끼들이 풀을 뜯어먹고 놀던 자연 그대로였다. 티도 없었고, 지난 홀에서 불과 몇 피트 앞에서 다음 티샷을 하였다.

그러나 몇 년이 지나며, 룰이 생겼고 골프 클럽도 규격화되었다. 이의 시초가 1744년에 세워졌고 현재 무어필드에 자리잡고 있는 Honorable

← 1996년 몇 년간의 침체에서 벗어나서 재기한 이안 우스남은 몇 개의 토너먼트에서 우승했다.

Company of Edinburgh Golfers이며, 10년 후에 유명한 R&A의 전신인 Society of St.Andrews' Golfers가 태어나게 된다. St.Andrews'의 주도로 홀의 수와—결국은 18홀로 되지만—다양한 클럽들이 규정화되었다. 1764년 전에는 St. Andrews' 코스도 22홀로 구성되어 있었고 다른 코스는 적게는 6홀, 많게는 25홀로 되어 있었으며 1858년에야 18홀로 합의되었다. 1834년 Society of St. Andrews' Golfers가 Royal and Ancient

Golf Club of St. Andrews가 되면서 한 라운드의 골프는 18홀이어야 한다고 규정하여 오늘까지 계속하고 있다.

골프는 급속도로 발전하였고, 1800년대 중반부터는 프로페셔널하게 운영되기 시작했다. 최초의 위대한 프로였던 알란 로버츠은 1858년에 죽었는데 그의 죽음이 새로운 챔피언을 가리기 위해 1860년에 프레스퇵에서 열린 최초의 프로 챔피언십 대회를 촉진한 계기가 되었다고 말하는 사람도 있다.

이 대회는 1861년 처음으로 아마추어에게 개방되어 최초의 오픈 대회가 되었고 1863년에는 처음으로 10파운드의 상금이 걸렸다. 1861년에 톰 모리스 시니어가 우승하며 그후 3회 더 우승하였다. 뿐만 아니라 1868년에는 그의 10대 아들인 톰 모리스 주니어가 연속하여 3회를 우승하며 규정에 의해 영원히 트로피를 간직하게 되었고, 새로운 트로피의 제작을 위해 1년을 쉬고 다시 열린 오픈에서 또 우승함으로써 4회 연속 우승의 대기록을 세웠다.

여기에서 시작하여 오늘날의 오픈 대회가 된 것이다. 그러나 처음 오픈에서 톰 모리스가 받은 10파운드의 상금을 돌이켜볼 때, 오늘날 프로 골퍼가 우승과 함께 하루아침에 백만장자가 된다는 것은 상상도 못 했을 것이다. 1987년에 이안 우스남은 남아프리카의 토너먼트에서 1백만 달러를 벌어들였다.

위대한 골퍼 1 GOLFING GREATS

지난 100여년 동안의 메이저 챔피언십 대회는 기록에 남을 만한 위대한 골퍼들을 전세계에 걸쳐 탄생시켰다. 골퍼들을 비교하여 등급을 매긴다는 것은 시대의 조건, 대회의 규정 등이 시대에 따라 상황이 다르기 때문에 어려운 일이다.

게임의 영웅들

해리 바든(Harry Vardon, 1870~1937)
영국의 저지에서 태어나 브리티시 오픈에서 여섯 번, U.S 오픈에서 한 번 우승했다. 당시에는 예상하지 못했던 파워 스윙과 지금은 바든 그립이라고 불리는 오버 래핑 그립을 창안하여 유명해졌다. 그는 테일러, 제임스 브레드와 함께 3인방을 이루며 25년간 골프계를 주름잡았다. 50세의 나이에도 U.S 오픈에서 2위를 했을 만큼 장수하였다.

월터 하겐
(Walter Hagen, 1892~1969)
뉴욕의 로체스터에서 태어난 하겐은 2번의 U.S 오픈과 4번의 브리티시 오픈, 그리고 5번의 PGA 챔피언까지 무려 11번의 메이저 대회 우승기록을 가지고 있다. 그는 최초의 라이더스컵 미국팀의 주장이기도 했다. 모든 대회에서의 그의 캐치프레이즈는 "누가 2위가 될 것인가"였고, 전세계를 돌며 시범 경기를 가지며 흥미로운 인생을

← 매년 오거스타 코스에서 마스터스 대회가 열릴 때마다 추모되고 있는 가장 위대한 아마추어 골퍼였던 바비 존스.

골프 - 최고의 게임

↑ 백만장자답게 살았으며 언제나 자신이 최고라고 생각한 월터 하겐.

살았다. 만일 그가 백만장자가 아니었더라도 그는 백만장자처럼 살았을 것이다.

로버트 타이어(바비) 존스 주니어
(Robert Tyre(Bobby) Jones, Jr. 1902~1971)

바비 존스는 끝까지 아마추어를 고집했다. 법학과 엔지니어링을 공부한 그는 20대에 약관의 나이로 5번의 U.S 아마추어 챔피언십, 4번의 U.S 오픈, 3번의 브리티시 오픈과 1번의 브리티시 아마추어를 8년 동안에 우승하였다. 1930년에 그는 그랜드 슬럼을 달성하고(U.S 오픈, 전미 아마추어 챔피언십, 전영 아마추어 챔피언) 은퇴하여 그의 본직과 가족을 위해 보내는 한편, 은행가인 클리포드 로버트와 합류하여 현재의 마스터스 대회가 열리고 있는 오거스타 내셔널 골프 클럽을 만들었다. 엘리스터 멕켄지가 디자인한 오거스타 코스는 1934년에 개장, 첫번째 마스터스 대회를 열었다. 존스

위대한 골퍼 2 GOLFING GREATS

는 그의 골프에 관한 저서와 칼럼으로도 인정받고 있는 위대한 골퍼였다.

진 사라젠
(Gene Sarazen, 1902~)

원래 이름은 유진 사라세니였으나 바이올리니스트의 이름같다고 하여 바꾸었다. 그는 최초로 네 개의 메이저 대회를 우승한 골퍼였다. 1922년과 1932년 U.S 오픈, 1932년 브리티시 오픈, 1922~3년 그리고 1932년의 PGA를 우승했고, 1935년의 마스터스 우승은 기억에 남을 만한 놀라운 샷을 보여주었다. 마지막 라운드에서, 이미 게임을 끝낸 크랙 우드가 자신의 우승을 확신하며 클럽 하우스에 앉아 있는 동안 그는 15번 홀에서 4번 우드로 세컨드 샷을 하여 알바트로스를 기록하며 동타를 이루었다. 물론 사라젠이 플레이 오프에서 크랙 우드를 이기고 우승하였다. 1973년의 브리티시 오픈에서 악명 높은 8번 홀에서 홀인원을 기록했는데, 놀랍게도 50년 전에도 같은 대회 같은 현장에 있었던, 프로 스포츠의 세계에서 가장 장수한 기록을 남겼다.

바이런 넬슨(Byron Nelson, 1912~)

바이런 넬슨은 두 번의 마스터스, 두 번의 PGA 챔피언십에서 우승했는데, 모두에게 기억되는 것은 두 번의 놀라운 시즌이다. 1944년 23회의 토너먼트에 참가하여 13회 우승함으로써 이 기록은 깨어지지 않을 것이라는 평가도 있었으며, 1945년에는 30회의 미국 투어에서 18회 우

← 1994년 오거스타 마스터스에서의 바이론 넬슨

승하였고 7회는 2위를 기록했다. 그의 평균 타수 68.33은 아직까지 깨지지 않고 있으며, 2년 후 은퇴하여 골프 레슨과 TV 골프 해설에 전념하였다.

벤 호간(Ben Hogan, 1912~1997)

텍사스에서 태어난 그는 열성적인 연습광이었으며 독특한 스윙 기술로 전설적인 인물이 되었다. 1946년과 1948년 사이에 2번의 PGA와 U.S 오픈에서 우승하였으나 1949년 교통 사고를 당하여 의사는 그가 걷지도 못하게 될 것이라고 생각했다. 그러나 그는 이를 극복하고 그 이듬해 U.S 오픈을 다시 우승했으며 1953년 그가 참가했던 브리티시 오픈, 마스터스, 그리고 U.S 오픈에서 우승하였다. 그러나 아깝게도 PGA가 브리티시 오픈과 겹쳐져서 참가하지 못함으로써 그랜드 슬럼의 기회를 놓치고 말았다.

샘 스니드(Sam Snead, 1912~)

샘 스니드는 박력있고 고전적인 스윙과 시니어로서도 최고의 스윙을 유지할 수 있었던 능력의 소유자로 알려져 있다. 3회의 PGA 챔피언, 3회의 마스터스, 브리티시 오픈, 그리고 8회의 라이더스컵 참가와 3회의 주장, 그리고 84회의 미국 프로 투어에서 우승한 기록을 가지고 있다. 그는 최초로 스코어 60대를 깬 골퍼이며, 투어에서 최초로 자신의 나이보다 적은 스코어를 기록한, 모든 골퍼들의 꿈인 에이지 슈팅의 보유자다. 67세에 66을 쳤다.

바비 로키(Bobby Locke, 1917~1987)

남아프리카에서 태어났으며, 골프 역사상 최고의 퍼팅 실력자로 인정받았다. 바비 로키는 가장 챔피언답지 않은 챔피언으로 알려져 있는데, 그의 헐렁한 반바지 때문만이 아니라 퍼팅을 비롯하여 그의 모든 샷은 혹 스핀을 먹고 우측에서 좌측으로 휘어졌기 때문이다. 로키는 1949년부터 1957년까지 4번 브리티시 오픈에서 우승했으며 1947년 처음 미국 투어에 참가하여 12회 중에 6회 우승함으로써 그해의 상금 획득 2위에 기록되기도 했다. 그러나 그는 영국과 남아프리카를 더 좋아했으며 연습은 별로 하지 않았지만 매일 라운딩을 했다고 한다.

위대한 골퍼 3 GOLFING GREATS

피터 톰슨(Peter Thomson, 1929~)

바비 존스처럼 피터 톰슨도 흥미와 재주가 많은 사람이었다. 호주의 멜버른에서 태어난 그는 정치와 음악에도 관심이 많은 골프 라이터이자 코스 설계가였다. 1954년부터 1956년까지 연속 3회 우승, 1958년과 1965년에도 우승하여 그는 5회의 브리티시 오픈 우승자가 되었다. 그가 미국 투어에 진출하지 않았을 때 사람들은 그의 능력을 의심하기도 하였지만 후일 시니어 투어에 참가하여 그의 능력을 충분히 과시하였다.

아놀드 파머(Arnold Palmer, 1929~)

미국의 아놀드 파머는 어느 누구보다 골프를 관중이 많이 몰리는 운동으로 만든 골퍼였다. 그는 대중에게 사랑받는 골프 게임과 영화배우 같은 카리스마적 기질이 있었다. 그는 획기적인 스윙을 구사했으며, 때로는 묘하게 쳐서 나무를 때리기도 했지만 그런 어려운 상황에서의 그의 세이브 샷은 볼 만한 것이었다. 그의 전성기에 골프는 텔레비전 스포츠가 되었으며 거액의 상금이 걸리게 되었다. 파머는 1960년부터 1964년까지 7개의 메이저 대회에서 우승하였고 월드컵팀에 6회 참가하여 우승으로 이끌었고, 1967년에 개인전에서도 우승했다. 실제로 그는 골프를 인기 스포츠로 만든 장본인이다.

빌리 캐스퍼(Billy Casper, 1931~)

캘리포니아에서 태어났고, 8번 라이더스컵팀의 멤버가 되었으며 바든 트로피에서, PGA 투어의 가장 낮은 평균 타수로 5회 우승하였다. 미국 투어의 상금 랭킹에서 2회 1위를 기록했다.

마이클 보날랙(Michael Bonallack, 1934~)

마이클 보날랙은 어쩌면 위대한 아마추어 골퍼로서 마지막 사람일지도 모른다. 그는 5회 브리티시 아마추어 챔피언이었고, 잉글리시 매치 플레이 8회, 스트로크 플레이 챔피언, 그리고 미국 아마추어팀을 상대로 6회 워커컵에서 싸웠다. 보날랙의 스윙은 정상적인 스윙이 아니었는데, 백

➜ 카리스마적인 챔피언 아놀드 파머.

골프 - 최고의 게임

21

위대한 골퍼 4 GOLFING GREATS

↑작은 체구의 세계적 챔피언십 코스 거인인 개리 플레이어.

스윙 탑에서 클럽 샤프트가 왼쪽 어깨에 종종 부딪치기도 하였다.

개리 플레이어(Gary Player, 1935~)

5피트 7인치의 단신인 그는 잭 니클라우스, 아놀드 파머와 함께 한 시대를 풍미한 골프의 3대 거장 중 한 사람 같아 보이지 않는다. 그러나 이 단신의 남아프리카 출신 프로는 어느 누구도 흉내내지 못할 혹독한 체력 훈련과 끈질긴 연습으로 신체 조건을 극복하였다. 그는 남달리 두터운 신앙심과 강한 의지를 가지고 있었기에 수없이 많은 토너먼트에 참가할 수 있었다. 그의 이름은 4개의 메이저 대회와 5회의 월드 매치 플레이 챔피언십을 포함하여 120회의 우승으로 빛났으며 아직도 미국의 시니어 투어에서 상당한 활약을 하고 있다.

골프 - 최고의 게임

↑ 잭 니클라우스는 처음에는 아놀드 파머에 가려서 빛을 보지 못했으나 그의 화려한 골프는 곧 이를 극복하였다.

잭 니클라우스(Jack Nicklaus, 1940~)

잭 니클라우스는 논쟁의 여지없이 최고의 골퍼다. 오하이오주의 콜럼버스에서 태어났고, 어느 프로보다도 많은 20회의 메이저 대회 우승 기록을 가지고 있다. 그가 경험한 첫번째 큰 대회는 19세에 참가한 U.S 아마추어였고, 1960년에 U.S 오픈에 처음 참가하여 2위를 기록했다. 1960년대와 1970년대의 골프계를 석권했던 3인방—아놀드 파머, 개리 플레이어를 포함한—의 리더였으며 그의 마지막 메이저 대회 우승은 46세 때인 1986년의 마스터스였다.

리 트레비노
(Lee Trevino, 1940~)

텍사스에서 태어난 멕시코인. 재담꾼이며 독학으로 골프를 배운 리 트레

위대한 골퍼 5 GOLFING GREATS

◀리 트레비노는 '거지에서 부자로', 신데렐라의 동화를 실현한 가장 유명하고 재담 있는 챔피언이다.

◀10여년 넘게 그의 일관성 있는 플레이와 공격적인 퍼팅으로 골프계를 석권한 톰 왓슨.

비노는 퍼블릭 코스에서 서둘러 라운딩해야 하는 압박감부터 배웠다. 그는 그의 U.S 오픈 참가비를 마련하기 위해 아내가 값나가는 살림들을 전당포에 잡힌 것을 알고는 1967년의 U.S 오픈에 참가하지 않으려고 하였다. 그러나 참가하여 5위를 하였고 그 이듬해 우승하였으며 다시는 과거를 돌아보지 않고 살았다.

레이먼드 플로이드(Raymond Floyd, 1949~)

스타일 좋은 스윙의 주인은 아니

지만 레이먼드 플로이드는 가장 상대하기 어려운 경쟁자이다. 그의 첫번째 메이저 대회 우승은 1969년의 PGA이고 1982년에도 우승했다. 마스터스와 U.S 오픈에서도 우승하였으나 브리티시 우승의 행운은 따라주지 않았다.

톰 왓슨(Tom Watson, 1949~)

톰 왓슨이 미국 투어에서 이름이 나기 시작했을 때 언론에서는 그의 우승을 의심하였다. 캔자스 출신의 이 골퍼는 결국 우승의 문턱에서 무너지리라 예상했다. 그러나 스탠퍼드 대학에서 심리학을 전공한 톰은 곧 그의 비판자들에게 자신의 참모습을 보여주면서 1975년부터 1983년에 걸쳐 5번의 브리티시 오픈 우승과 U.S 오픈, 마스터스 우승 등을 하며 세계 최고의 견실한 골퍼로 부상하였다. 한때 최고의 공격적인 퍼팅의 소유자였던 왓슨이 퍼팅 난조에 빠져들었고, 9년의 침묵 끝에 1996년에 메모리얼 토너먼트에서 우승하며 침체에서 벗어났다.

그렉 노먼(Greg Norman, 1955~)

전용 제트기로 날아다니는 골프의 위대한 백상어, 호주 출신의 그렉 노먼은 어머니의 캐디 노릇으로 골프를 시작했다. 항상 상금 랭킹 1위를 기록하는데도 불구하

➔ 항상 많은 관중이 따르는 호주 출신 그렉 노먼.

위대한 골퍼 6 GOLFING GREATS

고 그는 1986년과 1993년의 브리티시 오픈을 제외하고는 메이저 대회에서 언제나 아깝게 패하고 말았다.

세베 발레스테로스(Seve Ballesteros, 1957~)
아놀드 파머처럼 관중을 몰고 다니며 카리스마적이고 저돌적인 이 스페이니시는 1970년대와 1980년대에 걸쳐서 가장 흥미로운 골퍼 중 한 사람임에는 틀림없다. 3회의 브리티시 오픈, 2회의 마스터스를 우승한 그는 여러 번 라이더스컵의 유럽 대표팀에 합류했으며 앞으로도 중요한 역할을 할 것이다.

닉 프라이스(Nick Price, 1957~)
영국인을 부모로 남아프리카에서 태어났고 짐바브웨로 이주했으며

↓ 천부적인 재능과 카리스마로 유럽의 골프 우상이 된 세베 발레스테로스.

현재는 미국의 플로리다주에 살고 있는 닉 프라이스는 진정한 의미의 국제적 골퍼다. 1992년과 1994년의 PGA 우승, 그리고 1994년 브리티시 오픈 우승은 그를 세계 제1의 골퍼로 부상시켰다.

닉 팔도(Nick Faldo, 1957~)
우승을 위한 팔도의 열정과 의지는 현대 골프에서 누구와도 필적할 수 없다. 코치인 데이비드 레드베터의 감독 아래 혹독한 연습을 하며 3회의 브리티시 오픈과 3회의 마스터스를 우승했다.

존 댈리(John Daly, 1966~)
1991년 마지막 순간에 대타로 PGA에 참가 자격을 얻고 우승까지 이룩한 그의 비거리는 뉴스의 초점이 되었다. 1995년 세인트 앤드류스에서 브리티시 오픈을 우승하면서 그의 섬세한 터치는 관중들을 놀라게 하였고, 1995년 미국의 라이더스컵팀에서 그가 빠짐으로서 유럽팀이 트로피를 안게 되었다.

어니 엘스(Ernie Els, 1969~)
장신의 이 남아프리카 출신의 골퍼는 1994년 US 오픈과 세계 매

↑ 세계 1위를 기록했던 1994년 오거스타 마스터즈에서의 닉 프라이스.

↓ 영국의 가장 성공적인 골퍼인 닉 팔도

위대한 골퍼 7 GOLFING GREATS

↑ 어니 엘스

↓ 필 미켈슨은 세계에서 가장 훌륭한 왼손잡이 골퍼다.

치 플레이 챔피언십을 휩쓸었다. 미국과 유럽에 진출하기 전까지는 국내 대회를 석권했다.

필 미켈슨(Phil Mickelson, 1970~)

왼손잡이 골퍼 중 가장 성공한 필 미켈슨이 가까운 장래에 골프계를 휩쓸 것을 의심하는 사람은 별로 없다.

타이거 우즈(Tiger Woods, 1975~)

1975년 캘리포니아의 사이프레스에서 태어난 타이거 우즈는 스탠퍼드 대학 재학 시절에 US 아마추어 챔피언을 91년부터 93년까지 연속 우승하였다. 96년에 프로로 전향하여 단 1년 만에 모든 프로들의 꿈인 마스터스를 포함하여 5회의 투어에서 우승함으로써 금세기 최고의 골퍼로 인정받고 있다. 심지어는 타이거 우즈 때문에 전세계의 골프 코스를 다시 설계해야 한다는 말이 나올 정도로 그의 정확한 파워 스윙은 정평이 나 있으며 골프 역사상 최고의 선수, 골프의 신동, 골프 천재라는 극찬의 수식어를 달고 다닌다.

골프 - 최고의 게임

↑ 타이거 우즈

 타이거라는 이름은 월남전에 참전했던 그의 아버지가 친구의 이름을 아들에게 닉 네임으로 붙여준 데서 비롯되었다. 한 시대를 풍미했던 황금곰 잭 니클라우스는 우즈를 이렇게 평했다. "아무리 젊음이 좋아도 난 20대로 돌아가지는 않겠다. 우즈와 경쟁하기 싫기 때문이다." 아마 싫은 것이 아니라 두려워서일 것이다.

위대한 골퍼 8 GOLFING GREATS

여성 골퍼들

베이브 자하리아스(Babe Zaharias, 1914~1956)
　1932년의 올림픽 게임에서 체조로 두 개의 금메달을 획득한 그녀는 골프로 전향하여 특유의 장타로 US 아마추어, US 오픈, 그리고 브리티시 아마

◀ 체조선수인 베이브 자하리아스는 골프 챔피언이 되었다.

◤ 낸시 로페즈는 9회나 루키 위너였다.
◢ 로라 데이비스의 외향적인 성격은 그녀의 게임에서도 나타났다.

추어 챔피언십을 우승했다.

미키 라이트(Mickey Wright, 1935~)

샌디에이고에서 태어난 미키 라이트는 어쩌면 골프 역사상 최고의 여성 골퍼였을 것이다. 그녀는 4회의 US 오픈 우승과 가장 낮은 스코어를 기록하며 6회의 베어 트로피 우승, US 투어에서 82회의 우승과 함께 4회 상금 랭킹 1위를 기록했다. 1961년에 10회의 토너먼트 우승, 1963년에는 13회 우승했다. 항공 여행을 싫어했던 그녀는 해외 여행이 적었고, 수줍음이 많았던 탓에 명성이 널리 알려지지 못했다.

조 앤 카너(Jo Anne Carner, 1939~)

매사추세츠에서 태어난 그녀는 30살에 프로로 전향하기 전까지 1957년과 1968년 사이에 5회 US 챔피언십에서 우승했다. US 오픈에서 2회 우승한 그녀는 LPGA에서 가장 뛰어난 여성 골퍼였다.

낸시 로페즈(Nancy Lopez, 1957~)

1978년 이래 진정한 스타였던 낸시 로페즈는 프로에 합류한 첫 해에 5회 연속 우승을 포함하여 9회 우승했다. 낸시는 여성 골프를 인기있게 만들었고 주요 텔레비전 스포츠로 만든 장본인이기도 하다.

로라 데이비스(Laura Davies, 1963~)

장타자인 영국 여인 로라 데이비스는 영국과 미국의 여자 오픈대회의 우승자이기도 하고 유럽과 미국 투어에서 1위 자리를 지켜왔다. 그녀의 개방적인 성격과 함께 놀라운 장타는 전세계의 팬들로부터 사랑받기에 부족함이 없다.

에니카 소렌스탐(Annika Sorenstam, 1970~)

1995년, 유럽과 미국에서 스트로크 플레이를 우승한 스웨덴 출신의 소렌스탐은 유럽과 미국에서 상금 랭킹 1위를 기록했다. 그녀는 1995년과 1996년 연달아 US 여자 오픈에서 최연소 우승자가 되기도 했다.

골프기록들 1 GOLFING FACTS AND FEATS

△ 세계에서 가장 고지대에 있는 골프 코스는 페루의 모로코차에 있는 턱 투 골프 클럽인데 가장 낮은 지역이 해발 14,335피트이다.

△ 세계에서 가장 긴 홀은 일본의 사추기 골프 클럽의 7번 홀(파 7)이며 그 길이는 999야드이다.

△ 가장 큰 그린은 매사추세츠에 있는 인터내셔널 골프 클럽의 5번 홀(파 6,695야드)의 28,000평방 피트가 넘는 그린을 가지고 있다.

△ 세계에서 가장 큰 벙커는 뉴저지의 파인 밸리 코스의 7번 홀(585야드)의 '지옥의 반 에이커'이다.

△ 세계에서 가장 긴 코스는 매사추세츠에 있는 인터내셔널 코스로서 타이거 티(백 티)로부터 8,325야드 파 77이다.

△ 플로이드 새털리 루드라는 사람은 미국 전체의 국토를 골프 코스로 만든 사람이다. 1963년 9월 14일부터 1964년 10월 3일까지 114,737타를 치며 태평양에서 대서양까지 3,397.7마일을 볼을 쳐오는 동안 그가 잃어버린 볼은 무려 3,511개였다.

△ 여자 골퍼로서 6,000야드가 넘는 18홀 코스에서 정규 대회 중 가장 낮은 스코어를 기록한 사람은 미키 라이트였으며, 그녀는 1964년 파 71의 텍사스 호간 파크 코스(6,286야드)에서 62타를 기록했다. 이 기록은 1991년 로라 데이비스가 레일 채러티 클래식에서 세운 기록과 동타이다.

△ US 프로 투어에서 59타를 기록한 사람은 1977년 6월 10일 콜로니얼 컨트리 클럽에서 열린 데니 토마스 멤피스 클래식에서 59타를 친 알 가이버거였다. 11개의 버디와 이글, 그리고 23개의 퍼팅으로 이룩한 이 기록은 후일 칩 백에 의해 동타가 나왔다.

△ 36홀에서 122타의 기록은 샘 스니드 페스티벌에서 1959년 5월 16일과 17일에 샘 스니드가 세웠다.

△ 최장 드라이브 기록은 1962년 남극 대륙의 모슨 기지에서 호주의 기상학자인 닐스 리드가 얼음판을 가로질러 드라이브 샷을 하여 세운 2,640야드이다.

△ 메이저 대회에서 가장 긴 퍼팅을 성공시킨 기록은 1964년의 챔피언 토너먼트에서 110피트 퍼팅을 성공한 잭 니클라우스와 1992년 PGA의 닉

프라이스이다.

100피트가 넘는 퍼팅을 성공시킨 또 다른 사람은, 1927년 세인트 앤드류스 오픈 첫날 5번 홀 그린에서 바비 존스였다.

밥 쿡은 1976년 세인트 앤드류에서 열린 프로암 토너먼트에서 140피트 $2^{3/4}$인치의 퍼팅을 성공시켰다.

△ 가장 최근인 1981년 3월 11일 네바다 주의 라스베이거스 뮤니시폴 코스 (파 72, 6,607야드)에서 열린 몬테카를로 머니에서 58의 스코어를 기록한 플레이어는 4명이었다.

△ 1984년 9월 25일 리암 히긴스는 더블린의 발도넬 공군 기지의 활주로에서 스팔딩 탑 플라이트 볼로 634.1야드의 드라이브 기록을 세웠다.

△ 영국에서의 최저타 기록은 라이더스컵 대표였던 해리 위트맨이 1956년 1월 30일 서레이의 크로함 허스트 코스(6,170야드)에서 세운 58타이다.

△ 정상적인 코스에서 세운 드라이브 장타 기록은, 1974년 9월 25일 라스베이거스에서 열린 US 내셔널 시니어 오픈에서 마이클 호크 오스틴의 515야드이다. 윈터우드 코스의 5번 홀(파 4, 450야드)에서 시속 35마일의 바람이 불고 있었는데, 6피트 2인치의 키와 210파운드의 체중을 가진 오스틴이 드라이브한 볼이 그린에서 불과 1야드도 못 미치는 곳에 떨어진 다음 그린을 지나 65야드나 굴러 갔다.

△ 테드 데버는 1985년 11월 10일, 노스 캐롤라이나의 로치모어 골프 클럽에서 열린 원 클럽 챔피언십에서 6번 아이언 하나로 73타를 기록하며 우승했다.

△ 슈발리에란 사람은 1888년 프랑스의 비아리츠 코스에서 홀당 평균 17.55타를 기록하며 18홀 라운드에서 316타를 기록했다.

△ 스티븐 워드는 1976년 6월 18일, 텍사스의 페코스 코스(6,212야드)에서 222타를 기록했다. 하지만 그의 나이는 세 살, 태어난 지 286일에 불과 했다.

△ 1912년경 펜실베이니아에서 열린 쇼니 초청 예선 경기에서 어느 여자 플레이어는 16번 파 3, 130야드의 짧은 홀에서 무려 166타를 기록했다. 그

골프기록들 2 GOLFING FACTS AND FEATS

녀의 티샷이 강물에 빠져 물위에 떠있자 그녀는 보트를 타고 내키지 않는 마음으로 모범을 보이겠다며 강 속으로 들어가 볼을 치기 시작하였으나 결국은 1.5마일 하류까지 가서야 간신히 볼을 해안가에 올렸다. 다시 코스로 돌아오기 위해 그녀는 숲속으로 볼을 치지 않을 수 없었다.

△ 1984년 8월 24일, 77명의 플레이어들이 6,502야드의 캘리포니아의 컨 씨티 코스에서 18홀을 10분 30초 만에 라운딩을 마쳤다. 볼은 하나만 사용했고, 스코어는 80이었다.

△ 한 해에 가장 많은 홀인원을 기록한 사람은 1983년 6월 5일부터 1984년 5월 30일까지, 샌디에이고의 발보아 파크 코스에서 파 3에서 파 4홀 (130야드에서 350야드)까지 28번을 기록한 스캇 파머이다.

△ 가장 많은 홀을 24시간 동안에 라운딩한 사람은, 1971년 11월 27일과 28일 벤디고 골프 클럽(파 73, 6,061야드)에서 35세의 이안 콜스톤으로 24시간 동안 401홀을 라운드하였다.

△ 1984년 영국에서 열린 폴크스바겐 그랑프리 오픈 아마추어 챔피언십에서는 206,820명의 남자와 114,959명의 여자 골퍼, **토탈 321,779명이 참가하는 대기록을 세웠다.**

△ 가장 큰 점수차의 우승은 1981년 12월 10부터 13일까지 열린 콜럼비안 오픈에서 총 262타를 치며 제리 페이트가 세운 21타이다. 쎄실 리츠는 1921년 카나디안 레이디스 오픈에서 17타 차이로 우승했다.

△ 오픈 경기에서 가장 오래 지연된 플레이 오프는 1931년 오하이오의 톨리도에서 열린 US 오픈에서 292타로 동점을 이룬 조지 엘름과 빌리 버크로 재경기에서도 149타로 동점이 되어 다시 경기를 하여 연장 72홀 만에 결국 버크가 1타차로 우승했다.

△ 1975년 3월 27일, 버뮤다의 포크 로열 코스(6,228야드)에서 21세의 조 프린은 볼을 손으로 던지며 18홀을 라운드하여 82타를 기록했다.

△ 가장 긴 홀인원은 네브라스카의 오마하에 있는 미라클 힐스 골프 클럽 10번 홀(447야드)에서 1965년 10월 7일, 로버트 미테라가 세웠다. 5피트 6인치의 키에 165파운드의 체중인 그의 평균 드라이브 거리는 245야드였고 핸디캡은 2, 시속 50마일의 뒷바람이 그의 볼을 290야드 넘게 날려 보

냈고 지면에 떨어진 다음 그린까지 굴러가서 홀인원이 되었다.

△ **가장 많은 홀인원 기록**은 1967년부터 1985년까지 해리 리 보너가 세운 68개이며, 대부분 캘리포니아의 홈코스인 라스 갈리나스 코스의 9번 홀에서 했다.

△ **가장 느린 스트로크 플레이 토너먼트**는 호주의 로열 멜버른 골프 클럽에서 1972년에 열린 월드컵 첫라운드에서 6시간 45분 걸린 남아프리카팀이었다.

골프클럽의 발달 CLUBS THROUGH THE CENTURIES

골프 게임은 장비에 의해 발전해 왔다고 해도 과언이 아니다. 오래전에는 오늘날의 클럽과는 달리 클럽들은 외양상 더 길고 평평하였으며 플레이어는 손바닥으로 클럽을 잡고 아주 수평하게 스윙하였는데 백 스윙시 어깨나 이두박근에 부딪치기 일쑤였다.

여러 세기 동안 클럽 제조는 고급 기술에 속해 왔는데, 1603년에 윌리엄 메인이라는 활 제조자가 영국의 왕이 된 스코틀랜드의 제임스 6세의 골프 클럽 제조자로 지정되었다.

이 시기에 샤프트는 물푸레나무나 개암나무, 그리고 헤드는 인목, 자작나무, 사과나 배나무로 만들어졌다.

헤드의 형태는 현재의 클럽보다 더 길고 헤드와 샤프트의 각도가 더 평평했으며 앞뒤의 두께는 1인치 정도, 헤드의 길이는 4~5인치나 되었다.

↑ 클럽을 만드는 고전적인 방법은, 논란은 있지만 아직도 최고로 인정받고 있다. 예전에 장인에 의해 만들어진 클럽은 손상되지만 않았다면 아직도 가치가 높다. 모든 모양은 눈대중으로 다듬어졌고 균형은 작업대 가장자리에서 이루어졌다.

대부분 나무로 되어 있었고 진기한 이름들이 붙여졌는데, 클럽과 플레이어 사이의 관계를 암시하는, 플레이 클럽, 브레지, 그래스드 드라이버, 롱 스푼, 숏 스푼, 배씨(bathie) 등이었다.

한편 아이언 클럽은 특별히 어려운 샷을 위해 만들어졌기 때문에, 벙커 아이언, 러트 아이언, 트랙 아이언 등으로 불려졌다.

세월이 지나며 아이언 클럽은 트러블 샷만을 위해 사용될 뿐만 아니라 일

반적인 어프로치 샷(그린에 올리는 샷)에서도 사용되었다.

19세기가 끝날 무렵에는 비거리를 늘리기 위해 새로운 클럽들이 개발되었는데, 미드 아이언, 크릭크, 니블릭, 매시 등이 그 예이다. 1948년부터는 과거의 가벼운 볼을 대신하여 고무볼을 사용하기 시작함으로써 골프를 더욱 변화시키게 되었다.

골퍼들은 샤프트를 히코리 나무로 만드는 것이 훨씬 좋다는 것을 알게 되었고 물푸레나무나 개암나무보다 더 팽팽하여 보다 업라이트한 스탠스로 스윙할 수 있었다. 또한 클럽 헤드에 겹쳐서 샤프트를 연결하던 종래의 방법을 헤드에 구멍을 뚫고 끼우는 방법으로 대치하며 디자인도 변하게 되었다.

19세기 말의 고무볼 도입으로 인해 골프는 더 일찍 변화가 왔다. 이 볼은 내구성이 강하여 더 단단한 나무 클럽의 사용이 필요해졌고 그래서 퍼시먼(감나무)이 사용되었다. 원래는 구멍을 뚫고 끼워넣는 것이 없었지만 힘을 더 강하게 하기 위해 뼈, 상아, 나중에는 플라스틱까지 삽입하게 되었다.

퍼시먼 나무의 감소로 얇게 자른 나무를 사용하기도 하였지만, 아직도 적

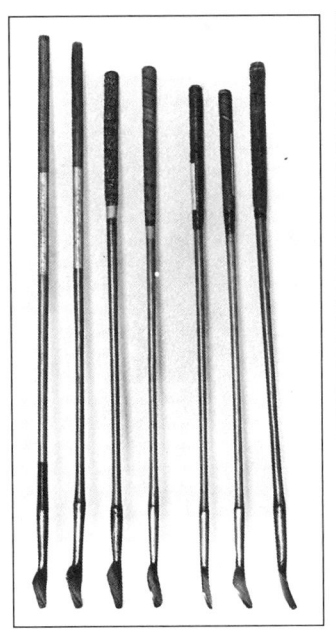 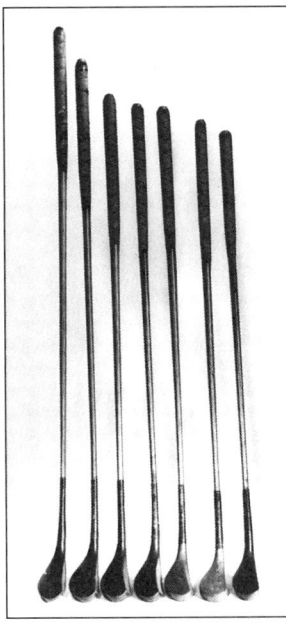

↔ 예전의 아이언은 현재의 아이언보다 더 평평하였다. 원래 아이언 클럽은 트러블 샷을 위해서 쓰여졌다.

← 오래된 퍼시먼 우드 세트. 헤드는 강했지만 오늘날처럼 샤프트에 끼워져 있지 않았다.

지 않은 프로들은 퍼시먼 헤드를 선호하고 있다. 그러나 대부분 프로들은 내구성이 강하고 비거리가 더 나는 라미네이트나 메탈 헤드를 쓰는 추세이다.

히코리 나무는 오랫동안 샤프트로 쓰여졌지만 세계 1차 대전 이후 소재의 감소로 클럽 제조자들은 스틸 샤프트를 쓰기 시작하였다. 지금은 그라파이트, 보론, 티타늄 등 다른 소재들이 대신하고 있다. 가볍고 강한 샤프트가 비거리를 더 늘려주고 적게 휘는 샤프트는 정확성을 높여준다.

골프 볼의 어제와 오늘 GOLF BALLS THEN AND NOW

골프의 선구자들은 오늘날의 표면에 딤플(오목 오목하게 들어간 것)이 있는 볼이 있다는 사실도 믿지 못할 것이다. 그러나 세월이 지나며 코스, 클럽, 규칙 등이 발전을 거듭하였듯이 골프 볼 역시 변화되었다.

골프의 발전에 따라 변해온 골프 볼의 세 가지 기본 형태는, 깃털을 뭉쳐 만든 것, 구타 페르카(고무질), 그리고 고무핵이 들어 있는 볼로 되어 있다. 나중의 두 종류는 도입된 지 150년도 채 되지 않았지만, 깃털뭉치 볼은 실제로 19세기 중반까지 400여 년 간 독보적으로 사용되어 온 것이다. 깃털 볼은 특별한 장점이 있어서라기보다는 이를 대신할 적합한 것이 없었기에 독점해 온 것이었다.

↑ 이름이 말하듯이 깃털 볼은 깃털로 채워졌고 그 양은 풀어 놓으면 모자를 가득 채울 정도였다.

이 볼은 부드럽게 하기 위해 끓여서 말린 많은 양의 깃털을 빽빽히 집어 넣은 둥글고 딱딱한 가죽 껍질로 만들어졌다. 여기에 사용된 깃털은 '모자 하나 가득히', 약 반 갤런 정도나 되었다.

깃털을 집어 넣은 구멍은 기우고, 망치로 두들겨서 둥그렇게 만들었다고 한다. 숙달된 기술자도 하루에 3~4개밖에 만들지 못했을 만큼 시간이 많이 걸리는 일이었기에 볼 값이 매우 비쌌다고 한다.

결국 예전의 골프 볼은 문제들이 많았다. 정확한 원형으로 만들 수도 없어서 볼은 제멋대로 날아가고 예상할 수 없는 방향으로 굴러가는 것이었다. 비가 오는 날이면 물에 젖어서 무게도 달라졌으므로 플레이가 어려울 수밖에 없었다. 빗물은 또한 꿰맨 곳을 망가뜨렸기 때문에 볼이 돌에라도 부딪치면 갈라지기도 했다.

어쨌든 깃털 볼은 골프를 하기에는 이상적인 볼이 아니었다. 1850년에 구타 페르카로 불리는 고무질이 말레이시아에서 발견되자 골퍼들은 깃털 볼을 버리는 데 망설이지 않았다. 구타 페르카를 뜨거운 물로 부드럽게 하여 둥글게 만든 후—처음에는 손으로, 후에는 철제 몰드로 만들었음—식힘으로써 단단하게 되었다.

이 결과 골프 역사상 처음으로 정확하게 굴러가는 제대로 된 완벽한 원형 볼이 탄생하였다. 이 볼들은 깃털 볼만큼 치는 감촉은 좋지 않지만 만들기 쉽고 값도 쌌으므로 분명한 발전이었다. 때로는 부서지기도 했지만 쉽게 재생이 가능했다.

그러나 문제가 없는 것은 아니었는데, 이 부드러운 볼들은 멀리 날지를 못하는 것이었다. '구티(gutty)'라고 불리던 이 볼을 사용하던 사람들은 비거리 때문에 걱정하기 시작했고, 사양길에 접어 들었던 깃털 볼 제조업자들에게 희망이 보이는 듯도 했다. 그러다가 플레이 도중에 볼에 오목한 요철이 있으면 더 잘 날아간다는 것을 알게 되었다.

그래서 구티 볼 사용자들은 자신들의 볼에 망치질을 하여 작은 홈을 만들었고, 이렇게 하다가 우연

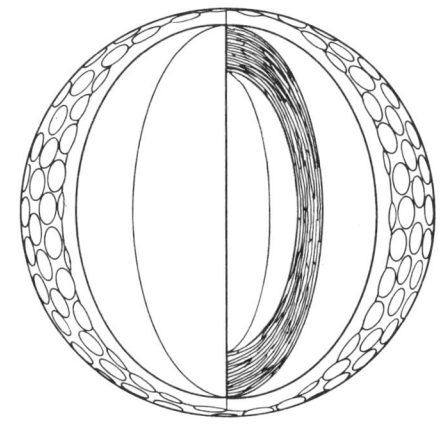

↑ 모던 골프 볼의 전형적인 구성. 설린 커버로 되어 있는 왼쪽의 투 피스, 오른쪽의 쓰리 피스 볼.

↓ 골프 볼의 발달. 왼쪽에서 오른쪽으로 깃털 볼, 구티 볼, 표면을 끌로 파낸 구티 볼, 기계로 만든 구티 볼, 가시나무 볼, 격자무늬 볼, 초기 딤플 볼, 현재의 딤플 볼.

  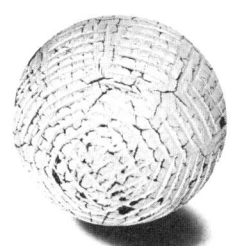 

골프 장비

하게 현대의 딤플 볼의 원리를 체득했던 셈이다. 이 구티 볼은 완벽하게 날아갔고 향후 50년간의 표준 볼이 되었던 것이다.

세기 말에 코번 하스켈이란 사람이 부드러운 고무핵을 탄력있는 물질로 감싼 볼을 개발하였는데 이것으로부터 현재의 볼로 발전하게 되었다. 처음에는 구타 페르카로 감쌌는데 이 볼은 더욱 힘차고 더욱 탄력이 있었다.

그러나 이런 특성에도 불구하고 관계기관에서는 이 볼의 성능을 의심하여 볼의 사용 금지를 심각하게 고려하고 있었다. 이러한 문제들은 1902년 브리티시 오픈에서 프로인 알렉산더 허드와 아마추어인 존 볼의 연습 라운드에서 해결되었다. 실력으로 보아 허드가 분명히 쉽게 이길 수 있는 게임이었는데도, 페어웨이에서나 그린 위에서 뒤지는 것이었다.

존 볼이 이 새로운 볼을 사용하고 있었던 것이다. 허드는 이 새 볼을 사용하여 오픈에서 우승하였고 이 볼은 하룻밤 사이에 성공을 거두었다. 그 이후 이 고무핵 볼은 모든 골퍼에게 표준 볼이 되었다.

세계 1차 대전 이후 무게나 크기에 논란도 많았지만 1968년에, 어떤 PGA에서나 아메리칸 스탠더드인 1.68인치 직경의 볼만 써야한다는 최종 결정을 하게 되었다.

현대의 기술은 보다 일관성 있게 날아가고 굴러갈 수 있는 볼의 개발을 계속하고 있다. 솔리드와 세미 솔리드 볼이라든가 폴리머 코팅 볼 등도 나왔다. 각 개인의 특성과 상황에 맞도록 압축 정도를 다양하게 만드는가 하면, 딤플의 수와 패턴도 다양화시켜 왔다.

골프클럽 GOLF CLUBS

　1930년대의 골퍼들은 많게는 25개의 클럽을 골프 백에 넣고 다녔으므로 캐디들의 고생이 심했다. 영국의 R&A와 미국골프협회가 최대 14개의 클럽으로 제한한 것이 바로 이때다. 일반 골퍼들에게 이상적인 클럽 세트는 1(드라이버), 3, 5번 우드와, 3에서 9까지의 아이언, 피칭 웨지, 샌드 웨지, 퍼터 이렇게 13개다. 어떤 이는 로프트(클럽 페이스의 각도)가 큰 것이 방향성이 좋기 때문에 드라이버보다는 2번 우드를 선호하기도 한다. 또 어떤 이는 3번 아이언을 빼고 대신 9번 우드를 포함시키고, 7번이나 9번 아이언을 빼고 58도짜리와 64도짜리의 샌드 웨지 두 개를 사용하여 벙커 샷을 하기도 한다. 초보자는 하프 세트를 구입하는 것이 좋다. 즉, 3번 우드와 5번 또는 7번 우드, 그리고 홀수나 짝수의 아이언 세트만을 구입하고 숙달되는 정도에 따라 벼룩 시장 같은 곳을 통해 나머지 반 세트를 산다. 우드 클럽은 아이언과 같은 모델일 필요는 없지만, 아이언은 무게나 균형이 같은 것을 사야 한다.

우드

골프 장비

아이언

➜ 퍼터는 여러 가지 모양, 크기, 재질, 색상으로 되어 있다. 선택하기 전에 잘 살펴보고 골프 샵에서 직접 볼을 쳐보는 것이 좋다.

피칭 웨지
샌드 웨지

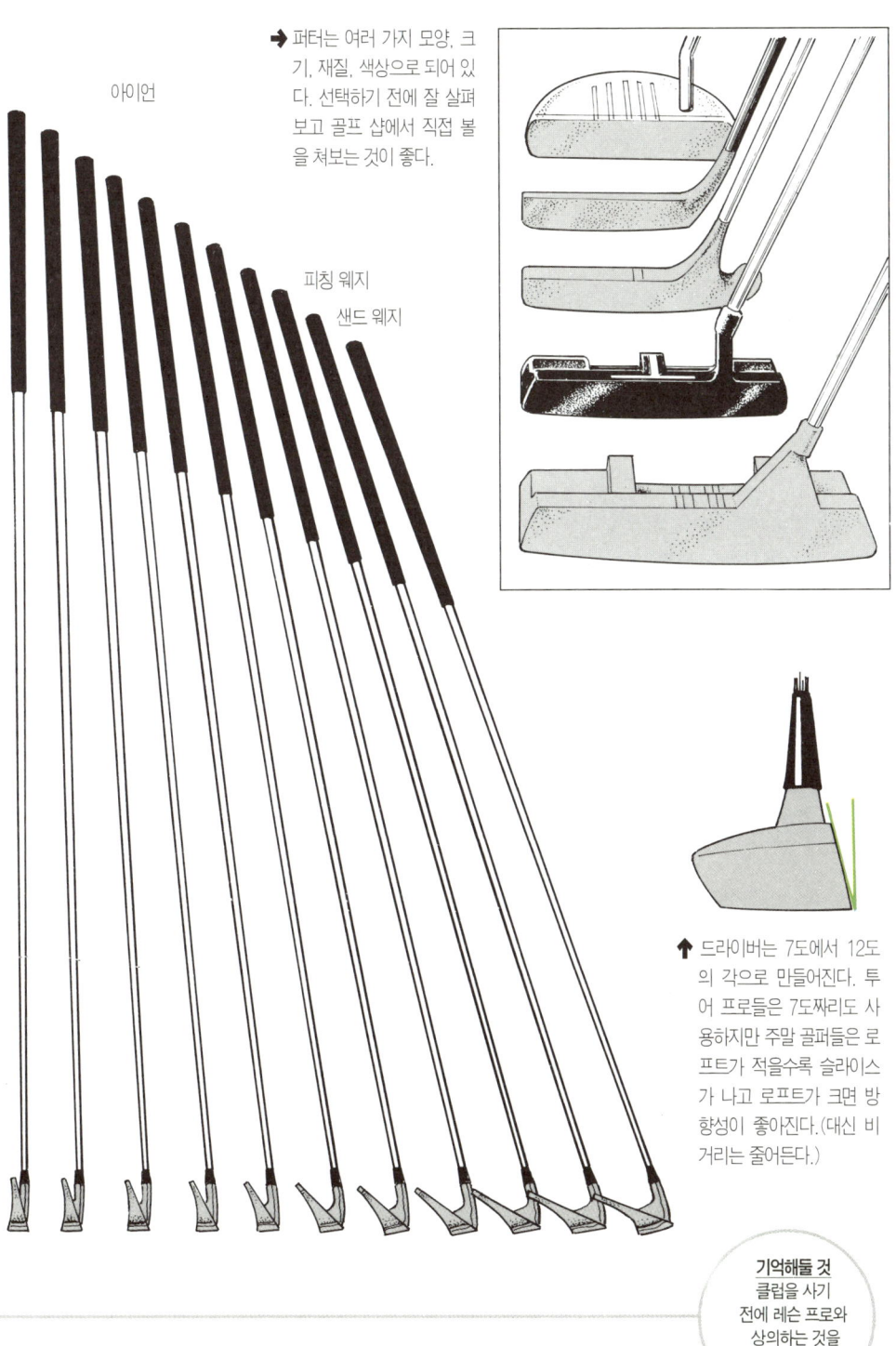

⬆ 드라이버는 7도에서 12도의 각으로 만들어진다. 투어 프로들은 7도짜리도 사용하지만 주말 골퍼들은 로프트가 적을수록 슬라이스가 나고 로프트가 크면 방향성이 좋아진다.(대신 비거리는 줄어든다.)

기억해둘 것
클럽을 사기 전에 레슨 프로와 상의하는 것을 잊으면 안 된다.

골프 클럽의 디자인 DESIGN OF CLUBS

골프 클럽이 어떻게 디자인되어 있는지를 알아두는 것은 자신에게 가장 적합한 클럽을 선택하는 데 도움이 된다. 우선 적절한 샤프트의 클럽을 선택해야 하는데, 아이언 보다는 우드의 선택이 더 중요하다. 특히 드라이버는 자신에게 맞는 샤프트가 필수적 요소인데, 만일 너무 딱딱한 샤프트를 사용하면 볼이 높이 뜨지 못하며 우측으로 휘게 되는 경향이 있다.

또한 샤프트가 너무 약하고 휘청거리면 방향이 일정하지 않게 된

◇ 클럽손질법
클럽이 우드이든 메탈이든간에 헤드 카버로 씌워두는 것이 좋다. 만일 물에 젖었으면 라운딩된 부분은 폴리틴 왁스로 문질러서 좋은 보관 상태를 유지하도록 해야 한다. 만일 클럽 페이스가 심하게 손상되었다면 린시드 오일을 조금 떨어뜨리고 마른 후에 왁스를 칠해주어야 한다.

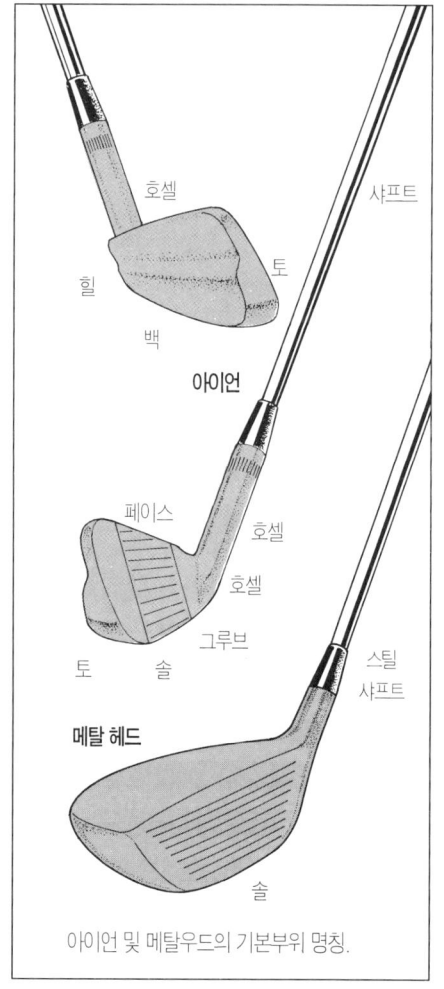

아이언 및 메탈우드의 기본부위 명칭.

↓ 클럽의 그립(손잡이 부분)은 주로 고무나 가죽으로 되어 있다. 룰에 의해 샤프트 뒤쪽에 약간 돌출된 부분이 있다.

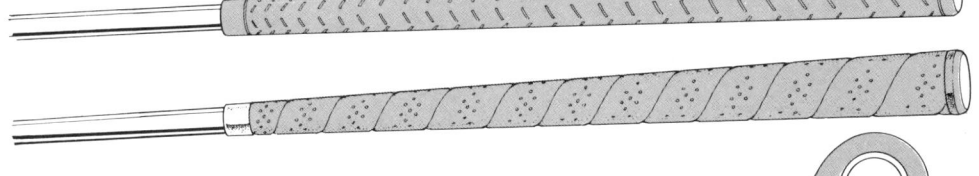

골프 장비

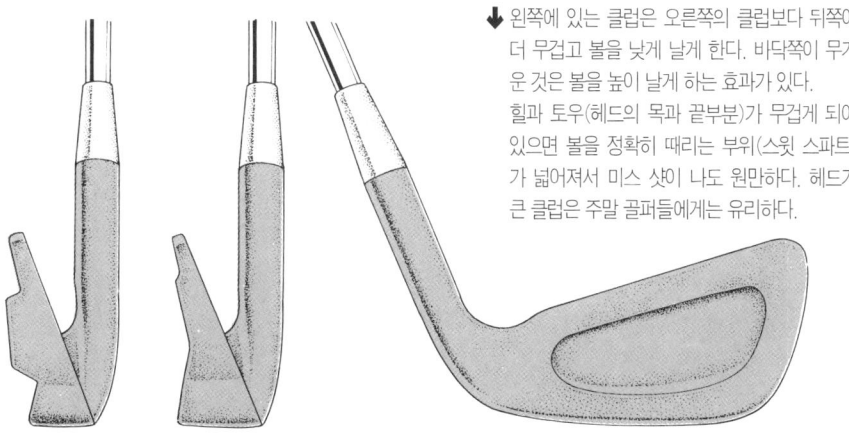

⬇ 왼쪽에 있는 클럽은 오른쪽의 클럽보다 뒤쪽이 더 무겁고 볼을 낮게 날게 한다. 바닥쪽이 무거운 것은 볼을 높이 날게 하는 효과가 있다. 힐과 토우(헤드의 목과 끝부분)가 무겁게 되어 있으면 볼을 정확히 때리는 부위(스윗 스파트)가 넓어져서 미스 샷이 나도 원만하다. 헤드가 큰 클럽은 주말 골퍼들에게는 유리하다.

다. 샤프트는 일반적으로 다음과 같이 구분되어 있다. S = 딱딱함, R = 보통 남자의 표준형, A 또는 시니어 샤프트=나이 많은 남자나 고급자인 여자, 또는 키가 큰 여자용, L = 여자용. 어떤 샤프트들은 더 세분하여 표

⬇ 클럽 헤드의 경사각(로프트)은 높아질수록 볼이 뜨게 된다. 클럽과 클럽의 길이는 번호 하나에 2분의 1인치 차이가 있으나 짧은 아이언의 경우 어떤 것은 4분의 1 인치 차이로 되어 있기도 하다. 클럽 길이의 변화는 헤드의 각도와 연관이 있으며, 피칭 웨지가 아이언 중에서 가장 업라이트(수직)로 서게 되며 롱 아이언과 우드는 평평하게 서게 된다. 헤드의 각도(샤프트와의 각)는 키가 큰 사람과 작은 사람에 따라 다르게 되어 있어야 한다.

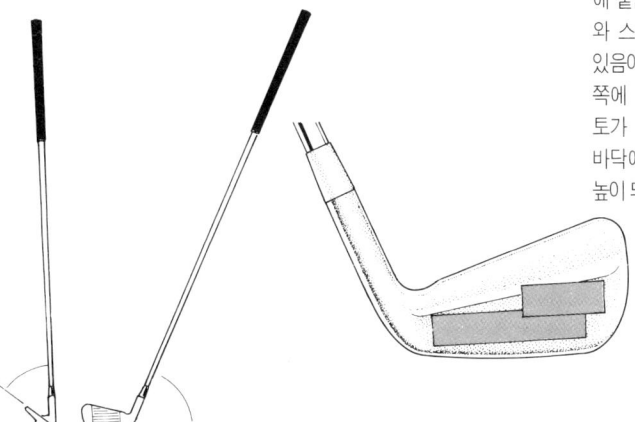

⬇ 실험에 의해 납 테이프를 헤드에 붙임으로해서 스윗 스파트와 스윙 중심을 변화시킬 수 있음이 밝혀졌다. 납을 토우 쪽에 붙이면 임팩트를 통해 토가 강하게 힘을 발휘하고 바닥에 가깝게 붙이면 볼을 높이 띄울 수 있다.

기억해둘 것
헤드가 클수록 보다 샷이 쉽다는 것을 잊지 말라.

기하는데 보통 남자용이나 여자용 샤프트가 어떻게 다른지는 프로와 상의하는 것이 좋다.

  몸이 유연한 젊은이거나 로우 핸디캡퍼가 아니라면, 확실히 적응할 자신이 없으면 너무 딱딱한 스티프 샤프트의 사용은 피하는 것이 좋다. 보통의 주말 골퍼들에게는 레귤러(보통 남자용) 샤프트가 적절하고 레이디용 샤프트는 대부분의 여성 골퍼들에게 적합하다.

  긴 샤프트를 사용하는 키가 큰 여성 골퍼는 시니어 샤프트를 선택하는 것이 좋고 아주 젊고 힘이 강하지 않다면 남자용 레귤러 샤프트는 피하는 것이 좋다. 비슷한 뜻에서 키가 아주 큰 남자는 길이가 더 길고 스티프한 샤프트가 필요할 수도 있다. 그라파이트 샤프트로 된 클럽이 점차 유행하고 있는데, 종전의 스틸 샤프트 클럽보다 가볍고 강하기 때문이다. 그라파이트 클럽은 거리를 더 늘려줄 뿐만 아니라 볼을 친 후의 떨림도 적다. 프로들은 클럽의 뒷부분이 더 무거운 것을 사용하는 경향이 있지만 아주 정확한 스윙을 해야 하기 때문에 일반 골퍼들에게 권할 만한 것은 아니다.

  아이언 클럽은 표준 규격의 헤드 블레이드로 만들어지는데, 클럽 헤드의 전체가 동일한 무게로 만들어지거나 핑 클럽처럼 뒤에서 앞(끝)으로 무거워지는 형태가 있다. 이런 방법이 스윗 스파트(볼이 정확히 맞는 클럽 페이스의 한가운데)를 넓히고 볼이 가운데에 정확히 맞지 않더라도 별 실수 없이 나가게 된다.

  아이언 클럽의 헤드는 반영구적인 스테인리스 스틸이나 감촉이 예민하여 프로들이 선호하는 부드러운 스틸에 크롬 코팅한 것으로 만들어진다. 그러나 크롬 코팅은 스텐 제품보다 내구성이 약하다.

골프클럽의 선택 CLUBS TO SUIT YOU

골프 클럽 선택은 가장 중요한 일이다. 비싼 클럽이 좋다는 뜻이 아니라 자신의 키와 체력, 그리고 자신의 스윙 성격에 맞는 클럽을 선택해야 한다는 것이다. 이론적으로는 대부분의 골퍼들이 스탠더드 사이즈의 클럽을 사용할 수 있다고 한다.

사람에 따라 키의 차이는 상당하지만 대개의 경우 큰 사람이나 작은 사람이나 똑 바로 서 있을 때 손과 땅 사이의 거리를 재어보면 큰 차이가 없다. 157cm에서 178cm의 신장을 가진 남자와 153cm에서 165cm 키의 여자는 보통 스탠더드 클럽을 사용한다. 기억해야 할 점은 클럽 길이가 길어지면 휘청거림이 커지고 헤드의 느낌이 더 무거워진다는 것이다.

길이가 짧아지면 그와 반대로 샤프트가 스티프해지고 헤드의 무게가 덜 느껴지게 된다. 키가 큰 사람이 짧은 클럽을 사용하면 어려움이 따르는데 특히 숏 아이언에서 어려움이 크다.

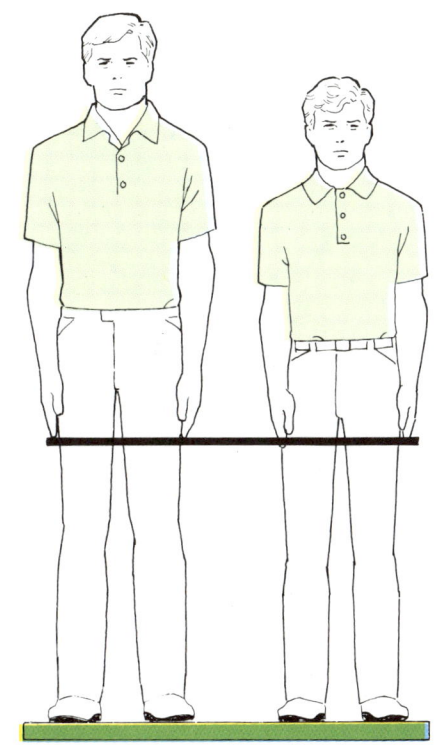

⬆ 클럽의 길이는 보통 플레이어가 생각하는 것만큼 다양해야 할 필요는 없다. 키가 크던 작던 간에 손가락 끝은 거의 같은 높이에 오게 된다. 178cm가 넘는 키의 남자는 스탠더드보다 긴 클럽이 필요할 수 있고 153cm 미만의 여자는 짧은 클럽이 필요할 수도 있다. 남자용 스탠더드 클럽의 길이는 전 세트가 여자용 클럽보다 1인치가 긴 것이 보통이다.

아이언 세트는 보통 번호에 따라 2분의 1인치씩 길이가 다르지만, 키가 큰 사람들을 위해서는 6번 아이언부터는 웨지까지 4분의 1인치씩 길이에 차이를 둠으로써 위의 문제를 해결한다. 또한 중요한 것은 플레이어가 어드레스 했을 때 클럽 헤드가 지면에 닿는 각도가 정확해야 한다는 것이다. 볼을 치게 되면 샤프트는 휘청거리게 되고 양손이 올라가기도 하며 클럽의 바

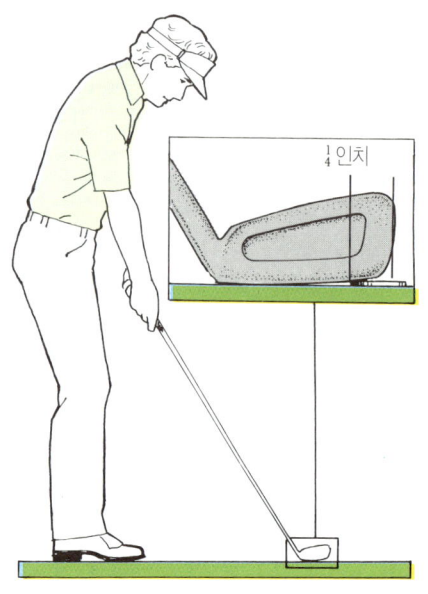

↑ 키가 큰 사람이 스탠더드 클럽을 사용하면 토우가 땅에 너무 닿고 힐이 지면에서 떨어질 수 있어서 볼은 슬라이스가 된다. 마찬가지로 힐이 지나치게 땅에 닿으면 훅이 날 수 있다. 클럽이 정확히 지면에 놓여진 것을 확인하려면 작은 동전을 토 쪽에 밀어넣어서 4분의 3인치 정도만 들어갈 수 있으면 된다.

닥(솔)은 지면을 평평하게 지나게 된다.

만일 키가 작은 플레이어라면 어드레스에서 양손의 위치가 너무 낮아지거나 클럽을 잘못 세트 업하여 어드레스 때 클럽의 끝(토우)이 지면에서 떨어지게 되어 클럽의 힐이 땅을 끌게 됨으로써 페이스가 클로즈되는 경향이 있다.

그 결과 끌어 당기는 드로우 스윙이 되는데 아마추어 골퍼는 오히려 슬라이스를 방지하는 데 도움이 되기도 한다. 플레이어가 키가 크다면 어드레스에서 양손의 위치가 높아지고 클럽의 힐이 들리며 토우가 땅에 깊이 닿는 경향이 있다. 이것은 나쁜 결과를 가져와 슬라스의 원인이 되기도 한다. 때문에 키가 큰 플레이어는 각별히 클럽 헤드의 각도를 살펴야 한다.

클럽을 살 때, 언젠가 헤드의 각도를 바꾸어야 할 때를 대비하여 헤드의 호셀(샤프트를 헤드에 끼우는 구멍이 있는 부분)이 열을 가해 구부릴 수 있는지 확인하는 것이 좋다. 클럽의 길이에 따라 헤드의 각이 자신에게 맞

골프 장비

→ 바닥이 둥글게 되어 있는 클럽은 어려운 경사면에서의 스윙을 평평한 클럽보다 쉽게 해준다.

↓ 그립의 두께는 좋은 스윙에 절대적 영향을 끼친다. 그립의 두께는 샤프트에 테이프를 감아줌으로써 조금은 조절할 수도 있다.

지 않음을 깨닫게 될 수도 있으므로 중요한 사항이다. 헤드의 각도 변경은, 당연히 전문가에게 의뢰해야 한다.

클럽의 그립은, 그립을 잡았을 때 왼손가락이 왼손 엄지손가락의 바닥에 살며시 닿기만 할 정도의 두께를 선택해야 한다.

정기적으로 그립을 따뜻한 물로 씻어줌으로써 그립을 좋은 상태로 유지하여야 한다. 그립을 다시 끼울 때는 그립 앞쪽에 새겨진 라인들이 클럽 페이스와 스퀘어(직각)가 되도록 똑바로 끼워넣어야 한다.

만일 그립이 잘못 끼워진 클럽을 샀다면 프로에게 고쳐달라고 하는 것이 좋다. 클럽의 그립은 원형이 아니라 달걀모양으로 되어 있기 때문에 정확하게 끼워져 있지 않으면 클럽페이스를 스퀘어가 되도록 잡기 어렵고 따라서 직각으로 볼을 칠 수 없게 된다. 경험 있는 골퍼들은 클럽을 집어든 후 눈을 감고 돌려봄으로써 그립의 느낌으로 스퀘어되게 잡을 수 있어야 한다.

거의 모든 프로들은 윗면이 평평한 그립을 사용하는데

기억해둘 것
올바른 헤드의 각도가 얼마나 중요한가를 기억해야 한다.

퍼터 PUTTERS

엄지 손가락이 그립의 정면을, 손은 그립의 옆을 정확히 잡을 수 있도록 해준다.

  퍼터에 대한 규정은 퍼터의 샤프트와 수직선 사이에 최소한 10도 이상의 각이 있어야 한다고 되어 있는데 이는 크리켓처럼 홀을 정면으로 보고 퍼팅하지 못하게 하기 위해서이다.

  보다 수직으로 되어 있는 퍼터가 힌지(경첩) 작용에 의해 스트레이트 라인을 따라 앞뒤로 스윙하기가 좋다는 논리 때문이다.

  퍼터가 너무 수평하게 눕게 되면 스윙은 커브를 그리게 될 경향이 있으므로 일반적으로 수직에 가까운 퍼터가 좋다. 또한 항상 볼을 때리게 될 퍼터 헤드의 스윗 스파트를 확인해야 한다.

  이를 확인하는 좋은 방법은 왼손으로 그립의 맨 끝을 느슨하게 잡고 오른손으로 동전이나 손가락으로 헤드의 토우에서부터 힐쪽으로 두들겨 보는

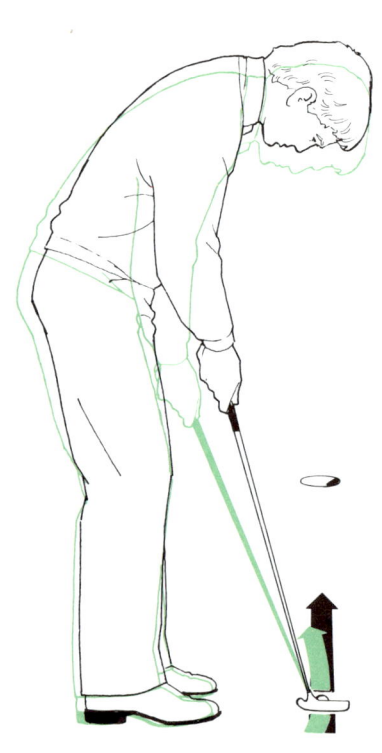

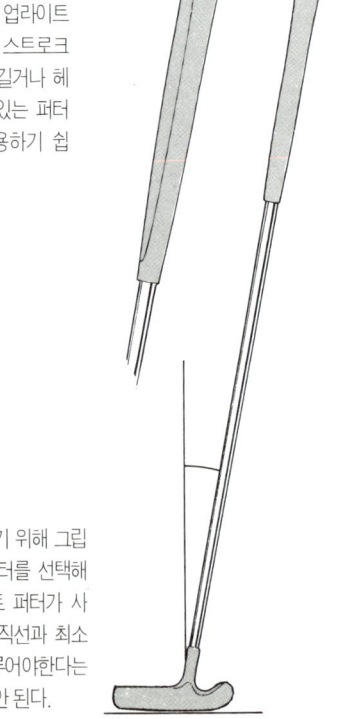

← 알맞은 길이의 업라이트 (수직) 퍼터가 스트로크에 좋다. 너무 길거나 헤드 각이 누워 있는 퍼터는 손목을 사용하기 쉽다.

→ 정확히 그립을 잡기 위해 그립 정면이 평평한 퍼터를 선택해야 한다. 업라이트 퍼터가 사용하기 좋지만 수직선과 최소 10도의 각을 이루어야한다는 규정을 잊어서는 안 된다.

골프 장비

← 스윗 스파트(볼을 때리기에 가장 이상적인 부분)를 확인하기 위해 동전으로 퍼터 페이스를 두들겨 보라. 토우쪽을 두들기면 뒤틀리며 열릴 것이고 스윗 스파트에서는 앞뒤로 똑바로 움직일 것이다. 힐쪽에서는 뒤틀리며 클로즈된 것이다. 어떤 퍼터는 다른 것보다 스윗 스파트가 더 넓다.

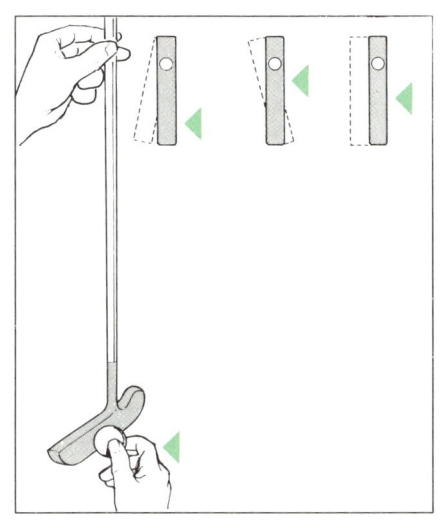

퍼터의 종류

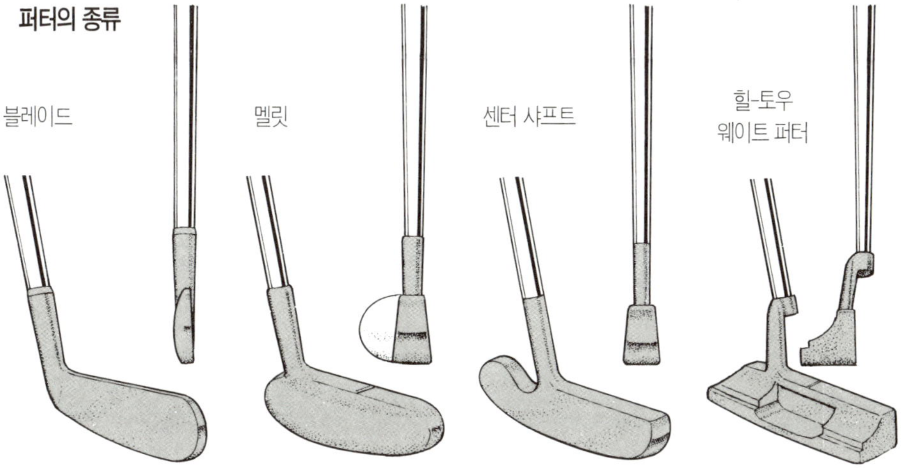

블레이드   멜릿   센터 샤프트   힐-토우 웨이트 퍼터

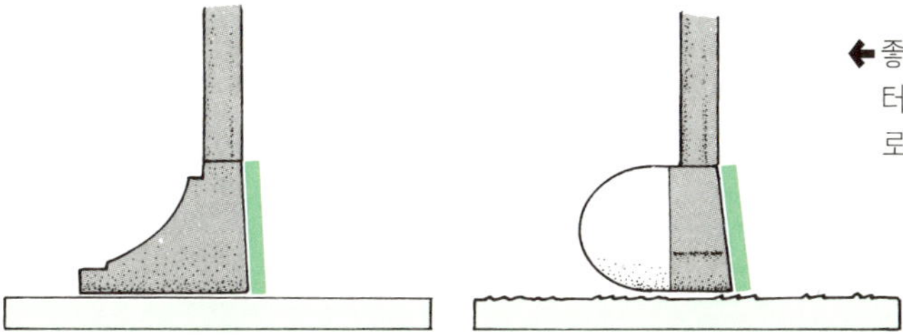

← 좋은 그린에서는 로프트가 적은 퍼터를 사용.(왼쪽) 느린 그린에서는 로프트가 큰 퍼터를 사용.

기억해둘 것
업라이트 퍼터 (수직에 가까운)가 스윗 스파트가 넓다는 것을 기억하라.

것이 좋다.

　토우를 두들기면 퍼터가 뒤틀리는 느낌이 오고 중앙으로 올수록 틀림이 적어지며 앞뒤로 스윙하게 될 것이다.

　힐쪽으로 오면서 두드려보면 이번에는 토우쪽을 두드렸을 때와 반대 방향으로 틀어짐을 알 수 있는데, 틀어짐이 없는 부분(스윗 스파트가 됨)이 넓은 퍼터가 사용하기 편하다.

　스윗 스파트의 중앙을 테이프 같은 것으로 표시해두고 이 부분으로 볼을 겨냥해야 한다. 제조업체에서 마크해 놓은 스윗 스파트가 있는 퍼터도 있는데 언제나 정확한 것은 아니므로 사기 전에 확인해야할 사항이다.

　기본적으로 퍼터는 네 가지 유형으로 되어있는데, 헤드가 얇은 블레이드 타입, 망치같이 생긴 것, 샤프트와 직선을 이루는 것, 힐과 토우에 무게를 준 것 등이 있다. 샤프트와 직선을 이루는 것과 힐과 토우에 무게를 준 퍼터들이 스윗 스파트가 넓다.(51쪽 그림 참조)

　이들을 비교해봄으로써 예전에 사용되던 블레이드 퍼터가 사용하기 어려웠음을 알 수 있다. 퍼터의 길이는 32인치에서 36인치까지 다양하다. 퍼터가 너무 길면 샤프트의 끝을 잡게 되고 손목이 꺾이게 되므로 자신에 맞는 길이를 선택하는 것이 중요하다. 좋은 퍼팅은 왼손목을 가급적 수직으로 펴는 것이 좋다, 알맞은 길이의 퍼터를 선택함으로써 가능해진다. 퍼터의 헤드는 3도에서 7도 정도의 경사면으로 되어 있다.

　적은 로프트(경사)의 퍼터가 투어 대회가 열리는 그린(2mm 정도로 짧게 깎은 잔디)에서 유리하고, 좋지 않은 그린이나 양손을 앞으로 밀어서 퍼터를 잡는 골퍼에게는 로프트가 큰 퍼터가 좋다. 어느 정도 무게가 있는 퍼터가 부드러운 스윙을 도와주는 반면 가벼운 퍼터는 컨트롤하기가 매우 어렵다.

골프 복장 1 THE GOLFER'S CLOTHING

골프 복장은 스타일보다는 편안하고 기능적이어야 한다. 어떤 프라이빗 클럽이나 퍼블릭 클럽에서는 엄격한 규정을 요구하기도 하지만, 코스에서의 복장 착용은 특별한 규정이 있는 것이 아니다. 추리닝, 진 바지, 칼라가 없는 셔츠, 반바지, 소매가 없는 셔츠 등을 남자가 착용하는 것은 일반적으로 금지되어 있다. 어떤 클럽에서는 긴양말과 바지를 착용하도록 하기도 한다. 또 어떤 클럽에서는 클럽하우

↑ 그린에서 편한, 느슨하고 가벼운 옷을 입고 있는 페인 스튜어트. 몇 겹을 입었다가 날씨의 변화에 따라 벗는 것도 좋은 방법이다.

← 날씨에 알맞게, 그러나 맵시있게 차려입은 체리 라드.

스 내에서는 여자의 바지 착용을 금하기도 한다.

복장에 관한 룰은 나라마다 다르고 클럽에 따라 다르다. 가고자 하는 클럽의 복장 규정을 미리 알고 준비하는 것이 좋다. 기본 스윙 동작에 필요한 신체의 부분들이 자유

롭게 움직일 수 있도록 편안한 옷을 입어야 한다.

 셔츠, 스웨터, 바지, 헐거운 바지, 스커트 등은 종류가 다양하다. 하지만 옷의 선택에서 기억해야할 것은 언제 날씨가 바뀔지도 모르는 필드에 4~5시간을 나가있어야 한다는 사실이다. 날씨가 바뀔 것 같으면 미리 여유분의 옷을 준비하여야 한다. 라운딩 중에 추우면 손발과 관절의 움직임이 둔화되어 플레이에 치명적인 지장을 준다.

↑ 머리 끝에서 발 끝까지 강한 느낌의 패션으로 실용적인 복장을 한 에니카 소렌스탐.

← 머리가 젖어 있는 닉 팔도.

 비에 대비하여 방수복을 준비하는 것도 좋다. 방수복을 고를 때는 방수가 완전히 되는지 확인해야 한다. 가장 싼 종류는 맵시는 떨어지지만 부피가 적고 가벼운 나일론 종류다. 고어텍스 제품같이 비싸고 좋은 것도 있다. 이런 것은 가방의 부피는 많이 차지하지만 우중에 라운딩을 끝내야 할 때는 도움이 된다. 어떤 비옷을 고르든 구두 위에 쉽게 내려질 수 있도록 넓고 헐렁하고 밑으로 잘 처지는 것이 좋고 바람에 펄럭이는 것을 막기 위해 바지 자락에 지퍼가 달려 있어 바람이 불 때는 지퍼를 올려 조일 수 있는 것이 좋다.

윗도리는 가급적이면 스윙에 편하도록 느슨한 것을 고르고 이음새가 적은 게 좋다. 또다른 중요한 점은 스윙에 방해받지 않도록 움직일 때 소리가 나지 않는 옷을 골라야 한다는 것이다.

모자의 종류는 엄청나게 많지만, 바람에 머리카락이 날려 눈에 들어가지 않아야 하고, 빗물이 안경에 흐르지 않도록 배려해야 하고, 또 바람에 날아가지 않도록 단단히 쓸 수 있는 것을 선택해야 한다. 스타킹에서 귀덮개가

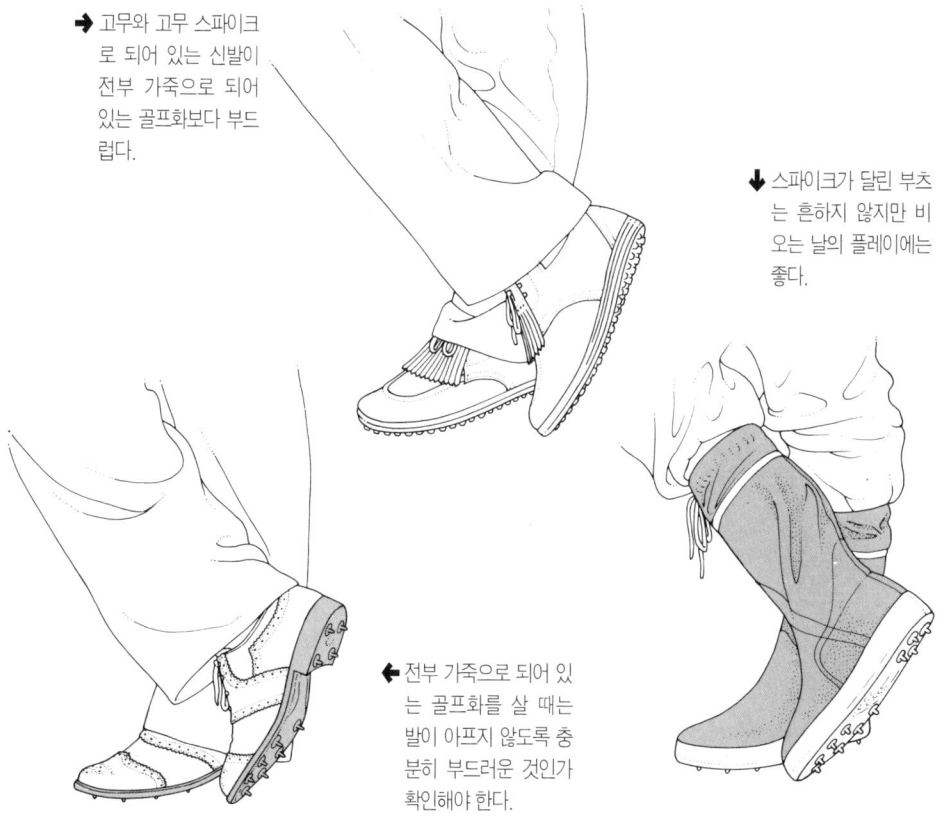

→ 고무와 고무 스파이크로 되어 있는 신발이 전부 가죽으로 되어 있는 골프화보다 부드럽다.

↓ 스파이크가 달린 부츠는 흔하지 않지만 비오는 날의 플레이에는 좋다.

← 전부 가죽으로 되어 있는 골프화를 살 때는 발이 아프지 않도록 충분히 부드러운 것인가 확인해야 한다.

골프 복장 2 THE GOLFER'S CLOTHING

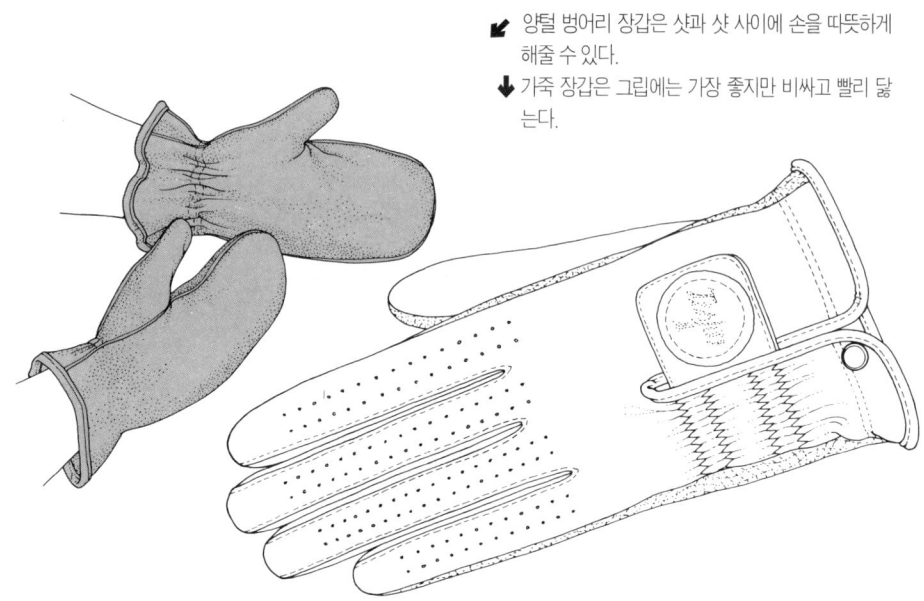

� 양털 벙어리 장갑은 샷과 샷 사이에 손을 따뜻하게 해줄 수 있다.
↓ 가죽 장갑은 그립에는 가장 좋지만 비싸고 빨리 닳는다.

달린 모자까지 덮어쓴 골퍼들은 빗속에서는 별로 멋있어 보이지 않는다. 패션은 둘째인 것이다. 또한 맑은 날에는 햇빛이 눈에 들어오지 않게 챙이 큰 모자를 써야 한다.

발의 유연한 동작과 그립을 단단히 잡기 위해서 골프화는 좋은 것을 골라야 한다. 비싼 것들은 구두의 윗창과 바닥이 가죽으로 되어있는 스파이크화인데, 이런 것들은 너무 뻣뻣하여 바닥이 쉽게 굽어지지 않으므로 발 뒤꿈치에 물집이 생기기 쉽다. 이상적인 골프화는 윗창은 공기가 통하도록 가죽으로 되어있고, 밑창은 고무 바닥과 스파이크, 또는 고무 스파이크로 되어 있는 것이다. 다시 한 번 강조하는데, 바닥은 잘 굽어져서 발의 동작이 편한 것이어야 한다. 뻣뻣한 바닥은 불편하기도 하지만 스윙을 방해하게 된다.

구두의 코는 단단한 것을 골라야 다운 스윙에서 우측발의 동작을 쉽게 해 준다. 뒤꿈치의 높이는 여러 가지가 있는데, 이 굽의 높이는 균형 유지와 다리의 동작에 영향을 준다. 굽이 높으면 다운 스윙시 왼쪽발 앞의 볼을 향해 체중이 쏠리게 된다.

스파이크 골프화를 사게 되면 스파이크를 느슨하게 풀어서 녹을 방지하는

골프 장비

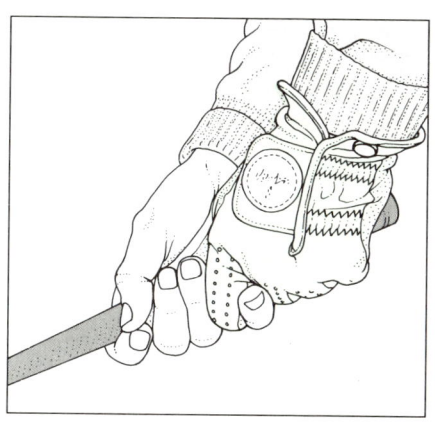
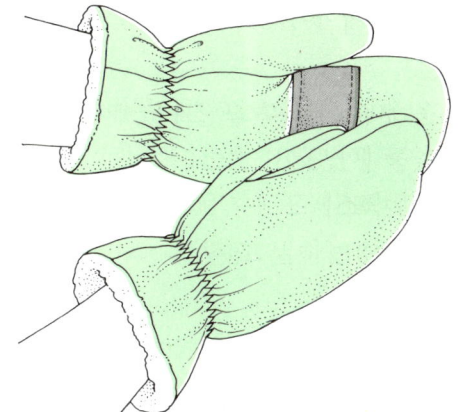

↖ 가죽 장갑
↑ 합성피 장갑이 가장 오래 사용할 수 있다.

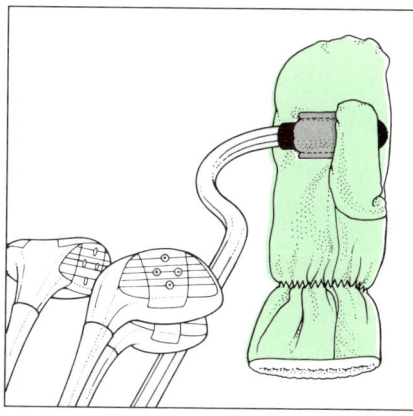

← 카트에 부착되어 있는 벙어리 장갑도 있다.

오일을 조금 떨어뜨려주고 다시 조여주는 것이 좋다. 최근에는 하루종일 코스에서 라운딩하기에 편한 가벼운 테니스화 스타일의 골프화가 유행이다.

대개의 골퍼들은 일정한 그립 강도의 유지를 위해 왼손에 장갑을 착용한다. 가죽 장갑이 비싼 만큼 감촉이 좋지만 품질 좋은 합성피에 비해 내구력이 약하다. 바닥을 두껍게 만든 장갑이 오래 닳지않으며, 보통의 장갑보다 조금 더 손에 꽉 끼이는 사이즈라야 한다.

장갑을 낄 때는 손목까지 낀다는 생각보다는 엄지와 손가락에 끼운다는 기분으로 착용하여야 한다. 겨울 시즌에는 양손에 장갑을 끼는 것보다는 골프 글로브 위에 벙어리 장갑을 덧끼어서 보온하는 것이 플레이 하기 좋다. 카트에 달려 있는 벙어리 장갑도 있다.

골프용품들 1 THE GOLFER'S CLOTHING

어떤 용품들은 유용하고 또 어떤 것들은 멋을 부리는데 그치기도 하지만 골프 용품들은 무수히 쏟아져 나온다. 골프 세트를 준비할 때는 실제로 필요하고 유용한 것들만 구입해야 한다.

골프백

골프백이 사용되기 시작한 것은 1870년대이다. 그 전에는 골퍼의 캐디가 팔에 클럽을 안고 다녔으나, 이제는 골프백 없이 필드에 나간다는 것은 생각할 수도 없는 일이다. 말할 필요도 없이 골프백은 크기와 모양에 따라 수많은 종류가 나와 있다. 무게가 중요하기 때문에 대부분은 가벼운 나일론으로 만들어져 있다.

• 파이프 같이 생긴 백: 연습장에 갈 때 6~7개의 클럽만을 넣고 다닐 수 있는 백.

골프용품들
1. 우산 2. 큰 가방 3. 잡동사니 주머니가 달린 가방 4. 가벼운 나일론 백 5. 헤드 카버

골프 장비

- 가벼운 백: 가지고 다닐 클럽의 수를 감안하여 끈이 단단한지 확인해야 한다. 끈이 쉽게 접히는 것은 풀 세트에 적합하지 않을 뿐더러 카트 사용에도 좋지 않다.
- 풀카트백(손으로 잡아 끌고 다니는 카트백): 작지만 풀세트가 들어갈

골프용품들
6. 방수 카버의 프로용 백 7. 종합 백
8. 비행기 안에 실을 때의 카버 9. 연습용 클럽 백
10. 풀카트백 11. 수건

골프용품들 2 THE GOLFER'S CLOTHING

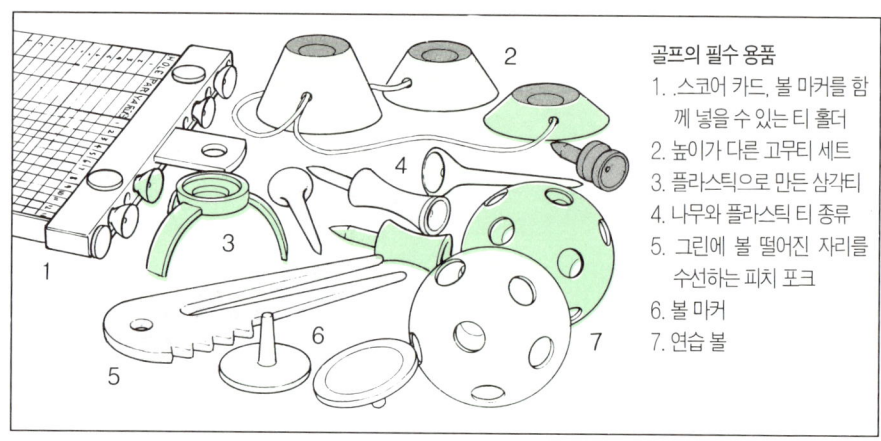

골프의 필수 용품
1. 스코어 카드, 볼 마커를 함께 넣을 수 있는 티 홀더
2. 높이가 다른 고무티 세트
3. 플라스틱으로 만든 삼각티
4. 나무와 플라스틱 티 종류
5. 그린에 볼 떨어진 자리를 수선하는 피치 포크
6. 볼 마커
7. 연습 볼

수 있고 풀카트에 싣고 다닐 수 있게 단단한 것을 골라야 한다. 끈이 튼튼해야 하고, 비를 막을 수 있는 뚜껑도 있어야 한다.

• 칸막이 백: 각 클럽마다 칸이 막아져 있는 것. 특히 다치기 쉬운 그라파이트 샤프트의 클럽을 위해 좋다.

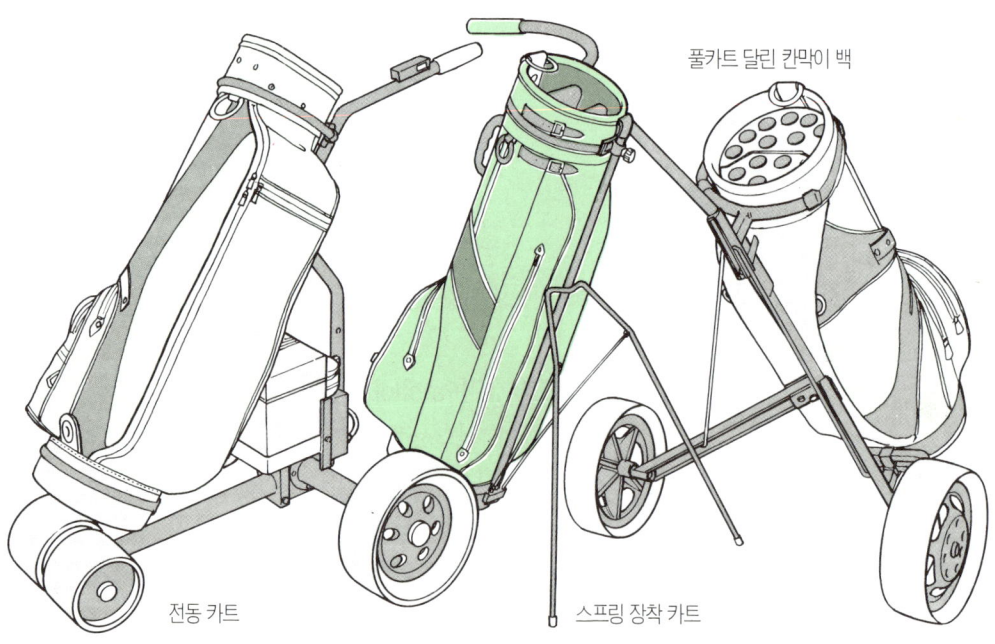

풀카트 달린 칸막이 백

전동 카트

스프링 장착 카트

- 토너먼트 백: 매우 든든한 끈과, 또 캐디들이 그 위에 앉는 경향이 있으므로 견고하게 만들어져야 한다.
- 종합 세트 백/풀카트: 여행이나 차 안에 집어 넣고 다니기에 이상적이다.

클럽의 수에 따라 좋은 재질의 튼튼한 끈과, 풀카트를 사용한다면 더욱 단단하고, 비를 막을 수 있는 후드, 단단한 아래 부분, 그리고 용품들도 넣을 수 있는 충분한 공간의 주머니가 있는 백을 고르는 게 좋다. 그라파이트 샤프트 클럽이라면 부드러운 천으로 칸막이가 되어 있는 백이 권할 만하다.

잡동사니 주머니

지퍼가 달려 있고, 여러 가지 물건을 넣기에 편하다. 골프화를 넣을 수 있는 주머니가 따로 있으면 옷과 분리해서 넣을 수 있어 편하다.

헤드 카버

비닐, 천, 가죽, 양가죽 등으로 만든다. 비싸지만 공기가 통해 습기가 차지 않고 방수도 되는 양가죽이 최고다. 아이언 카버는 클럽의 보존에 매우 중요하지만, 스테인레스 클럽이 아니라면 습기가 차지 않는 카버를 선택해야 한다.

필수 용품

위에 설명한 것들 외에도 코스를 돌다보면 필요한 것이 많다. 비나 물에 젖으면 볼을 닦거나 손을 닦아야 할 수건도 있어야 하고 번개와 바람에 강한 우산도 필요하다.

티는 나무와 플라스틱으로 되어있는데, 퍼시먼(감나무)헤드의 드라이버 사용에는 나무 티가 헤드 손상을 막아주기 때문에 좋다고 하지만 매번 드라이브 샷을 할 때마다 부러지는 경향이 있다.

주말 골퍼들에게는 다양한 높이의 견고한 티세트를 준비하는 것이 좋다. 드라이브 샷은 긴 티로 3, 4번 우드는 그 다음, 아이언은 낮은 티를 사용한다.

골프용품들 3 THE GOLFER'S CLOTHING

대개의 프로들은 주머니에 티를 가득히 넣고 다니며 플레이 한다. 더 실용적인 것은 연필, 스코어 카드, 볼 마커를 함께 넣을 수 있는 티 홀더이며 골프백에 매달아 놓을 수 있는 것도 있다. 휴대용 볼 세척기는 어쩌다 티그 라운드 옆에 한두 개 세척기가 있는 코스에서는 필요한 것이다.

프로들은 캐디가 침을 뱉어서 닦아주기도 하므로 이것이 필요하지 않겠지만 캐디 없이 라운딩하는 아마추어들에게는 필요하다. 이밖에 물에 빠진 볼을 건지는 도구나 연습 볼을 넣는 가방도 필요할 수 있다.

카트

아직도 우리 나라의 대부분 코스에서는 캐디의 도움을 받을 수 있지만 골프 선진국의 플레이어들은 풀 카트나 전동 카트를 사용한다. 풀 카트는 접었을 때 얼마나 작아지는지 확인하고, 차안에 넣기 전에 백을 카트에서 떼

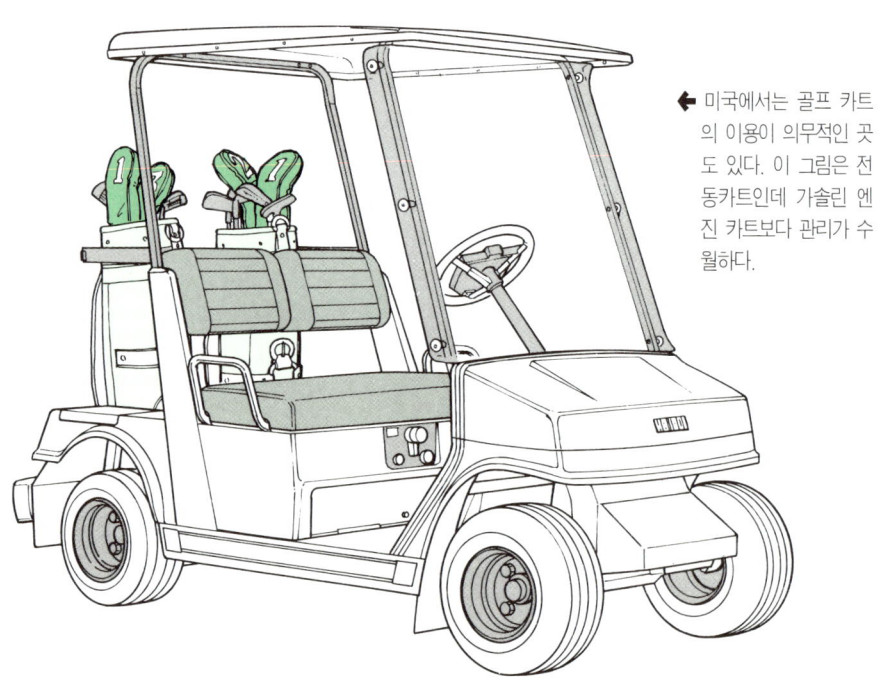

← 미국에서는 골프 카트의 이용이 의무적인 곳도 있다. 이 그림은 전동카트인데 가솔린 엔진 카트보다 관리가 수월하다.

어낼 것인지 아니면 그대로 접어서 넣을 것인지도 고려해야 한다. 어떤 이들은 백과 카트가 붙어 있기를 원하고 어떤 이들은 너무 크고 무겁다는 이유로 분리되기를 원하기도 한다.

무게 뿐만 아니라 잘 끌리는지도 확인하고 균형이 잘 잡혀 있어서 끌거나 밀 때 편해야 한다. 팔을 늘어뜨린 상태에서 편안하게 카트를 잡고 끌 수 있어야 하는데, 균형이 안 맞거나 핸들이 너무 길면 불편한 각도에서 끌어야 하기 때문에 팔에 무리가 온다. 핸들의 크기가 조절되는 카트가 좋으며 사기 전에 자신의 골프백을 실어보고 테스트하는 것이 안전하다.

전동 카트의 경우에는 카트와 배터리의 무게를 고려해야 한다. 나이든 플레이어들이 코스 라운딩에 편하다는 이유로 전동 카트를 선호하는데 배터리가 카트에 싣기에도 힘들 만큼 무거운 것도 있다. 단골집이나 프로를 통해 사는 것이 좋다. 문제가 생겼을 때 도움 받기 좋기 때문이다.

볼과 클럽의 역학 DYNAMICS OF BALL AND CLUB

골프 실력을 향상시키려면 볼과 클럽의 역학을 충실히 이해하여야 한다. 원리의 이해없이 발전을 기대하는 것은 잘못을 범하기 쉽고 헛고생이 될 수도 있다. 대개의 주말 골퍼들은 그들이 친 볼이 무엇이 잘못되어 우측이나 좌측으로 날아가는지도 모르기 쉽다.

우선 알아야 할 것은 골프 볼은 스핀을 먹도록 설계되어 있다는 것이다. 볼 표면의 많은 작은 홈(움푹 들어간 곳들)들이 있는 것은 스핀을 잘 받아 볼이 공중에 쉽게 뜨도록 하기 위해서이다. 백 스핀이나 사이드 스핀도 마찬가지로 쉽게 작용한다.

대개의 볼로 하는 운동들은 처음에는 볼이 똑바로 나가게 하는 것을 배우고 그 다음에 스핀을 주는 것을 배우는 것이 순서인데, 골프에서는 볼에서 사이드 스핀을 없애서 볼이 똑바로 나가게 하는 것을 배워야 한다.

다음 단계로, 숙달된 플레이어는 의도적으로 스핀을 주어서 원하는 방향

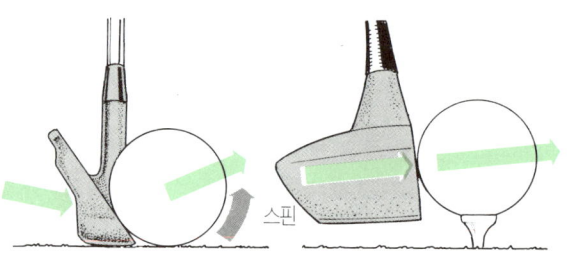

↑ 아이언의 경사는 자연스럽게 볼의 아래쪽을 치게 되어 백 스핀을 이끌어 낸다. 드라이브는 볼을 위로 올려치며 적당한 백 스핀으로 올바른 포물선을 그린다.

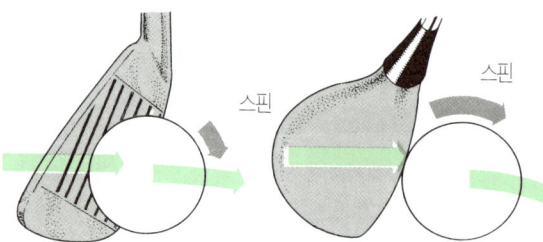

↑ 경사가 높은 클럽은 볼의 밑부분을 치기 때문에 강한 백 스핀과 약한 사이드 스핀을 주지만 로프트가 적은 클럽은 거의 같은 높이에서 볼을 치기 때문에 클럽 페이스가 오픈되거나 클로즈되면 사이드 스핀을 강하게 먹게 된다.

↓ 스트레이트 샷. 임팩트 순간에 스윙 궤도가 타겟과 직선이 되고 클럽 페이스가 타겟과 직각을 이루면 사이드 스핀없이 볼은 똑바로 날게 된다.

플레이 연습

 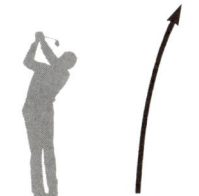  

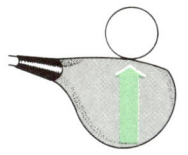 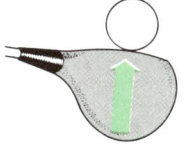 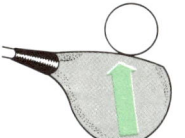 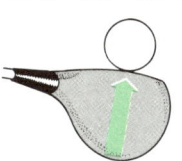

⬆ **페이드 샷**: 처음에는 볼이 타겟을 향해 날아가다가 클럽 페이스의 오픈으로 인해 우측으로 약하게 휘는 것. 프로들은 종종 핀의 좌측을 겨냥하고 페이드 볼을 치는데, 볼이 그린에 떨어져 부드럽게 멈춘다.

⬆ **푸시 페이드**: 인사이드 아웃 스윙으로 볼은 우측을 향해 처음부터 날아감. 클럽 페이스를 오픈하면 볼은 공중에서 다시 우측을 향해 휘게 됨. 왼쪽 다리의 버팀을 확인해야 하고, 그립이 약하거나, 손목이 너무 뻣뻣한 것이 이유다.

⬆ **슬라이스**: 아웃사이드 인 스윙 궤도로서 처음에는 볼이 좌측을 향해 날아가지만 스핀에 의해 우측으로 휨. 스윙 궤도에 비해 클럽 페이스가 열림. 백 스윙이 작거나 전체 스윙이 너무 뻣뻣한 것이 원인이다.

⬆ **푸시 샷**: 클럽 페이스는 스퀘어를 유지하고 인사이드 아웃 스윙으로 공격하는 것. 볼은 똑바로 우측으로 날아간다. 세트업이 정확히 되었는지, 그리고 임팩트시 다리가 제대로 버티어 주는지 확인해야 한다.

으로 볼이 휘도록 하는 것을 배운다. 이것은 커브 샷이나 바람이 불 때 필요하다. 로프트(헤드의 경사)가 큰 클럽일수록 볼은 백 스핀이 커지고 사이드 스핀이 적어진다. 예를 들면 9번 아이언으로 볼을 휘게 하는 것은 매우 힘들다.

반대로 긴 드라이버는 백 스핀이 적고 사이드 스핀은 쉽게 생겨서 혹이나 슬라이스의 정도가 심해진다. 볼이 클럽 페이스의 중앙에 가깝게 맞을수록 볼은 스윙 궤도에 따라 나가게 된다.

정확하게 클럽 페이스의 중앙으로 쳤는데 왼쪽으로 날아간다면 좌측을 향한 스윙, 즉 아웃사이드 인 스윙을 한 것이다. 만일 볼이 얼마쯤 날아가다가 왼쪽이나 오른쪽으로 휘어진다면 클럽

기억해둘 것
스핀을 없애는 스윙, 그리고 다시 스핀을 주는 법을 배우라.

페이스의 각도에 의한 결과이다.

　볼이 '어느 방향으로 출발했는지, 또 어떻게 휘었는지'를 분석해보면 스윙의 어디가 잘못되었는지 점차 알 수 있을 것이다.

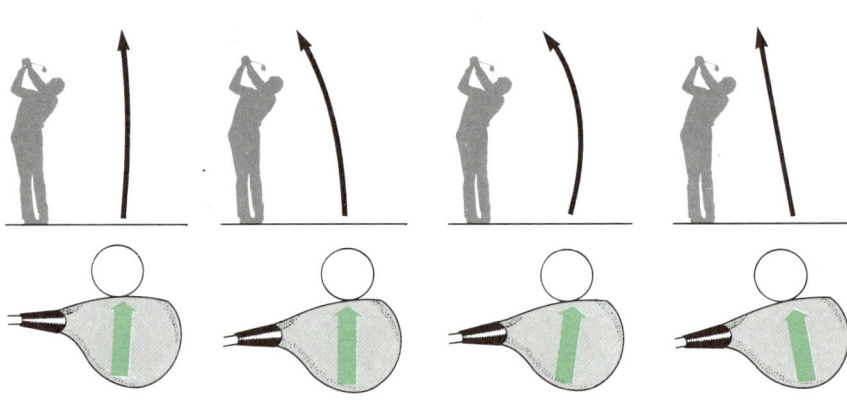

↑ 드로우: 스윙 궤도에 비해 클럽 페이스는 약간 클로즈된다. 스윙 궤도는 스트레이트이고 클럽 페이스가 약간 클로즈되든가 또는 클럽 페이스는 스퀘어이고 스윙 궤도를 약간 인에서 아웃으로 해준다. 많은 사람들이 이 드로우 스윙을 완벽한 골프 스윙이라고 믿는다.

↑ 풀 훅(끌어당기는 훅) : 아웃사이드 인 스윙 궤도로 볼이 처음부터 좌측으로 날아가고, 클럽 페이스가 클로즈 되어 있으면 더욱 좌측으로 휜다. 느슨한 그립에 의해 생기기도 하고 오른손의 작용이 지나치게 크기 때문에 생기는 현상이기도 하다. 이런 습관의 플레이어는 목표의 우측을 겨냥하고 훅을 상상하며 스윙한다.

↑ 훅: 타겟라인에 평행하게 세트업하여 클럽 페이스를 클로즈하고 인사이드 아웃으로 하는 밀어내는 듯한 스윙. 이런 경우에는 볼이 너무 우측으로 많이 가 있는지, 다리의 움직임과 손과 손목이 너무 빠르게 작용하지 않는지 확인해야 한다.

↑ 풀: 아웃사이드 인 스윙 궤도의 결과로, 클럽 페이스가 이 방향으로 스퀘어되어 있으면 볼은 똑바로 왼쪽으로 날아간다. 종종 볼이 너무 좌측에 있거나 몸의 회전이 부족하여 일어나는 현상이다.

그립 THE GRIP

골프에서 그립은 언제나 중요하다. 그립을 어떻게 잡느냐 하는 것은 볼의 높이, 거리, 그리고 방향까지 좌우하며 게임을 결정한다. 우선 클럽 페이스가 타겟을 향하도록 헤드를 지면에다 놓는다. 왼손을 축 늘어뜨려서 그립을 잡기 전에 클럽 옆에 살며시 댄다.(그림1, 2) 엄지의 끝과 검지가 손바닥에 닿는 부분이 거의 같은 높이에 와 있도록 잡아야하고 검지와 엄지가

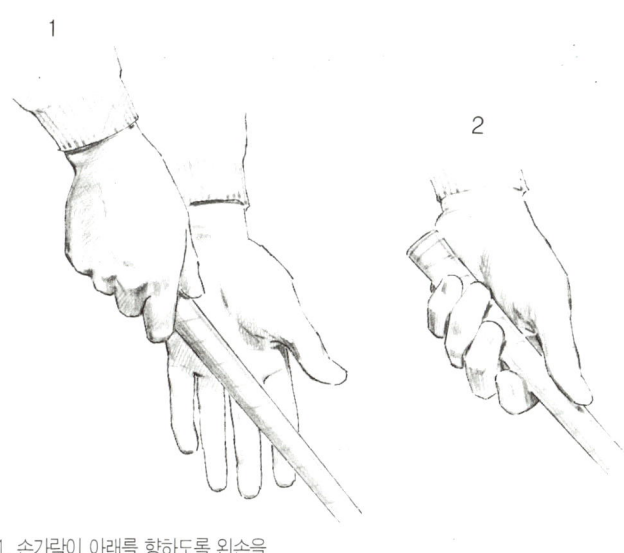

1. 손가락이 아래를 향하도록 왼손을 클럽 옆에 늘어뜨린다.
2. 왼손 그립을 잡으면 클럽은 손가락 안에 대각선으로 잡히게 된다.
3. 왼손의 그립 모습으로 엄지와 검지의 닿은 부분이 우측 어깨를 향하고 있다.

4. 완성된 그립. 엄지와 검지의 V자가 우측 어깨를 향하고 있다.
5. 오른 손가락이 펼쳐 있고 클럽에 가운데 두 손가락만이 놓여 있음을 주지하라.
6. 우측 검지가 방아쇠 모양을 하고 있고. 엄지는 그립의 옆을 안정되게 잡고 있다.

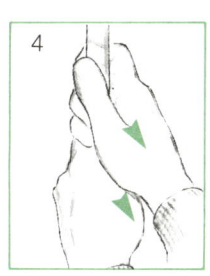

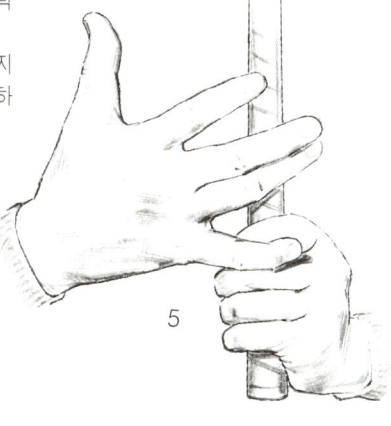

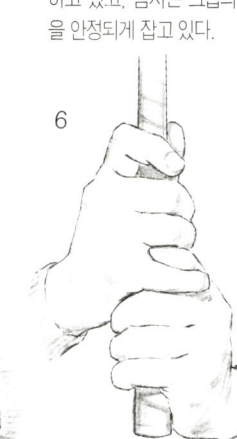

바든 그립

맞닿은 끝의 V자 모양이 오른쪽 귀나 어깨를 향해 있어야 한다.(그림3) 오른손은 클럽 뒤에(아래쪽에) 손바닥이 오게 하여 왼손가락 끝에 걸치게 하고 왼손 엄지가 오른손 바닥의 생명선에 오도록 감아 잡는다. 오른손 검지는 방아쇠에 걸치듯 중지에서 약간 떨어지게 하고 엄지는 절대로 그립의 중앙에 놓이지 않게 좌측을 향해 잡는다.

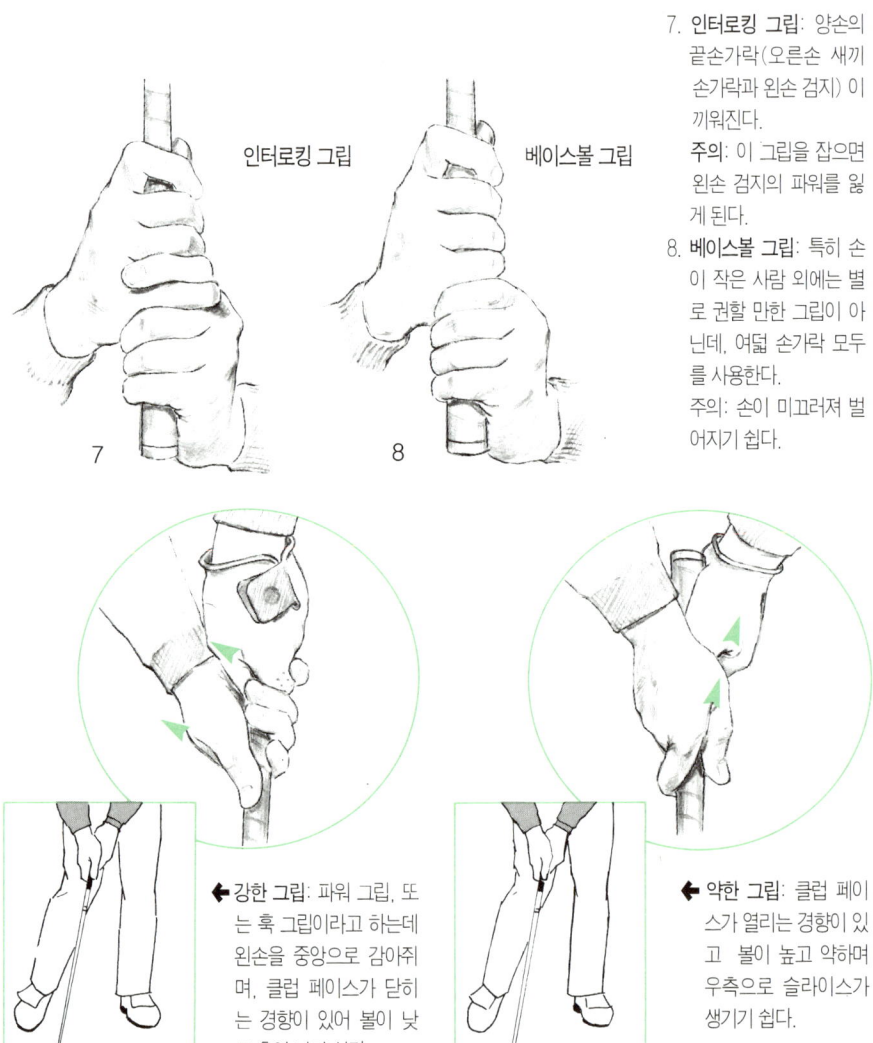

7. **인터로킹 그립**: 양손의 끝손가락(오른손 새끼손가락과 왼손 검지)이 끼워진다.
   주의: 이 그립을 잡으면 왼손 검지의 파워를 잃게 된다.
8. **베이스볼 그립**: 특히 손이 작은 사람 외에는 별로 권할 만한 그립이 아닌데, 여덟 손가락 모두를 사용한다.
   주의: 손이 미끄러져 벌어지기 쉽다.

← **강한 그립**: 파워 그립, 또는 훅 그립이라고 하는데 왼손을 중앙으로 감아쥐며, 클럽 페이스가 닫히는 경향이 있어 볼이 낮고 훅이 나기 쉽다.

← **약한 그립**: 클럽 페이스가 열리는 경향이 있고 볼이 높고 약하며 우측으로 슬라이스가 생기기 쉽다.

플레이 연습

　엄지와 검지 사이의 V자는 오른쪽 어깨를 향한다.(그림4) 이상적인 그립으로 바든 그립이 있는데, 우측 새끼 손가락이 좌측 검지 위에 걸쳐지는 그립이다.(그림5, 6) 손이 너무 작아서 이 방법을 사용할 수 없다면 손가락을 걸치지 않아도 되는 인터로킹 그립이나(그림7) 베이스볼 그립(그림8)으로 잡으면 된다.

- 잘못된 그립: 만일 왼손이 너무 클럽의 위를 잡거나 오른손이 너무 아래를 잡으면 다운 스윙에서 클럽 페이스가 클로즈되어 왼쪽을 겨냥하게 되는 경향이 있다. 이런 샷은 볼이 낮게 뜨고 좌측으로 훅이 나게 된다. 양손이 너무 왼쪽으로 가 있으면 그립이 약해지고 클럽 페이스가 열려 샷의 파워가 떨어지고 슬라이스가 생겨 볼은 우측으로 가게 된다.

> **기억해둘 것**
> 그립은 가볍게 잡되 클럽이 움직일 정도로 너무 약하면 안됨을 기억하라.

스탠스 THE STANCE

스탠스를 취하거나 어드레스 자세를 잡는다는 것은 정확히 볼을 치기 위해 스윙 궤도(타겟라인)의 라인을 정하고 몸의 움직임을 준비하는 것이다. 프로들에게도 게임의 어떤 다른 부분보다도 일관성 있는 스탠스를 유지한다는 것이 더 어려운 일이라고 한다. 어드레스의 정면 모습은 중요한 점들을 보여주고 있다.(그림) 발은 어깨 너비-여자들은 히프 너비라고 생각하면 된다-로, 왼발은 약간 밖으로 열어주고, 오른발은 거의 직각, 무릎은 가운데로 조금 모여 있고, 체중은 양발의 안쪽에 실려 있다. 팔은 오른손이 왼손의 밑에 오게 늘어뜨려져서 y자 형태를 이루고 있고 우측 어깨가 약간 밑으로 처져 있다. 그러나 앞으로 나와서는 안 된다. 팔은 긴장을 풀고 편안히 늘어져 있고 손목은 약간 처져 있으며 머리는 높게, 눈은 클럽 페

◀ 완벽한 스탠스: 체중은 발의 안쪽에, 무릎은 중앙을 향하고, 팔의 긴장을 완전히 풀고, 머리는 높이, 발의 너비는 어깨 너비만큼.(여자는 히프 너비)

◀ 완벽한 자세: 직각으로 서고, 히프는 뒤로, 발가락이 발에 닿는 부분이 탄력을 느끼도록 서고, 다리의 맨 윗부분부터 숙이고, 클럽과 팔의 각도를 맞춘다.

플레이 연습

주저 앉거나 구부리지 말 것.

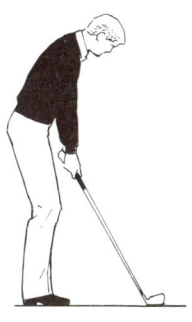

↑ 우측 어깨와 턱 아래를 지나 스윙을 편하게 할 수 있도록 공간을 충분히 확보하면서 가급적 직각으로 서야 한다. 키가 클수록 더 볼에 가깝게 설 수 있으며 클럽은 더욱 수직(업라이트)으로 놓이게 된다. 키가 작은 사람은 볼에서 멀리 서게 된다.

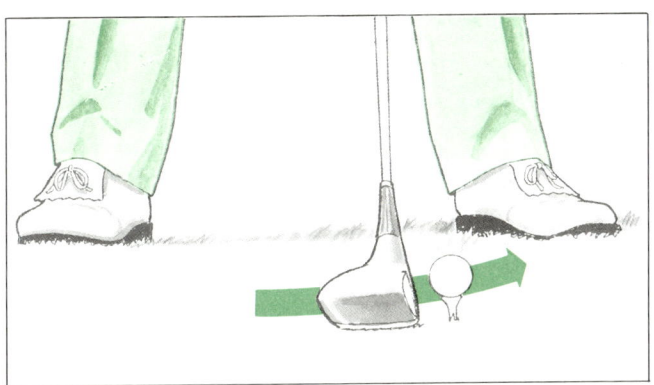

← 드라이버, 또는 아이언이나 페어웨이 우드라도 라이가 좋을 때는 볼을 좀더 왼쪽에 두고 쓸어치듯이 스윙하라. 어드레스에서 우측 어깨가 좌측 어깨의 아래에 위치해야 함을 유의해야 한다. 정면으로 나와서도 안 된다.

← 나쁜 지형에서 세이브 샷을 할 때와 다운 힐 라이에서는 볼을 스탠스의 보다 우측에 두고 가파르게 내려 찍는 스윙을 해야 한다. 초보자는 짧은 아이언 샷을 할 때 볼을 가운데에서 약간 우측에 두고 클럽이 볼부터 치고 잔디를 파는 스윙을 해야 한다.

> **기억해둘 것**
> 아무리 키가 크더라도 직각으로 서야 한다. 주저 앉거나 등이 휘지 않도록 유념하라.

이스를 보고 있다. 스윙의 뒤에서 보면 어드레스 자세와 볼이 떨어진 거리를 알 수 있다. 가급적 직각으로 서야 하며, 히프는 뒤로 빼고 발가락이 발에 닿는 부분에 탄력을 느껴야 한다. 즉, 이 부분에 체중의 중심이 실려 있어야 한다. 허리부터 숙이는 것이 아니라 다리의 맨 윗부분부터 숙여야 하며, 주저앉거나 등이 휘어져서 굽어지지 않도록 주의해야 한다. 일반적인 원칙은 가급적 가깝게 팔을 늘어뜨리고 히프는 뒤로 빼고 서야 하지만 팔이 우측 히프와 턱 아래를 지나갈 만큼 충분한 공간을 확보해야 한다.

볼의 위치

프로들은 왼발 뒤꿈치의 반대쪽에 볼을 놓는다고 말한다. 그러나 실제로는 대부분 그렇게 하지 않는다. 특히 주말 골퍼들에게는 맞지 않는다. 아이언 스윙은 스탠스의 한가운데에서 클럽 헤드가 지면에 떨어지게 되므로 볼을 가운데 두는 것이 좋다. 만일 플레이어가 젊고 골프 실력이 좋은 사람이라면 좀더 좌측에 둘 수도 있다.

단순한 스윙 THE SIMPLE SWING

 기본적인 골프스윙은 단순해서 8살짜리 어린이도 할 수 있는데 불행하게도 어른들이 못하는 것이다. 타운동은 초보적인 기술은 간단하고 직선적이며 고급플레이를 원할 때만 어려워지는 것이다. 골프의 어려움은 스윙 자체에 있는 것이 아니라 볼을 치는 것과 클럽 헤드와 볼과의 접촉에 적은 오차가 있어서도 안 되는 정확성이 요구된다는 것이다. 엄청난 거리를 스스로의 힘으로 날려 보내야 하는데다 방향까지 자신이 컨트롤해야 하는 것이다. 스윙자체는 간단하다는 것, 이 점을 잊지말아야 한다. 초보자의 문

↓ 미디엄 아이언의 어드레스: 긴장을 풀고 클럽과 팔을 Y자 형태로 늘어뜨리고 높게 어드레스 한다. 볼은 스탠스의 중앙에 두고 시선은 볼의 뒤에 고정한다. 오른손은 왼손의 아래에 위치하여 우측 어깨가 왼쪽 어깨보다 처지게 한다.

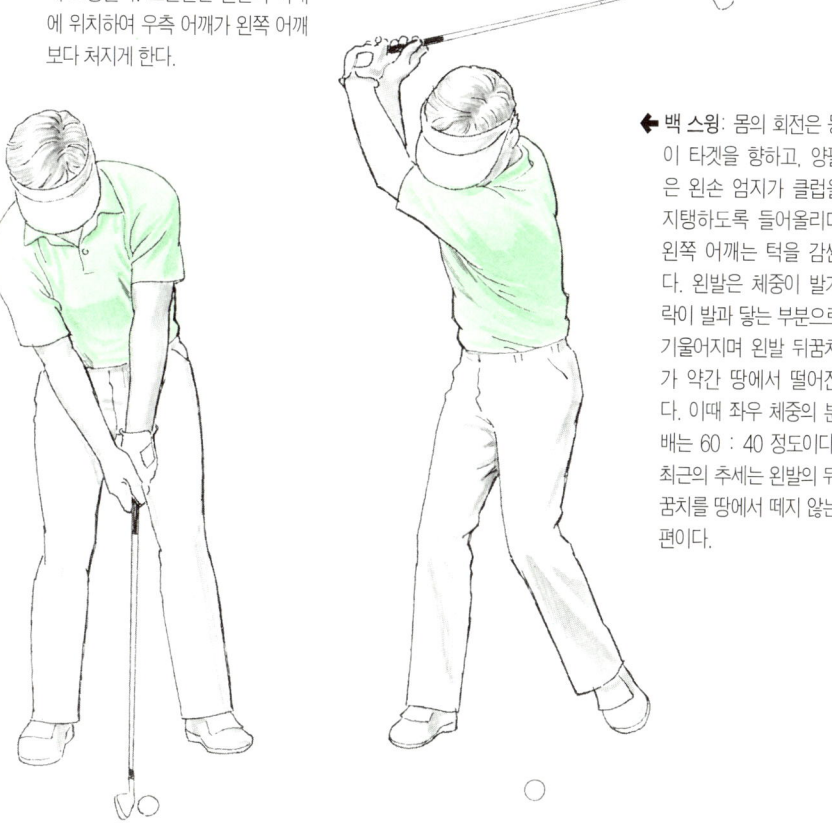

← 백 스윙: 몸의 회전은 등이 타겟을 향하고, 양팔은 왼손 엄지가 클럽을 지탱하도록 들어올리며 왼쪽 어깨는 턱을 감싼다. 왼발은 체중이 발가락이 발과 닿는 부분으로 기울어지며 왼발 뒤꿈치가 약간 땅에서 떨어진다. 이때 좌우 체중의 분배는 60 : 40 정도이다. 최근의 추세는 왼발의 뒤꿈치를 땅에서 떼지 않는 편이다.

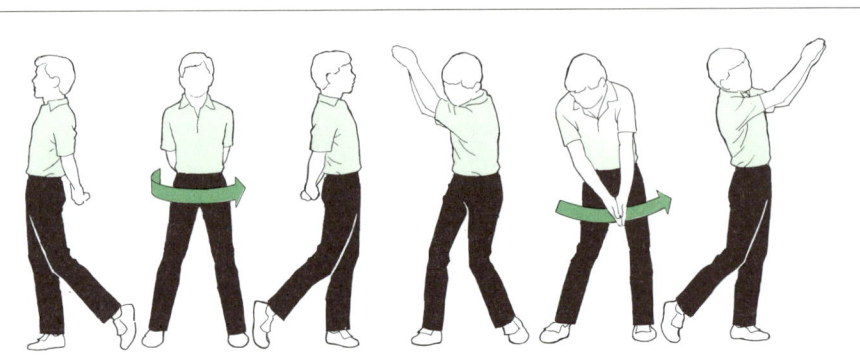

↑ 간단한 스윙 연습: 간단한 스윙은 몸의 좌우 회전과 함께 팔을 위 아래로 들었다 놓는 간단한 것이다. 클럽을 잡지말고 이 동작을 해본다. 먼저 양손이 떨어진 상태에서 들어올리고, 그 다음에는 손바닥을 붙여서 들어올리며 오른팔은 백스윙에서 접혀지며 왼팔은 다운 스윙에서 접혀지게 한다. 그리고 나서 클럽을 잡고 연습하면 의외로 스윙이 간단함을 알게 될 것이다.

← 몸은 타겟을 향해 돌게 되고, 팔은 바람소리를 일으키며 클럽을 아래로 내렸다가 위로 들어올리게 되고 그 과정에서 볼을 들어올리게 된다. 왼발의 뒤꿈치는 굳건히 땅에 박혀 있고, 눈은 임팩트 순간에도 볼을 봐야 하고, 볼을 치고 난 다음에도 볼이 있던 곳을 잠깐 동안이라도 보고 있어야 한다.

← 간단한 스윙의 피니시 자세: 클럽이 왼쪽 어깨에 가볍게 놓이며 몸은 타겟을 향하게 된다. 무릎부터, 히프, 팔꿈치, 양눈 등 몸 전체가 타겟을 향해 있다. 오른발은 발가락 끝에서 회전하며, 양 무릎은 거의 맞닿게 된다.

제는 볼이 너무 작다는 것, 클럽 헤드는 별로 크지 않고 볼은 바닥에 놓여 있으며 그 바닥이 스윙을 방해한다는 것에 있다. 다른 운동은 볼을 치는 것이 그다지 어렵지 않다. 예를 들면, 테니스, 하키, 스쿼시 등은 일단 볼을 치는 기구가 크고 볼을 친다는 것이 단순하다. 그리고 게임 전체를 통해 하나의 기구만을 들고 볼을 치기 때문에 기구와 친숙해지며 자신감이 생긴다. 그러나 골프에서는 매번 다른 클럽을 잡아야 하며 클럽을 잡는 순간 동시에 편하게 느껴져야만 한다. 더구나 땅 위에 움직이지 않고 놓인 볼은 플레이어에게 생각할 시간을 너무 많이 준다는 것도 문제다. 이것이 플레이어가 스윙을 분석하게 하고 몸의 동작을 너무 깊이 생각하게 만드는 것이다.

테니스 볼을 치는 것을 생각해보면 테니스가 얼마나 쉬운가를 알 수 있다. 골프 스윙도 쉽게 해야 한다.

기억해둘 것
볼을 컨택(치는 것) 하는 것은 어렵지만 스윙은 간단하다는 것을 잊지 말라.

롱샷을 위한 세트업 LINING UP FOR LONG SHOT

대부분 롱샷의 어드레스는 양 발의 선, 무릎선, 히프, 어깨, 그리고 양눈의 선이 볼을 보내고자 원하는 방향에 평행으로 서야 한다. 쉬운 것처럼 들리겠지만 실은 그렇지가 않다. 선을 맞춰 선다는 것이 어려운 까닭은 착시의 작용이 크기 때문이다. 많은 골퍼들이 자신은 바로 선다고 하는데도 우측을 향해 겨냥하고 우측으로 치거나 또는 스윙하는 도중에 이를 고치려고 좌측으로 끌어당기는 샷을 하기도 한다.

세트업의 쉬운 방법은 볼의 40cm쯤 앞의 타겟라인 선상에 한 점을 정하고 클럽 페이스를 이 목표점에 맞춰 스퀘어로 겨냥하고 양발의 스탠스를 볼과 목표점의 연장선에 평행하도록 세트업하면 된다. 어드레스에서 흔히 있

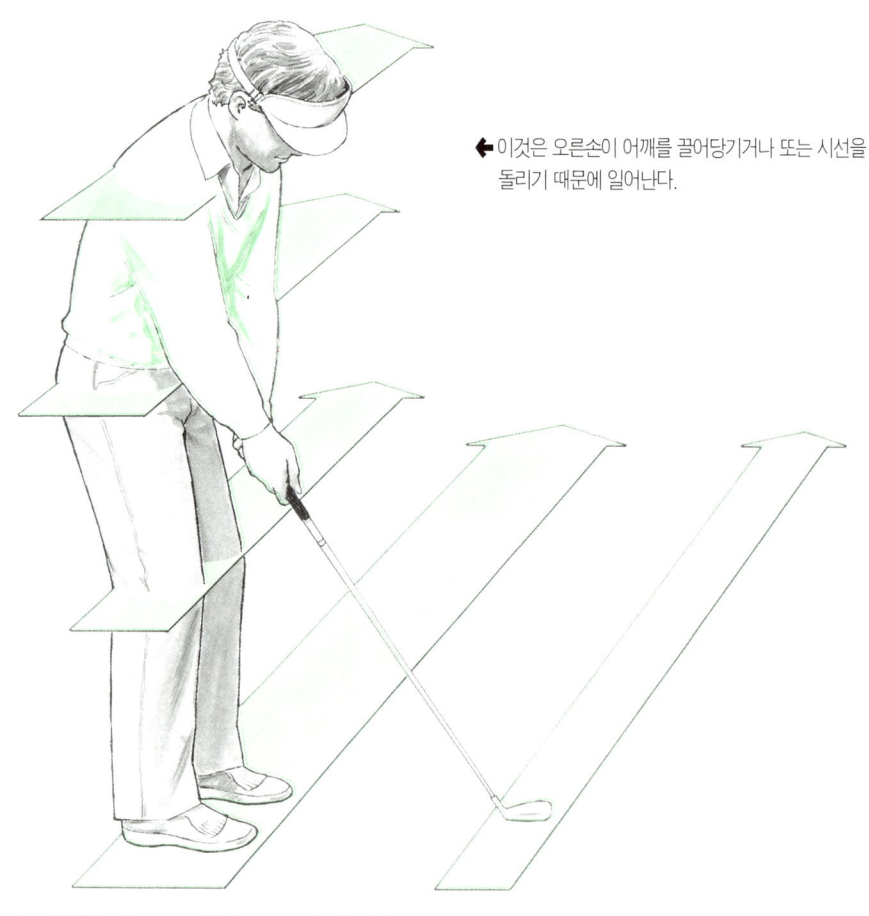

← 이것은 오른손이 어깨를 끌어당기거나 또는 시선을 돌리기 때문에 일어난다.

플레이 연습

슬라이스

오픈 스탠스

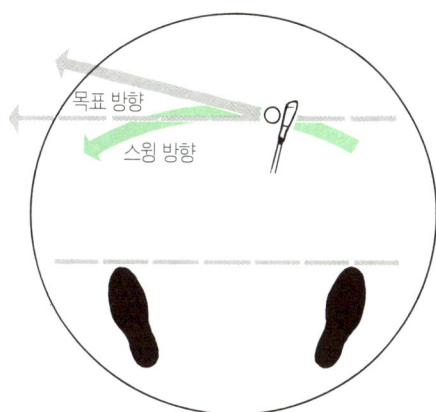

← **오픈 스탠스**: 클럽 페이스는 타겟을 향해 있고, 발과 어깨의 선은 좌측을 향해 있으므로 슬라이스를 유발한다. 볼은 좌측에서 우측으로 휘어진다.

↑ 볼을 스탠스의 너무 뒤쪽(우측)에 두면 밖으로 밀어내는 샷이 된다. 볼은 타겟을 벗어나 우측으로 날게 된다.

훅
볼 방향

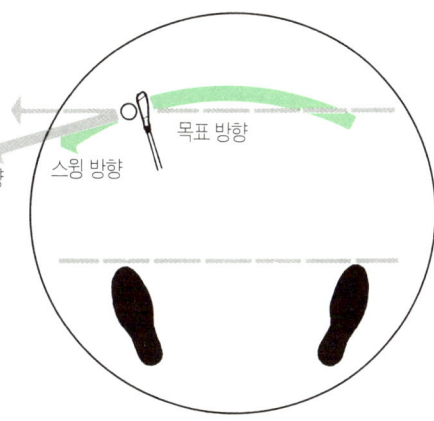

← **클로즈 스탠스**: 클럽페이스는 타겟을 향하고, 발과 어깨는 우측을 향해 있어서 훅을 유발한다.

↑ 볼을 스탠스의 너무 앞쪽(좌측)에 두면 끌어당기는 샷이 된다.

> **기억해둘 것**
> 아이 라인(양눈의 선)에 속기 쉬우니 조준하는 연습을 해야 한다.

을 수 있는 실수는 어깨가 오픈 되는 것인데, 어깨가 열리면 좌측을 겨냥하게 되는 것이다.

이는 오른손이 우측 어깨를 앞으로 끌어당기거나 타겟을 보기 위해 고개를 좌측으로 돌림으로서, 또는 볼을 너무 좌측에 두어서 생기는 현상이다. 이 결과 밖에서 안쪽으로 자르듯이 치는 아웃 사이드 인, 즉 슬라이스성 스윙을 하게 된다. 따라서 볼은 우측으로 휘어져서 날아가게 된다. 어떤 의미에서는 어깨가 발보다 더 중요하기 때문에 필히 평행을 유지하거나 약간 클로즈 시키는 것이 좋다. 볼의 위치는 방향과 밀접한 관계가 있다. 볼이 너무 오른쪽에 있으면 우측으로 밀어치게 되기 쉽고, 너무 좌측에 있으면 볼은 왼쪽으로 가기 시작한다.

오픈 스탠스는 클럽 페이스와 스탠스의 방향이 빗나가게 되고 타겟을 향해 클럽 페이스가 열리게 된다. 의도적으로 이렇게 하는 것이 아니라면 슬라이스가 될 수밖에 없다. 그러나 이런 오픈 스탠스도 의도적인 커트(밖에서 안으로 잘라 치는) 샷이나 짧고 부드러운 샷에서는 유용하게 쓰인다. 반대로 클로즈 스탠스는 클럽 페이스가 타겟, 또는 왼쪽을 향하고, 양발은 우측을 향하게 되는데, 스윙과 클럽 페이스가 한곳으로 집중되며 훅 스핀을 주게 되어 볼은 좌측으로 날아가게 된다. 이 방법은 볼을 우측에서 좌측으로 날려보낼 때 사용된다.

백스윙 THE BACKSWING

이상적인 백 스윙은 왼쪽 팔과 몸의 왼쪽 사이드가 백 스윙을 컨트롤하는 것이다.

왼쪽 어깨부터 백 스윙을 시작하며 체중을 우측 발뒤꿈치와 왼쪽발의 발가락과 발이 연결된 부분에 옮겨준다. 이 동작이 클럽을 원을 그리며 뒤로 돌아가게 만든다.

초보자는 히프의 높이 정도에서 왼손 엄지와 클럽의 끝이 위로 향해 움직여짐을 느껴야 할 필요가 있으며, 손목이 경첩처럼 위를 향해 꺾이기 시작하고 왼팔은 가슴을 지나 우측 어깨를 향해 끌어올리게 된다.

백 스윙의 탑에서는 등은 타겟을 향해 있어야 하고, 클럽 샤프트는 지면과 수평을 이루어 타겟 라인과 평행이 되고 왼손 엄지는 클럽을 받치고 있게 된다.

이상적인 형태는 클럽 페이스와 왼팔이 같은 궤도에서 평행을 이루는 것이다.

숙달된 골퍼는 테이크 어웨이(클럽을 들어 뒤를 향해 백 스윙을 시작하는 것)에서부터 손목의 코킹(경첩처럼 손목을 꺾어주는 것)을 시작하여 왼손목의 등이 백 스윙 탑에서 평평해질 때까지 코킹을 하게 된다.

백 스윙에서 흔히 일어나는 잘못은 왼쪽 어깨를 수평으로 회전하지 못하

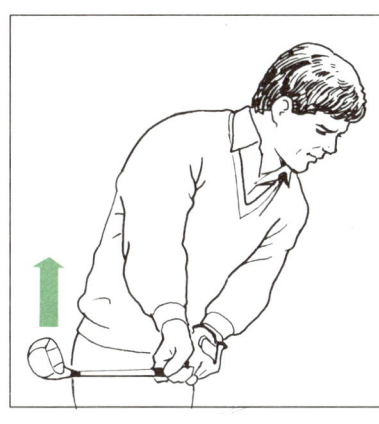 

손목의 힌지(경첩) 운동: 초보자는 히프 높이에서 클럽 끝이 위를 향해 있어야 하고 여기서부터 손목의 코킹이 시작된다. 좋은 골퍼는 왼손목만을 코킹하는 것이 아니라 오른 손목도 뒤로 코킹한다. 왼손등이 평평하게 유지되는 것이 파워를 강하게 해준다.

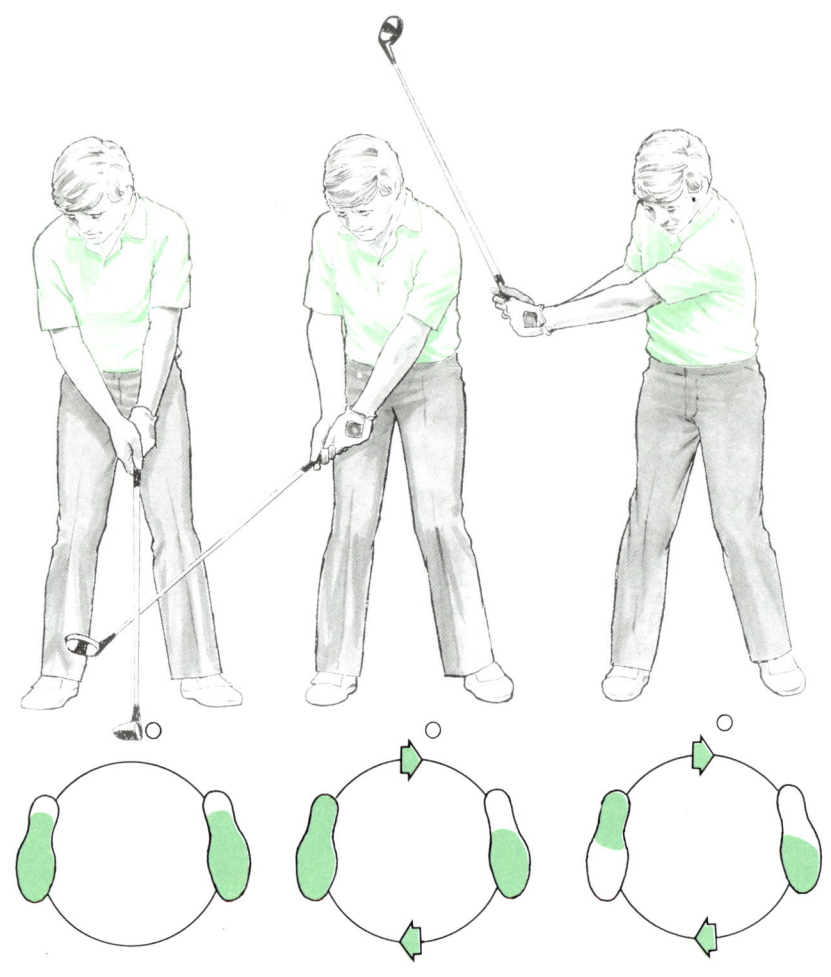

고 아래로 떨어지는 것이다. 이는 특히 짧은 어프로치 샷에서 뒷땅을 쳐주원인이 되므로 유의하여야 한다.

　왼팔은 가슴을 지나 스윙하고, 왼쪽 어깨는 턱을 감싸게 되며, 오른팔은 오른쪽을 향해 접히고 손목은 뒤를 향해 꺾이는 것이 이상적인 백 스윙이다. 오른팔은 웨이터가 쟁반을 들고 있는 것 같은 모양이 되어야 한다.

플레이 연습

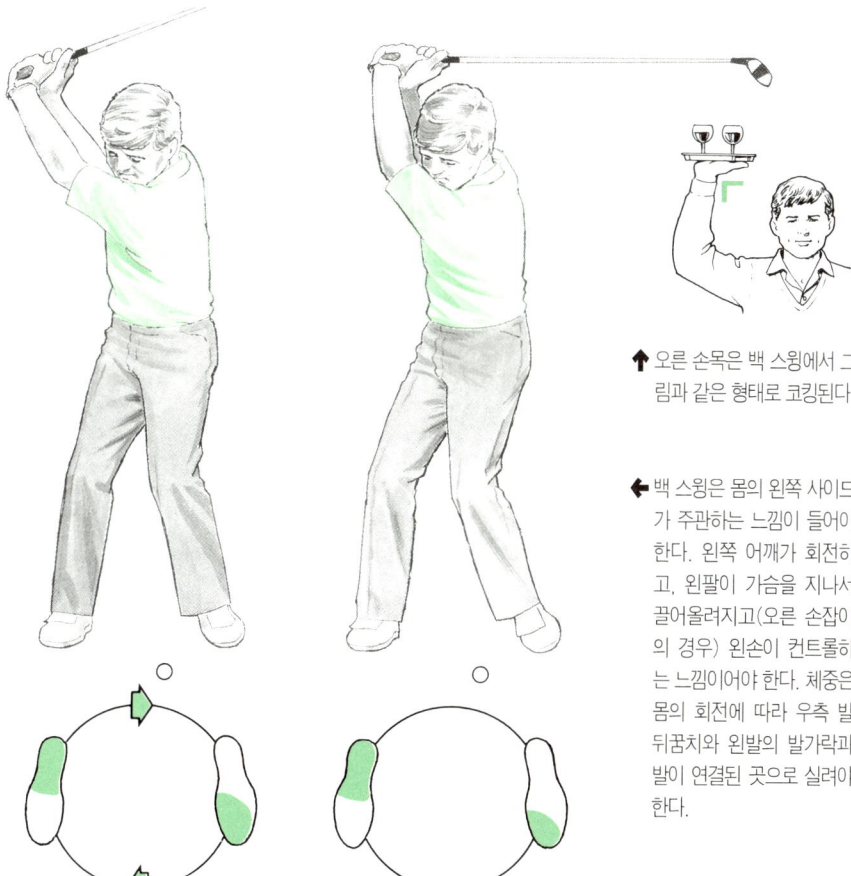

↑ 오른 손목은 백 스윙에서 그림과 같은 형태로 코킹된다.

← 백 스윙은 몸의 왼쪽 사이드가 주관하는 느낌이 들어야 한다. 왼쪽 어깨가 회전하고, 왼팔이 가슴을 지나서 끌어올려지고(오른 손잡이의 경우) 왼손이 컨트롤하는 느낌이어야 한다. 체중은 몸의 회전에 따라 우측 발 뒤꿈치와 왼발의 발가락과 발이 연결된 곳으로 실려야 한다.

기억해둘 것
왼쪽 사이드가 컨트롤
함을 잊지 말라.

스루 스윙 THE THROUGHSWING

만일 빠른 자동차를 운전한다면 어떻게 브레이크를 밟아야 하는지 알고 있어야 한다. 또한 비행기를 조정하고 있다면 어떻게 착륙하는지를 알고 있어야 한다. 골프 스윙 역시 시속 160km가 넘는 속도이기 때문에 매번 스윙을 안전하게 멈출 수 있도록 하자면 폴로 스루를 배워야 한다.

프로들은 클럽이 왼쪽 어깨나 목 뒤에 오도록 안전하게 피니시한다. 그러나 주말 골퍼는 자신의 머리가 스윙을 방해하게 되어 스윙을 너무 일찍 멈추게되거나 균형을 잃게 된다.

백스윙의 궤도대로 스루 스윙을 하기 위해서는 천천히 시간 여유를 가지고 다운 스윙하여야 한다. 클럽이 길수록 타이밍이 중요하다는 것을 기억해야 한다.

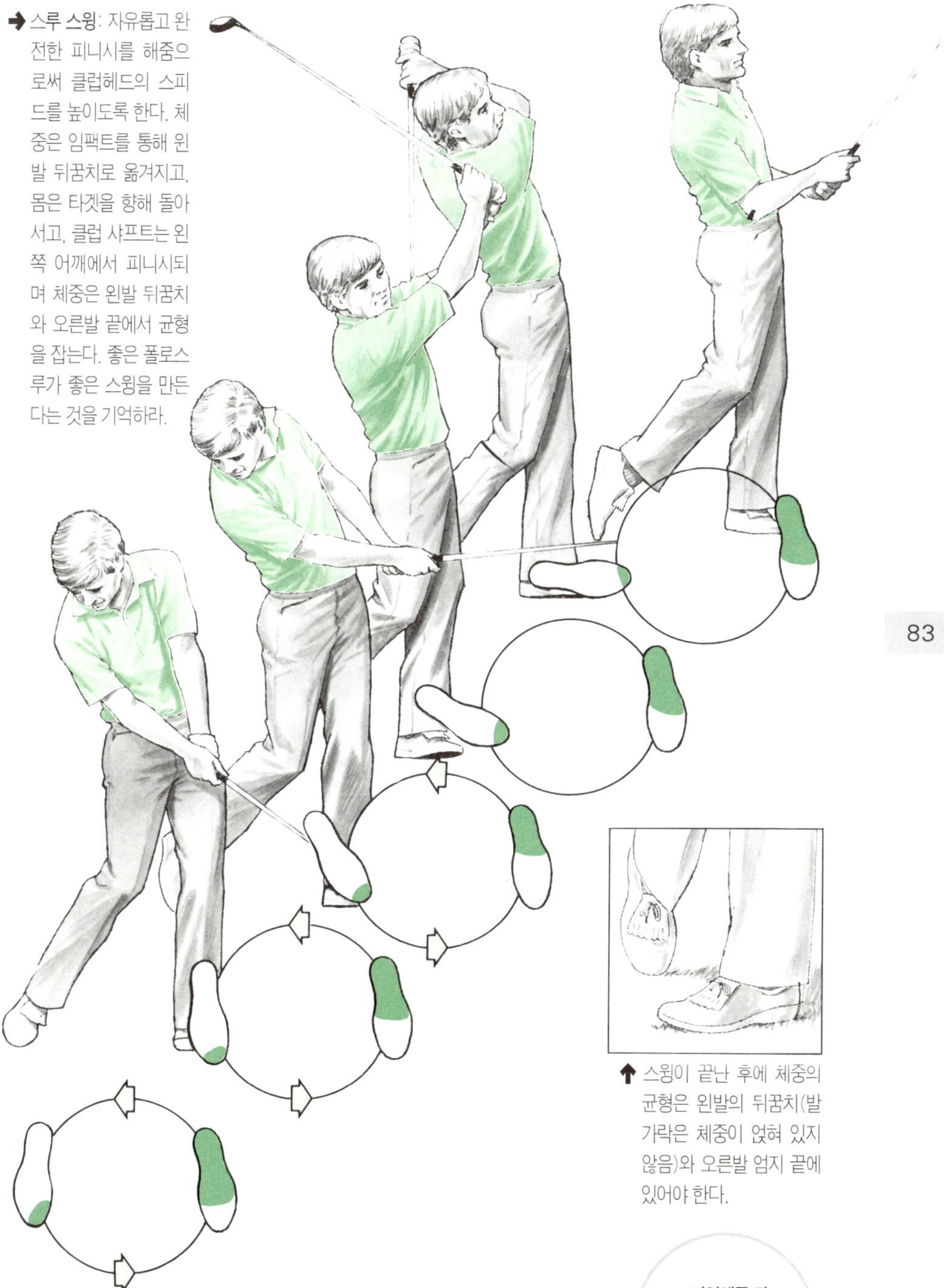

플레이 연습

➜ **스루 스윙**: 자유롭고 완전한 피니시를 해줌으로써 클럽헤드의 스피드를 높이도록 한다. 체중은 임팩트를 통해 왼발 뒤꿈치로 옮겨지고, 몸은 타겟을 향해 돌아서고, 클럽 샤프트는 왼쪽 어깨에서 피니시되며 체중은 왼발 뒤꿈치와 오른발 끝에서 균형을 잡는다. 좋은 폴로스루가 좋은 스윙을 만든다는 것을 기억하라.

↑ 스윙이 끝난 후에 체중의 균형은 왼발의 뒤꿈치(발가락은 체중이 얹혀 있지 않음)와 오른발 엄지 끝에 있어야 한다.

기억해둘 것
긴장을 풀고 클럽을 스윙하라.

체중을 왼발 뒤꿈치로 밀어주고 체중이 왼발 뒤꿈치와 오른 발가락 끝에서 균형을 잡도록 몸을 좌측으로 회전해 주어야 한다. 동시에 팔과 클럽을 아래로 끌어내려 타겟 방향으로 올려주며 클럽이 부드럽게 왼쪽 어깨에 닿도록 한다. 피니시 자세에서 잠시 멈춘 후 팔과 클럽을 내려주면 되지만, 피니시 자세에서 다리의 균형은 유지하고 있어야 한다.

발의 동작과 균형은 지극히 중요하다. 균형이 불안정하면 최대의 클럽 스피드를 안전하게 이끌어 낼 수 없다. 발이 돌아가서도 안 된다. 스파이크화를 착용하는 것도 발을 교정하기 위해서다. 그리고 체중은 왼발의 발가락과 발이 연결된 부분에서 뒤를 향해 뒤꿈치로 전달되어야 하며 임팩트를 통해 강력히 뒤꿈치에 체중이 실려 있어야 한다.

스윙에 관하여 MORE ABOUT THE SWING

 스피드 있는 스윙을 하기 위해서 균형 유지는 지극히 중요하다. 안정된 균형을 유지하기 위해서는 스윙이 좋든 나쁘든 간에 피니시 자세에서 3초 동안 머물러 있어야 한다. 이렇게 함으로써 균형이 향상되고 따라서 샷도 좋아지는 것이다.

 만일 고급 플레이어라면 피니시 자세를 3~4초 유지한 후 허리 높이로 돌아보고 샷의 결과를 지켜보는 동안 다리의 균형은 그대로 유지해주어야 한다.

← 볼의 뒤쪽 면을 봐야 하고 볼이 있던 자리가 보일때까지 시선을 고정해야 한다. 어떠한 문제라도 생기게 된다면 우선 볼을 보는 집중력을 점검해봐야 한다.

↓ 스피드 있는 스윙을 위해 균형은 중요하다. 피니쉬 자세로 3초 동안 멈추었다가 허리 높이로 클럽을 내리되, 다리의 균형은 왼발 뒤꿈치와 오른발 엄지 끝에 실려있는 상태를 그대로 유지하고 있어야 한다.

키큰 골퍼의
스윙 플레이

키작은 골퍼의
스윙 플레이

↓ 키가 큰 사람은 작은 사람보다 스윙 플레인이 높다. 기본적으로 플레인은 어드레스 때의 클럽 샤프트의 각도에 따른다. 따라서 스윙 플레인은 사람에 따라, 또 클럽에 따라 높이가 달라진다. 클럽은 항상 백 스윙과 스루 스윙에서 같은 원형을 따라 움직여져야 한다.

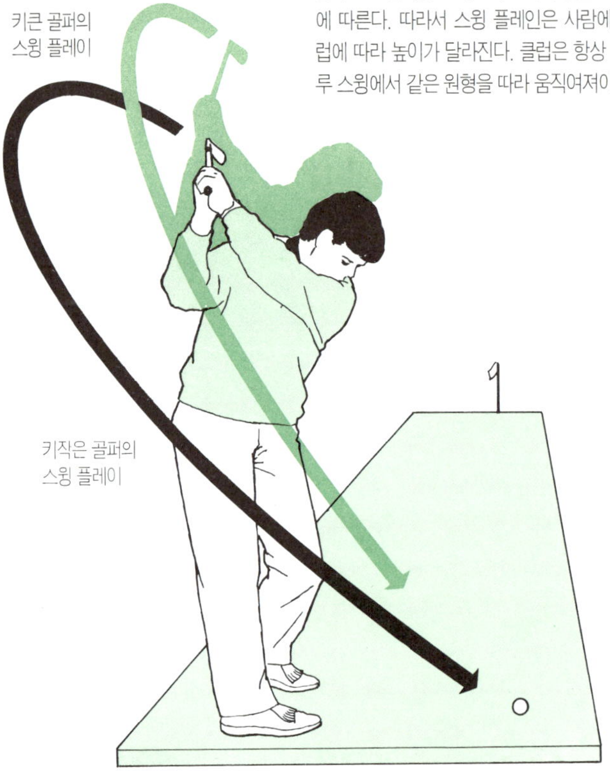

↓ 백 스윙의 시작(테이크 어웨이: 클럽 헤드가 뒤로 움직이기 시작)에서 클럽은 낮은 원을 그리며 뒤로 가고, 어깨는 회전하며 클럽 헤드는 플레이어의 뒤로 가게 된다. 옳지 않은 테이크 어웨이는 클럽 헤드가 직선으로 뒤로 빠지며 궤도에서 벗어나는 것이다. 이것은 나쁜 결과를 초래하여 롱 샷에서는 슬라이스가 나고, 짧은 샷에서는 왼쪽으로 볼이 나가게 된다. 정확한 플레인은 오른손의 스윙으로 테이크 어웨이 때와 같이 낮은 원을 그리며 안쪽에서 밖으로 밀어치는 것이다.

잘못된
테이크 어웨이

옳은
테이크 어웨이

오른쪽 공략

좋은 샷을 하기 위해서는 볼의 뒷면에 시선을 고정하고 볼이 떠나고 난 뒤에도 볼이 있던 자리가 보일 때까지 시선을 고정시켜야 한다.

방향성을 높이기 위해서는 오른손바닥을(왼손잡이가 오른손으로 골프를 한다면 왼손의 등) 마치 클럽이 오른팔의 연장인 것처럼 클럽 페이스와 같이 정렬해야 한다.

이것이 무엇을 의미하는지 연습으로 깨달아야 하고 이렇게 함으로써 오른손이 클럽 페이스의 방향을 컨트롤할 수 있게 된다.

골프 스윙은 직선으로 앞뒤로 움직이는 것이 아니라 스쿼시나 테니스 라켓처럼 원형을 이루며 지나간다. 플레이어마다 다른 궤도를 만들지만 이 궤도들은 모두 원형이다.

키가 작은 사람이 큰 사람보다 플랫한(경사가 완만한) 스윙을 하게 되는 것은 자연스러운 현상이다.

백스윙은 직선 상에서 뒤로 나가면 안되고 오른손과 함께 원형 궤도의 안쪽으로 올리고 같은 궤도로 볼을 바깥으로 쳐내도록 한다.

기억해둘 것
원형 궤도를 따라 클럽을 스윙하는 것이지 직선으로 하는 것이 아니다.

숏 아이언 샷 THE SHORT IRONS

짧은 거리의 샷을 위해 짧은 샤프트를 가지고 있는 8, 9, 10번(피칭 웨지) 아이언과 샌드 웨지가 숏 아이언들이다. 그러나 샌드 웨지는, 고급 플레이어는 40에서 70야드 거리(1야드=약 91.5cm)에서 높이 띄우기 위해 사용하기도 하고 더 짧은 피칭 샷에서도 쓰지만 풀샷은 별로 하지 않는다.

8번 아이언이 가장 많이 나가고 피칭 웨지가 가장 짧게 나가며, 이상적인 각 클럽의 거리 차이는 약 10야드이다.

볼은 스탠스내에 두고, 짧은 샤프트 때문에 플레이어가 볼에 가깝게 서게 되겠지만, 허리가 반듯한 높은 자세로 세트업해야 한다. 볼을 내려치도록

➜ 숏 아이언은 정확성이 높은 클럽이며, 클럽들 중에서 가장 짧고 또 무겁다. 초보자들이 범하는 흔한 실수는 볼을 내려치지 못하고 볼을 띄우기 위해 위로 올려 치려고 하는 것이다. 의도적으로 볼을 높이 띄우려고 하면 볼의 윗부분을 치게 되어 볼은 낮고 멀리 도망가 버리게 된다. 클럽의 헤드 경사(로프트)를 믿어야 한다. 경사도는 43도(8번 아이언)에서 55도, 그리고 샌드 웨지는 64도로 되어 있다. 밑으로 내려 치면 볼은 높이 뜨게 되어 있다. 그림의 거리는 보통 아마추어 골퍼(남자)의 평균 비거리이다. 이 숏 아이언의 목적은 비거리보다는 정확성에 있음을 알아야 한다.

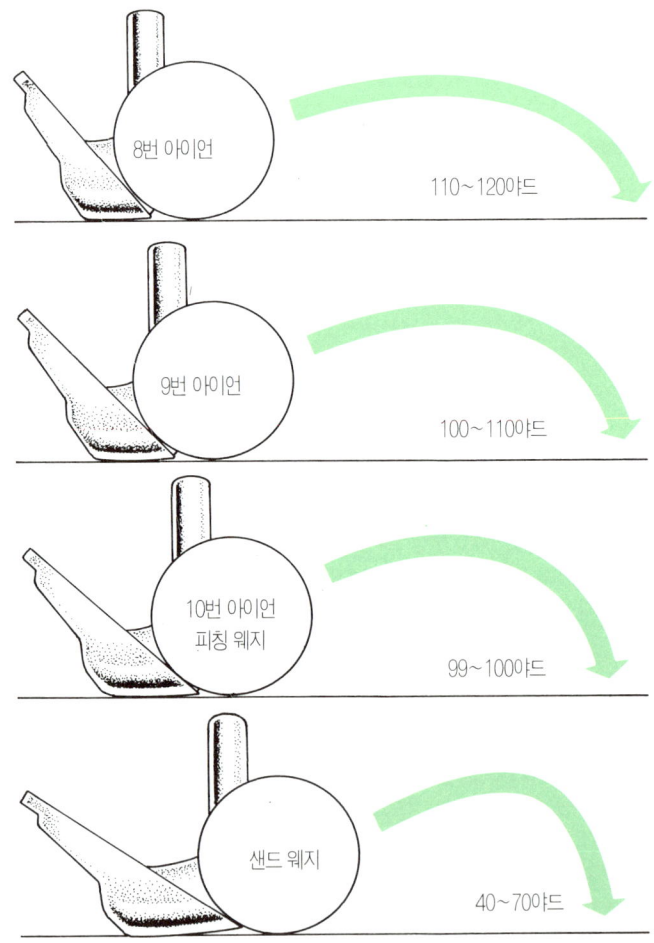

플레이 연습

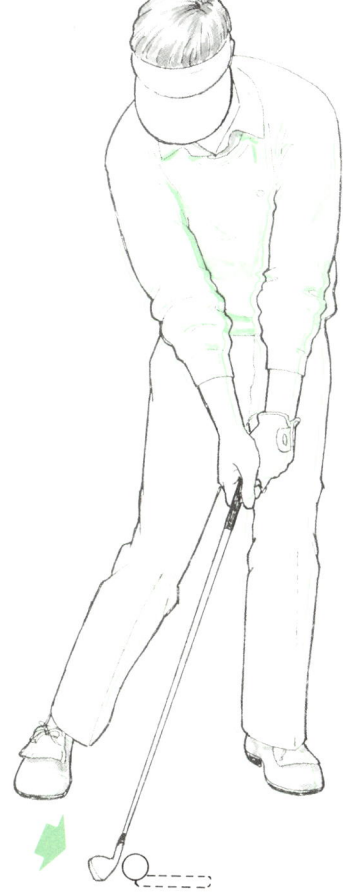

← 초보자의 경우 볼을 가운데, 또는 필요하다면 우측에 두고 클럽을 내려치는 느낌으로 스윙해야한다. 볼을 떠내려고 하는 경향을 조심해야 하고, 체중을 좌측발로 옮기는 것에 유의해야 한다.

↑ 숏 아이언 샷은, 클럽이 내려오며 볼을 치고 잔디를 파는 스윙을 하기 위해 볼을 스탠스의 가운데 두고 조금 작게 그리고 단단하게 스윙하는 것이다.

오픈 스탠스

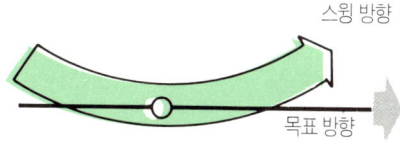

스윙 방향

목표 방향

↑ 볼을 가운데에서 조금 더 우측에 두었을 때 클럽 헤드는 타겟에 직각이 되기 전에 볼을 치게 되므로 스탠스를 약간 좌측으로 열어주어서 좌측을 겨냥하는 것도 한 방법이다.

기억해둘 것
체중을 왼발에 두고
볼을 먼저 치고 잔디를
파내는 식으로
내려친다.

겨냥하고 체중은 왼발로 옮기며 볼을 먼저 치고 잔디를 파내는 스윙을 한다.

볼을 띄우는 일은 클럽의 경사에 맡겨야지, 의도적으로 띄우려고 하면 몸이 우측 발쪽으로 기울어지며 볼의 윗부분을 때리게 되어 볼은 뜨지도 않을 뿐만 아니라 너무 멀리 날아가게 된다. 지면이 방해하고 있기 때문에 클럽으로 볼의 밑을 파고들 수는 없다.

짧고 단단한 스윙으로 볼을 내려쳐서 헤드의 로프트가 볼을 뜨게 해야 한다. 내려 찍는 스윙을 하기 위해 볼은 스탠스의 뒤(우측)에 두어야 한다. 그러나, 이렇게 함으로써 클럽 헤드가 타겟라인에 직각이 되기 전에(오픈된 상태에서) 볼을 치게 되므로 볼은 우측으로 나갈 수도 있다. 따라서, 이런 경우에는 클럽페이스를 좀 더 일찍 클로즈한다는 기분으로 스윙해야 한다.

롱 아이언 샷과 미디엄 아이언 샷 LONG AND MEDIUM IRONS

스윙의 기본은 클럽의 종류에 상관없이 모든 클럽이 같아야 한다. 다른 것이 있다면 각 클럽의 헤드가 볼과 만나는(컨택) 것이 조금 다를 뿐이다.

숏 아이언은 라이(볼이 놓인 지면의 상태)가 좋든

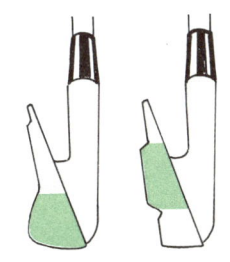

← 일반 골퍼들은 클럽의 헤드 각도가 충분한 것, 그리고 헤드의 밑부분에 무게가 실린 클럽을 사용해야 한다. 볼이 낮게 날도록 설계된 클럽은 프로들에게 적합한 것이다.
비거리 비교: 일반 남자 골퍼들의 롱아이언과 미디엄 아이언의 평균 비거리이다.

나쁘든 상관 없이, 볼을 치고나서 잔디를 파는 내려 찍는 스윙을 해야한다. 미디엄과 롱 아이언의 경우 고급 플레이어는 라이에 따라 볼을 치는 법을 다르게 한다.

볼이 좋은 라이에 있다면, 특히 3, 4번 아이언의 경우 볼이 좀더 앞쪽, 즉

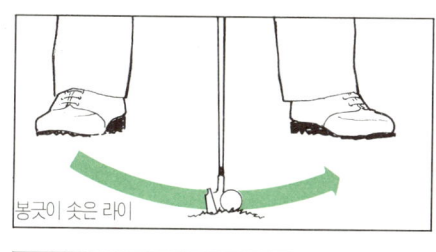
봉긋이 솟은 라이

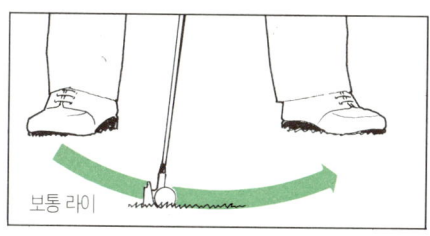
보통 라이

좋은 라이에서는 볼을 쓸어내듯이 친다. 아주 좋은 라이일 때는 클럽헤드가 스윙 궤도의 밑에서 위로 올라가며 볼을 쳐줌으로써 더 높고 멀리 날아가게 할 수 있다. 잔디가 봉긋이 솟은 라이에서는 볼을 더 왼쪽에 놓고 칠 수 있고, 보통의 라이에서는 보다 더 우측에 놓고 약간 내려치듯이 스윙한다.

좌측에 오도록 세트업한다. 이렇게 함으로써 잔디를 파내지 않고도 볼을 쓸어칠 수 있는 것이다.

이런 롱 아이언을 사용할 때 고급 플레이어는, 볼이 좋은 잔디 위에 잘 올려져 있다면 볼을 왼쪽에 오도록 세트업하고 약간 위로 올려 치는 스윙을 한다. 보통의 라이에 볼이 있을 때는 볼을 좀더 우측에 놓고 조금 아래로 내려치는 듯하게 공격해야 한다.

일반 골퍼들은 클럽을 구비할 때, 롱 아이언의 로프트가 볼을 띄우기에 충분히 큰 클럽을 선택하는 것이 좋다.

7번 아이언에서 2번 아이언까지의 스윙은 똑같다. 타이밍을 부드럽게 가져야 하며, 롱아이언이라고 해서 볼을 세게 치려고 하면 안 된다.

그립은 어드레스에서 피니시까지 일정하게 잡아야 한다. 롱 아이언을 사용할 때는 왼팔이 백스윙에서 오픈 되지 않도록 특히 조심해야 한다.

⬆ 롱 아이언을 사용할 때는, 천천히 그리고 부드럽게 스윙해야 하고 거리나 볼의 높이는 클럽에 맡겨야 함을 기억해야 한다. 더 멀리 보내려고 무리하게 힘을 주어 쳐서는 안 된다.

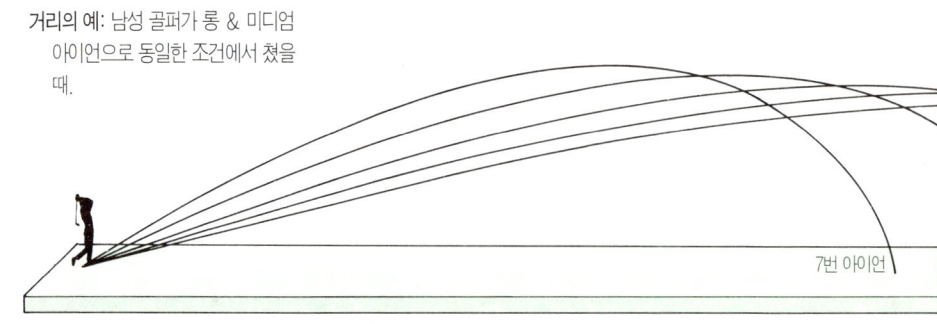

거리의 예: 남성 골퍼가 롱 & 미디엄 아이언으로 동일한 조건에서 쳤을 때.

7번 아이언

플레이 연습

7번 아이언　120~140야드　　3번 아이언　155~180야드
6번 아이언　130~150야드　　2번 아이언　180~190야드
5번 아이언　140~160야드　　(1야드＝약 91.5cm)
4번 아이언　150~170야드

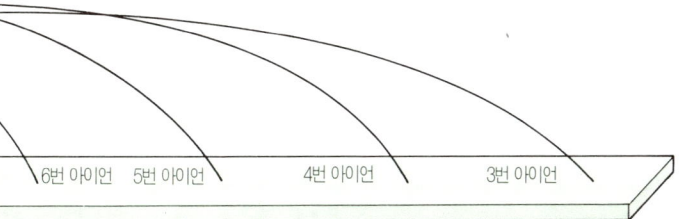

기억해둘 것
긴 샤프트는 긴 샷을 만들어주므로 힘을 주어 스윙할 필요가 없다.

페어웨이 우드 FAIRWAY WOODS

페어웨이 우드도, 보통의 라이에서는 볼과 헤드의 컨택(접촉)은 약간 다를 수 있지만, 아이언과 같은 요령의 스윙을 해야 한다. 페어웨이 우드는 다운 스윙으로 볼을 찍으며 잔디를 파듯이 스윙하는 것이 아니라, 스윙의 맨 아래에서 볼을 잔디 위에서 빗자루로 쓸어내듯이 쳐야 한다.

아이언보다 더 왼쪽에 볼이 놓여야 하는데, 양 발의 4분의 3 정도의 위치

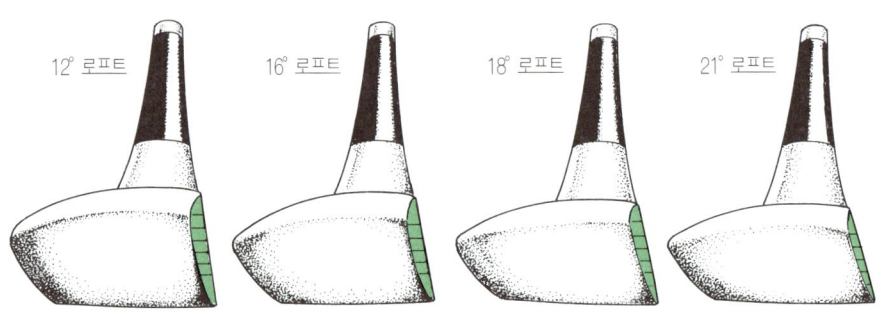

↑ 2번 우드: 고급 플레이어용, 브레시라고도 부른다.

↑ 3, 4번 우드: 페어웨이에서 최대 거리를 필요로할 때 사용한다. 모든 우드는 아이언보다 샤프트가 길다.

↑ 5번 우드: 높이 볼을 띄워야할 때, 2번이나 3번 아이언 대신 사용한다.

플레이 연습

에 오게 한다. 스탠스는 타겟과 스퀘어를 이루며 아이언과 마찬가지로 서야 한다.

우드의 샤프트는 아이언보다 길고 번호에 따라 2분의 1인치씩의 길이 차이가 있다. 자세는 좀 더 일어서게

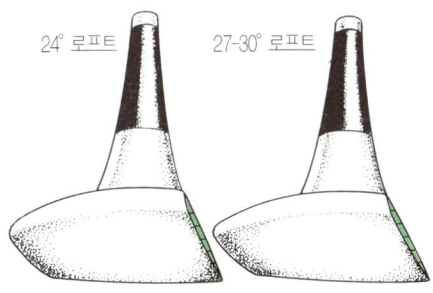

↑ 7, 9번 우드: 좋지 않은 라이에서 세이브 샷(안전한 지역으로 볼을 보내는 샷)을 할 때는 아이언보다 유리한 우드.

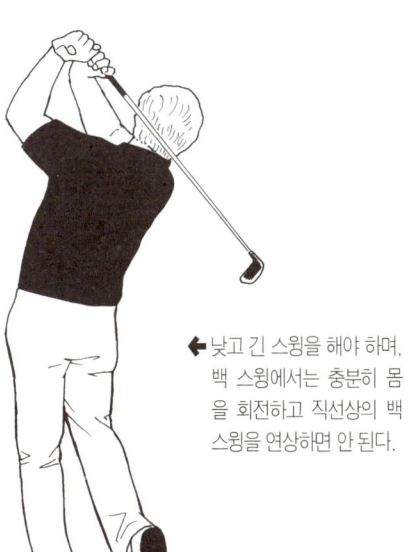

← 낮고 긴 스윙을 해야 하며, 백 스윙에서는 충분히 몸을 회전하고 직선상의 백 스윙을 연상하면 안 된다.

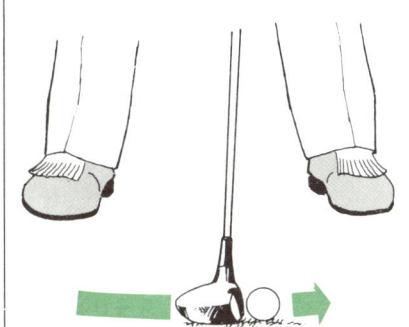

잔디가 별로 없는 지형
잔디가 없는 맨땅이나 풀이 적은 페어웨이에 볼이 있을 때는 볼이 놓인 자리를 정확히 지나듯이 볼을 잡아채듯이 스윙한다. 마치 성냥을 켜듯이 바닥을 치고 나간다. 아이언 샷이 볼을 친후 잔디를 파고 나가는 것과는 많이 다르다.

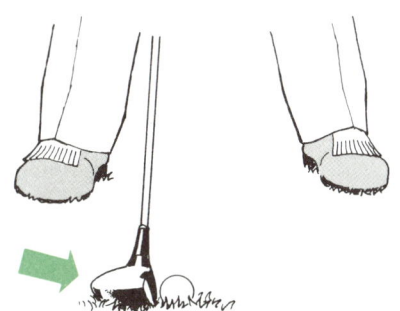

좋지 않은 지형
풀이 길어서 볼이 약간 묻혀 있는 라이에서는 5번이나 7번 아이언을 사용하여 헤드의 경사를 조금 높게 조준하고 헤드의 뒷부분을 지면에서 떨어지게 하여 긴 풀을 파고들기 쉽게 한다. 샤프트와 손이 약간 앞으로(좌측으로) 나가게 해야 내려찍는 스윙을 구사할 수 있다.

> **기억해둘 것**
> 연습 스윙으로 볼이 클럽에 닿는 정도를 느끼도록 한다.

되므로(업라이트), 스윙 플레인은 보다 플랫(완만)해진다는 것을 의미한다. 낮고 길게 스윙하되 직선상으로 스윙하려고 하면 안 된다. 또한 비거리를 욕심내어 힘을 주면 절대로 안 된다. 샤프트의 길이가 클럽 헤드의 스피드와 비거리를 결정하도록 맡겨야지 힘으로 해결하려고 하면 안 된다.

페어웨이 우드샷은 클럽의 길이와 구조적 작용을 믿고 편안히 스윙한다면 볼은 높게 멀리 날아갈 것이다.

백 스윙에서 몸을 충분히 회전하고 백 스윙과 다운 스윙의 방향 전환을 위해 여유를 가지고 완전하고 균형있는 스루 스윙을 한다.

좋은 잔디 위에 볼이 놓여 있다면, 볼이 놓여 있는 잔디를 빗자루로 쓸어내듯이 볼을 친다. 현장에서 연습 스윙(빈 스윙)으로 볼과의 컨택(클럽 헤드가 볼을 치는 것)을 예상해 보도록 해야 한다. 클럽헤드가 볼과 만나는 깊이도 중요하다.

드라이브 샷 1 DRIVING

클럽 세트 중에서 가장 가볍고 긴 것이 드라이버다. 클럽 헤드를 스퀘어로 유지하고 스루 스윙을 정확하게 하기 위해서는 뛰어난 타이밍이 필요하다.

로프트가 적기 때문에 드라이버는 쉽게 사이드 스핀을 주게 되며, 로프트가 적을수록 정확한 스윙이 어려워진다. 3, 4번 우드나 아이언의 경우는 드라이버의 이같은 미스 샷이 거의 없다.

드라이브 샷을 할 때는 적절한 높이의 티를 사용하여 볼을 놓아야 한다. 볼을 손바닥 안에 쥐고 검지와 중지로 티를 잡아 볼에 댄다. 볼로 티를 눌러서 지면에 꽂는데, 클럽의 맨위가 볼의 중앙보다 낮아지지 않도록 티를 꽂아야 한다.

티가 너무 높으면 클럽 헤드가 볼의 밑으로 지나가서 볼은 하늘 위로 높이 떠오를 수도 있다. 볼은 왼발 뒤꿈치선에 놓는 것이 좋으며 스탠스는 어깨 너비보다 넓어야 한다. 우측 어깨가 올라가거나 앞으로 나가지 않게 하고 좌측 어깨보다 낮게 자세를 취해야 한다. 오른팔은 편안히 늘어뜨리고 양손은 약간 볼보다 뒤쪽(우측)에 오도록 한다.

낮고 긴 백스윙을 해야 하고 체중은 볼의 뒤쪽(볼은 중앙에서 약간 좌측, 체중은 정 중앙에 오게됨)에 오도록 해야 한다. 타이밍이 무엇보다 중요한데, 백 스윙 탑에서 스윙 플레인을 따라 정확히 다운 스윙을 하기 위해 시간 여유를 갖는 게 좋다.

피니시는 완전하게, 균형을 잡고 해야하며, 아이언 샷을 할 때보다 오른쪽 발가락에 더 많은 체중이 남아있어야 한다. 드라이브 샷의 핵심은 타이

↑ 어드레스에서 볼이 왼발 뒤꿈치 선에 오게 하고 체중은 한가운데, 우측 사이드는 낮고 편안하게 자세를 잡는다.

↑ 드라이브 샷을 할 때는 몸을 충분히 감아주고(백 스윙), 백 스윙 탑에서는 부드럽게 방향을 바꾸어 완전하고 균형 잡힌 피니시로 이어지는 풀 스윙을 해야 한다. 볼의 뒤에 체중을 두고, 밑에서 위로 올라가는 스윙 궤도에서 쓸어내듯이 쳐야 한다.

↓ 대략 손가락 두께만큼의 높이로 티를 꽂아서 헤드의 가운데가 볼의 중앙 상단에 오도록 한다.

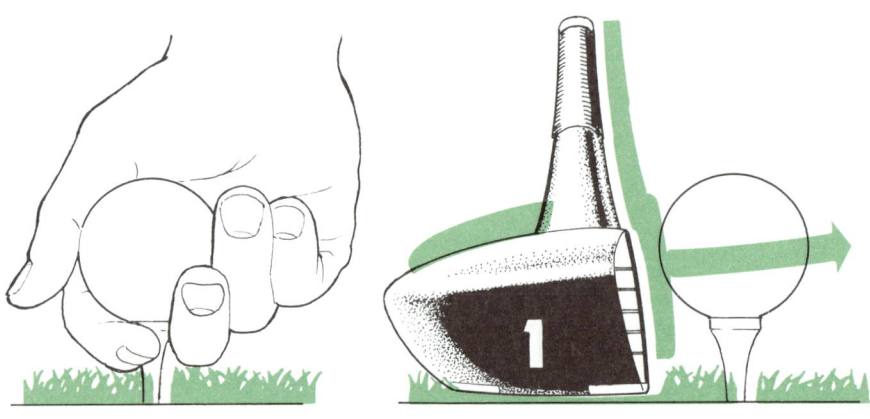

플레이 연습

밍과 체중이 볼의 뒤쪽에 있어야 한다는 것이다.

　페어웨이가 오르막인 경우 위를 향해 공략하기 위해서, 그리고 가속을 최대한 내기 위해서는 볼을 스탠스의 조금 앞쪽(좌측)에 놓고 스윙하면 된다.

　드라이브 샷에서의 대부분 미스 샷은 볼이 우측으로 나가는 것이다. 드라이브 샷은 백 스윙 탑으로부터, 마치 세 마리의 말, 즉 클럽, 손, 우측 어깨, 의 경주 같은 것이다. 클럽 헤드는 갈길이 가장 멀지만 다른 두 부분이 클럽 헤드에게 우승하도록 양보하고 헤드는 임팩트에 먼저 도달하게 되는 것이다.

기억해둘 것
드라이브 샷은 서둘러서는 안 되며 시간을 갖고 여유있게 해야 한다.

드라이브 샷 2 MORE ABOUT DRIVING

골프에 관한 이야기 중에 "드라이브는 쇼고 퍼팅은 돈이다"라는 말도 있기는 하지만 좋은 드라이브 샷은 분명히 스코어를 향상시킨다.

먼저 티를 꽂고 볼을 올리는 일부터 신경 써야 한다. 앞서 드라이브 샷을 한 사람이 티를 꽂았던 자리에 무심코 다시 티를 꽂으려고 하지 말고 평평하고 라이가 좋은 위치를 골라야 한다. 내리막은 절대 피해야 한다. 티박스로부터 두 클럽 정도 뒤로 가서 다음과 같은 것들을 살펴보아야 한다.

티를 꽂을 자리와 타겟라인 설정, 티 박스에서 페어웨이가 가장 잘 보이는 위치 등을 살펴보고 티 라인 전

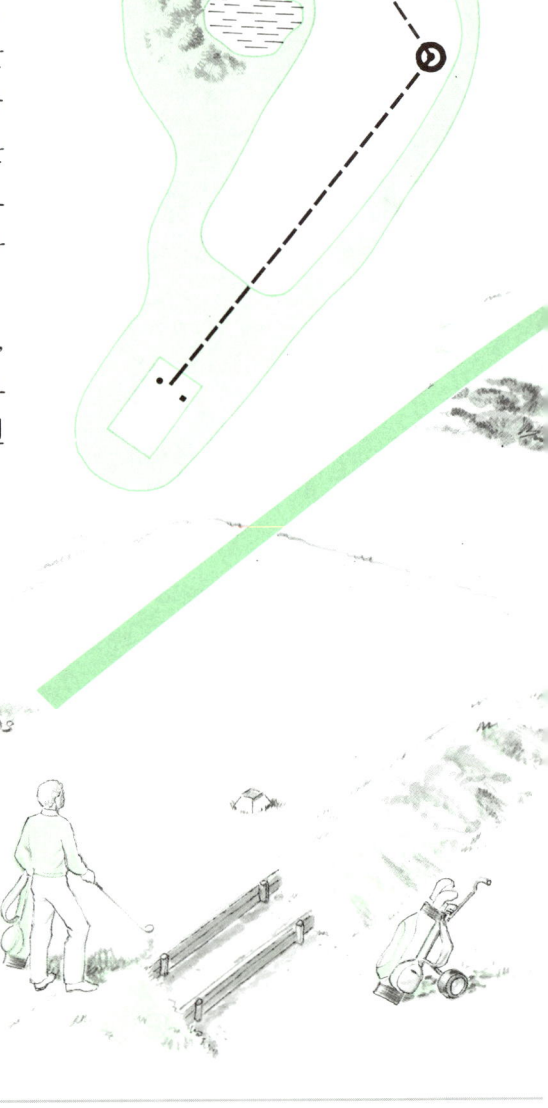

➡ 좋은 드라이브는 안전하게 겨냥하고 공략함으로써 이루어진다. 막연히 멀리만 보고 공략하지 말고 자신의 능력으로 볼을 보낼 수 있는 거리의 페어웨이 어느 한 지점을 목표로 하여야 한다. 목표를 정할 아무 표시도 없을 때는 상상력을 동원하여 그곳에 깃발이 있다든가 과녁이 있다고 생각하는 것이다. 페어웨이의 양쪽에 있는 해저드나 나무들을 아무 생각 없이 보며 그 사이로 볼을 보내려고 하면 안 된다. 이렇게 하면 볼은 오히려 그들을 향해 날아가게 된다.

플레이 연습

체를 이용할 줄 알아야 한다.
 티박스의 어느 한 곳에서 보는 것과 다른 곳에서 보는 페어웨이는 큰 차이가 있다. 티의 우측에 서면 왼쪽을 겨냥하고 싶어지고 좌측에 서면 우측을 겨냥하고 싶어진다.

← 티의 위치를 신중하게 선택해야 한다. 티 라인의 어느 한 곳에서 페어웨이가 더 잘 보일 수 있다. 티 박스에서 두 클럽 길이 정도 뒤로 물러서서 보면 평평한 지형과 좋은 라이를 고를 수 있다.

기억해둘 것
티를 꽂을 때는 신중하게 위치를 선택하라.

페어웨이에 해저드가 어느 쪽에 있는지 확인하고 이를 피할 수 있도록 위치를 정한다. 만일 해저드가 우측에 있다면 우측에 티를 꽂고 해저드를 피해 좌측을 겨냥하는 것이다. 이와 반대로 해저드가 좌측에 있으면 티마크의 왼쪽에서 우측을 겨냥한다. 이렇게 서서 페어웨이를 보면 시야가 훨씬 넓어지게 되는 것이다.

안전과 에티켓

동반자의 샷을 보려고 플레이어의 뒤에 서서 보다가 사고가 일어나기도 한다.

티샷을 한 사람이 자신의 샷에 만족하지 못하고 볼을 치고 나서 한 번 더 클럽을 휘둘러 연습 스윙을 하는데, 뒤에서 보고 있던 사람이 자신의 티샷을 하기 위해 앞으로 나서다가 다칠 수 있다. 동반자의 티샷이 완전히 끝난 후에 티라인의 정해진 방향으로 다가가야 한다.

드라이브 전략 DRIVING STRATEGY

현명한 골퍼는 무조건 페어웨이의 중앙으로 볼을 치려고 하지 않는다. 그들은 볼을 치기 전에 매홀을 측정해 보고 치기 전에 충분히 생각한다. 예를 들면;

• 티 에어리어를 벗어나서 어떤 위험한 지역이 있는지 살펴본다.

코스를 디자인한 사람과 그린 관리자가 어떤 것을 장애물로 설정해 놓았을까? 어쩌면 깊은 벙커일 수도 있고, 워터 해저드, 또는 세컨드 샷을 방해하는 나무일 수도 있다.

훌륭한 골퍼는 가능한 해저드를 완전히 피해서 겨냥한다. 다른 방향의 페어웨이에 목표 지점을 정하거나 심지어는 러프(잔디를 깎지 않아 풀이 긴 지역) 지역으로라도 안전하게 해저드를 피해서 볼을 보낸다.

어떤 홀에서는 해저드를 안전하게 피하기 위해 좌우로 왔다 갔다하며 지그재그로 플레이하기도 한다.

주말 골퍼들은 벙커나 워터 해저드를 피하는 것마저도 욕심이 지나쳐서 위험 지역에 너무 가까이 볼을 보내려고 하는 경향이 심하다.

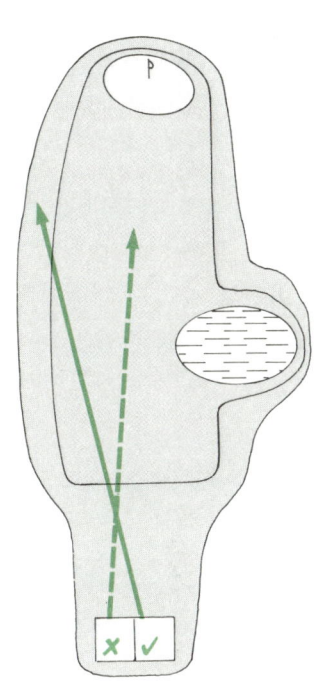

↑ 현명한 골퍼는 해저드로부터 충분히 떨어진 곳으로, 심지어는 러프로 볼이 들어가는 위험도 감수한다. 아마추어 골퍼는 해저드에서 충분히 떨어지지 않고 조금이라도 더 볼을 좋은 곳으로 보내려고 한다. 고급 플레이어는 지그재그로도 홀을 공략하고 목표 지점을 정하고 긍정적으로 공략한다.

• 그린에 올리는 가장 안전한 방법을 선택한다.

그린 주변의 벙커나 핀의 위치에 따라 온그린 샷이 유리한 지점이 가운데, 또는 우측과 좌측, 어느 쪽에서 공략하는 것이 좋은지를 결정한다.

프로들은 이 점을 감안하여 드라이브 샷을 한다.

• 페어웨이가 좁고 티샷이 위험할 수도 있다면 드라이브 대신 아이언이나 페어웨이 우드를 사용한다.

특히 드라이브 거리에 벙커가 도사리고 있을 때 이런 방법을 쓴다. 현명한 골퍼는 벙커에 가까이 붙이려 하지 않고 못 미치게 볼을 보낸다.

특히 그 홀이 짧아서 두 번째 샷으로 온그린 시킬 수 있을 때는 당연하다. 홀이 길어서 두 번째 샷에 온그린 시킬 수 없다 할지라도 필요에 따라서는 안전을 위해 이런 전략을 쓴다.

현명한 골퍼는 위험이 있는 지역, 즉 벙커의 깊이라든가 드라이브 샷이 실패했을 때의 플러스 마이너스를 정확히 예상해 보고 전략을 세운다.

➔ 파 4의 긴 홀이든 파 5홀이든 간에 그림과 같은 상황에서 A와 B의 전략은 무엇일까 생각해보라. 만일 A가 벙커 사이나 벙커를 넘어 볼을 보낸다면 두 번째 샷에 그린에 올릴 수 있을 것이다. 벙커에 미치지 못한다고 해도 시도해볼 만하다. A의 볼이 벙커에 들어간다고 해도 세컨드 샷에 탈출할 수 있고, 어쨌든 3타에는 온그린 시킬 수 있다.

플레이 연습

⬇ 그린 앞 좌측에 벙커가 있을 때는 페어웨이 중앙으로 볼을 보내지 말아야 한다. 실력있는 골퍼는 러프로 들어가더라도 우측으로 볼을 보내서 그린 앞이 안전하게 열린 상태에서 그린을 공략한다.

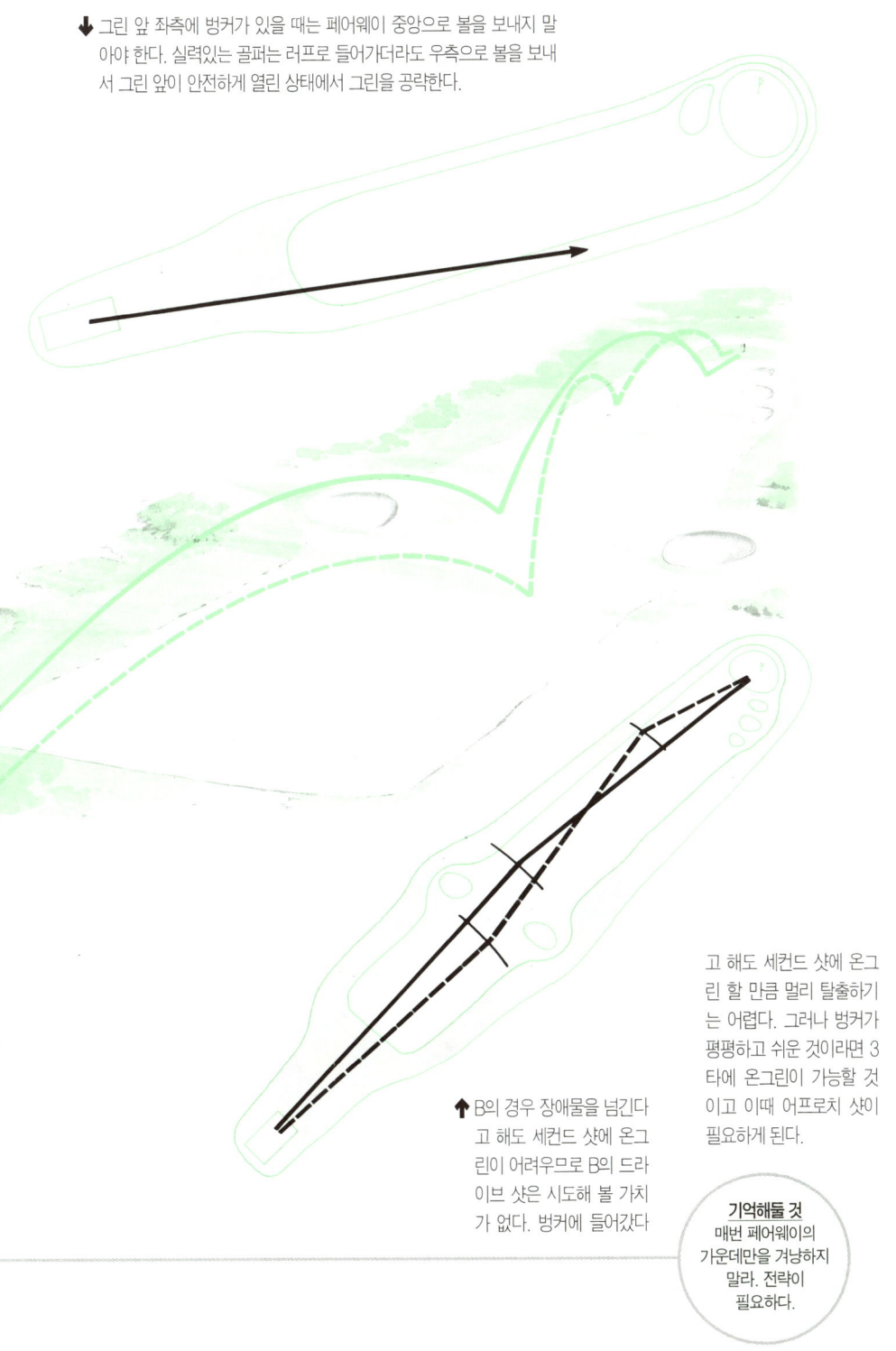

⬆ B의 경우 장애물을 넘긴다고 해도 세컨드 샷에 온그린이 어려우므로 B의 드라이브 샷은 시도해 볼 가치가 없다. 벙커에 들어갔다고 해도 세컨드 샷에 온그린 할 만큼 멀리 탈출하기는 어렵다. 그러나 벙커가 평평하고 쉬운 것이라면 3타에 온그린이 가능할 것이고 이때 어프로치 샷이 필요하게 된다.

기억해둘 것
매번 페어웨이의 가운데만을 겨냥하지 말라. 전략이 필요하다.

숏 퍼팅: 세트업 SHORT PUTTING: THE SET-UP

그립의 앞면이 평평하게 생긴 대개의 퍼터들은 엄지 손가락이 앞면에, 손은 옆면에 오도록 올바른 그립이 저절로 잡히도록 설계되어 있다. 이것은 다른 골프 그립과는 다르다. 왼손이 그립 위에 오고 오른손이 밑에 오도록 퍼터 그립을 잡을 사람은 없을 것이고, 손바닥을 마주보고 잡고 싶을 것이다.

대개의 프로들은 오버래핑 그립의 반대로 퍼터를 잡는데 양손 엄지의 아래 부분이 그립 앞면의 아래로 내려잡고 왼손의 검지가 오른손 끝 손가락 두 개의 바깥쪽에 놓이게 잡는다. 이렇게 함으로써 왼손 검지가 백스윙을 컨트롤하게 된다.

아마추어들에게 유행하는 그립은 오버래핑의 반대 그립에다가 더해서, 또는 오버래핑 그립인 상태에서 오른손 검지가 샤프트의 아래쪽 뒤에 오도록 잡는 것이다. 양손의 검지 손가락들이 스트로크의 길이를 안정되게 하고 감각과 방향, 그리고 거리를 조절하게 되는 것이다.

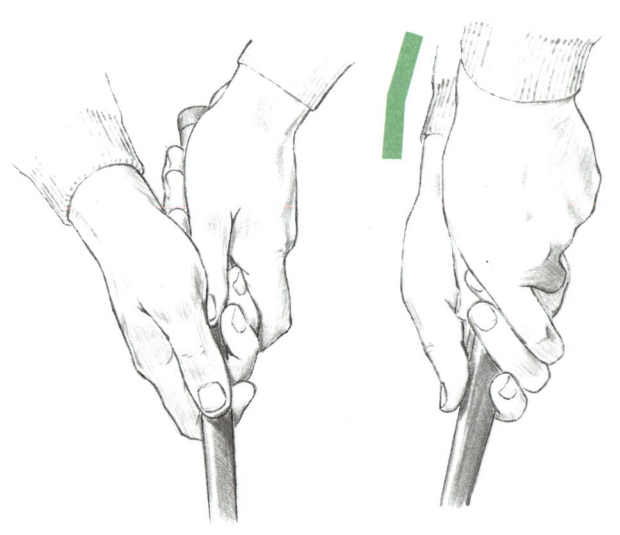

↑ 오버래핑의 반대 그립: 양손의 엄지는 그립의 앞 위쪽에, 손바닥은 그립의 양 옆에, 왼손 검지는 오른손가락 밖에 위치한다.

↑ 다른 각도에서 본 오버래핑의 반대 그립으로 손목이 활처럼 휘어 올라가 있지 처져 있지 않다.

↑ 오른손의 검지를 샤프트에 대주는 것은 스트로크의 컨트롤을 돕는다.

플레이 연습

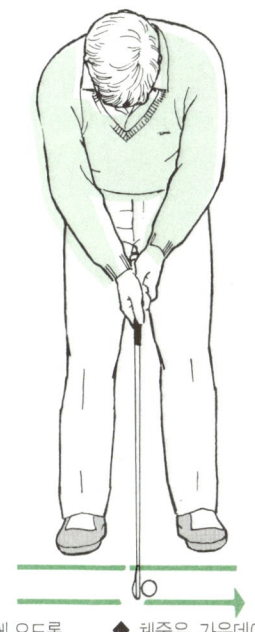

← 눈이 볼의 수직선상에 오도록, 그리고 양눈이 퍼팅 라인에 평행하도록 어드레스 한다.

↑ 체중은 가운데에 싣고 볼은 중앙이나 약간 좌측에 오도록 한다.

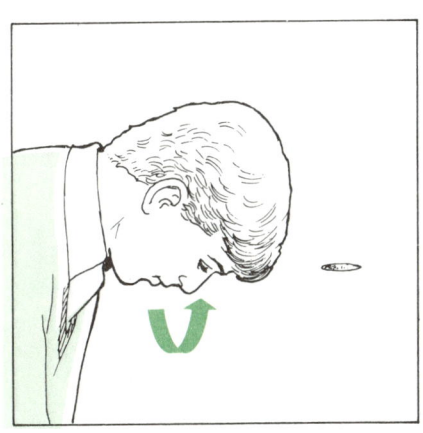

↑ 자세는 웅크리지 말고 가급적 곧게 서야 하지만, 머리는 지면과 수평을 이루도록 해야 한다. 이 자세에서 퍼팅 라인을 보기 위해 머리가 제자리에서 회전되는데, 머리가 높이 들려 있으면 퍼팅 라인을 보기 위해서 머리가 제자리에서 회전하지 못하고 더 들려서 돌게 된다. 이렇게 되면 방향성에 문제가 생긴다.

기억해둘 것
손목은 위로 들려져 있어야지 너무 낮거나 떨어져 있으면 안 된다.

퍼팅 어드레스에서 왼손목은 높게 유지하는 것이 이상적인데, 긴 퍼팅을 하기 위해 손목이 활처럼 휘어졌다 내려오게 된다. 퍼터가 수직에 가깝게 만들어져 있기 때문에 이 포지션으로 스트로크가 수월하게 이루어진다.

팔굽은 조금 벌려서 몸의 뒤쪽으로 집어넣는다. 이것이 어려우면 팔을 그냥 늘어뜨리되 어떻게 하든 간에 왼손목은 높이 위치해야 한다.(퍼터가 손에 매달려있는 느낌을 가져야 한다.)

눈은 퍼팅 라인과 평행으로 볼의 수직선상 위에 있어야 하고 머리는 수평을 유지하여 라인을 따라 회전할 수 있어야 한다. 만일 머리가 너무 높이 들려있으면 퍼팅 라인을 보기 위해 머리가 회전하는 대신 들리게 된다. 퍼팅 스탠스는 여러 가지로 다양하다. 양발과 어깨의 라인은 퍼팅만 제대로 된다면 어떤 각도로서도 상관 없다.

기초적인 것으로서 발가락끝 라인과 어깨라인이 퍼팅라인과 함께 평행을 이루고 서는 것이 가장 확률이 높고 볼은 적당히 가운데에 두고 체중은 뒤쪽에 싣는다.

볼이 좀 더 좌측에 오도록 세트 업 하는 경우도 있으므로 연습을 통해 가장 정확성 높은 위치를 찾아내야 한다.

숏 퍼팅의 조준 AIMING THE SHORT PUTTS

짧은 거리의 퍼팅에서 겨냥이 잘못되어 실수가 자주 생기는 것을 알 수 있다. 클럽 페이스가 타겟을 향해 있어야 하고, 퍼터의 바닥은 앞끝이 들리지 않도록 평평하게 지면에 놓여야 한다. 뒤쪽이 넓고 선이 그려져 있는 퍼터가 겨냥하기 수월하다. 퍼터의 페이스를 정확히 놓음으로써 이 선이 타겟을 쉽게 겨냥할 수 있다.

자세를 취한 다음 퍼터를 그대로 잡고 뒤쪽에서 확인해보라.

다음 사항들을 점검해야 한다.

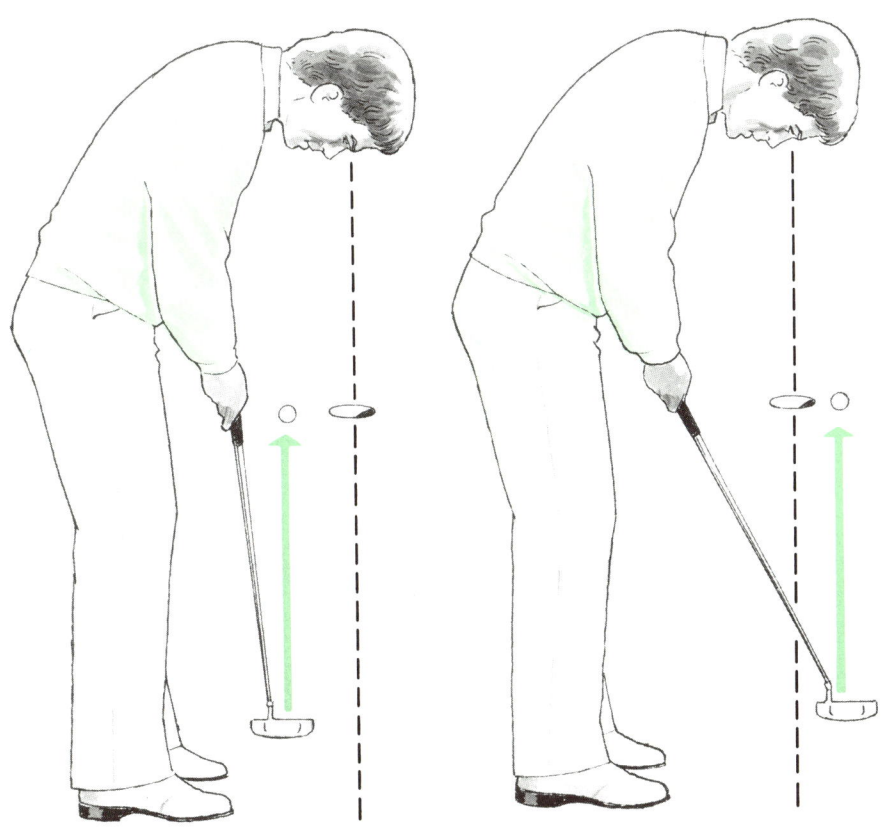

↑ 이론적으로는 눈은 볼의 수직선 위에, 그리고 퍼팅 라인에 평행을 이루어야 한다. 만일 눈의 위치가 볼의 바깥쪽에 있다면 퍼터를 왼쪽으로 끌어당기는 경향이 생기고, 안쪽에 있다면 퍼터를 우측으로 미는 경향이 생긴다.

- 눈이 볼 위의 수직선상에 있는지, 만일 바깥쪽에 있다면 왼쪽을 겨냥하게 된다.
- 퍼팅 라인을 볼 수 있어야 한다. 이것을 실험해 보기 위해 볼을 홀컵으로부터 6피트 거리(피트=약 30cm)에 놓고 같은 선상에서 볼의 18인치 앞에 작은 동전 하나를 놓아본다. 그리고 볼의 뒤쪽으로 가서 이 라인을 확인하는 것이다.

홀컵과 동전, 퍼터의 헤드, 이 세 개가 같은 선상에 있는가?

만일 그렇다면 당신은 행운아이고, 그렇지 않다면 시각에 문제가 있으므

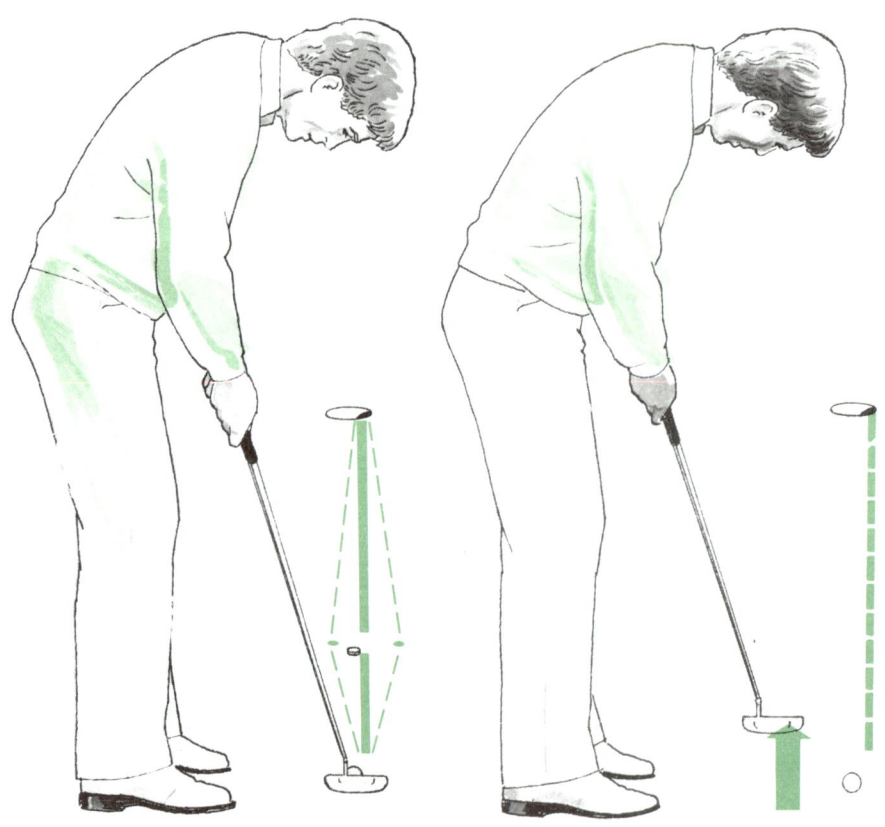

↑ 볼과 동전을 놓고 뒤에서 확인해보라. 직선상에 있는가? 아니면 머리의 위치를 교정하도록 시도해야 한다. 홀컵을 향해 연습 스윙을 하지 말고, 퍼팅 라인의 평행선을 따라 연습하라.

플레이 연습

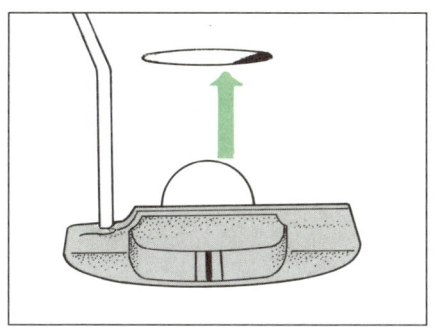

← 헤드의 윗부분에 선이 그려져 있는 퍼터가 퍼팅 라인에 맞추기 쉽다. 페이스보다는 선으로 조준하라. 필요하다면 뒤쪽에서 확인해보는 것도 좋다.

로 안과에 가보거나, 머리의 위치 교정, 또는 이 세 개가 같은 선상에 놓일 때까지 연습을 계속해야 한다.

실전에 임하여 그린 위에서 짧은 거리의 퍼팅을 실행하기 전의 연습 스윙은 절대로 필요하다. 볼의 뒤로 물러나서 연습 스윙을 할 때는 홀을 겨냥하지 말고 퍼팅라인의 평행선을 따라 겨냥하고 연습해야 한다. 홀컵을 겨냥하여 연습 스윙을 하면 어드레스에서 다시 각도를 조절해야 하기 때문이다. 이것이 우측을 겨냥하게 되는 가장 큰 공통된 이유다.

기억해둘 것
연습 스윙은 홀컵을 향해 하지 말고, 평행선을 따라 해야 한다.

숏 퍼팅 스트로크 THE SHORT PUTTING STROKE

퍼팅 스윙은 언제나 지면 위에서 이루어져야지 잔디를 쓸어서는 안 된다. 볼의 맨 뒷부분을 치도록 집중해야 한다. 6피트까지의 짧은 거리의 퍼팅은, 실제로는 약간의 커브가 있겠지만 직선 위에서 앞뒤로 움직인다는 느낌으로 스윙해야 한다.

어드레스에서 우측 팔굽을 몸에 바짝 붙이면 퍼터가 퍼팅 라인 안쪽에서 백 스윙되도록 해준다. 퍼터를 천천히, 자연스럽게 올렸다가 앞으로 떨어지듯이 부드럽게 4스트로크 해야 한다. 백 스윙과 스루 스윙의 크기는 대략 같아야 한다. 퍼터의 헤드는 볼을 친 다음 스윙 커브를 따라 안쪽으로 당겨지지 않고 홀컵을 향해 직선으로 뻗어져야 이상적이다. 헤드 위에 선이 그려진 퍼터를 사용한다면 그 선이 홀컵을 향해 직선으로 뻗는다는 기분으로 스윙해야 한다.

어떤 이는 느리고 부드러운 퍼팅을 하는데 어떤 이는 볼을 때리듯이 한

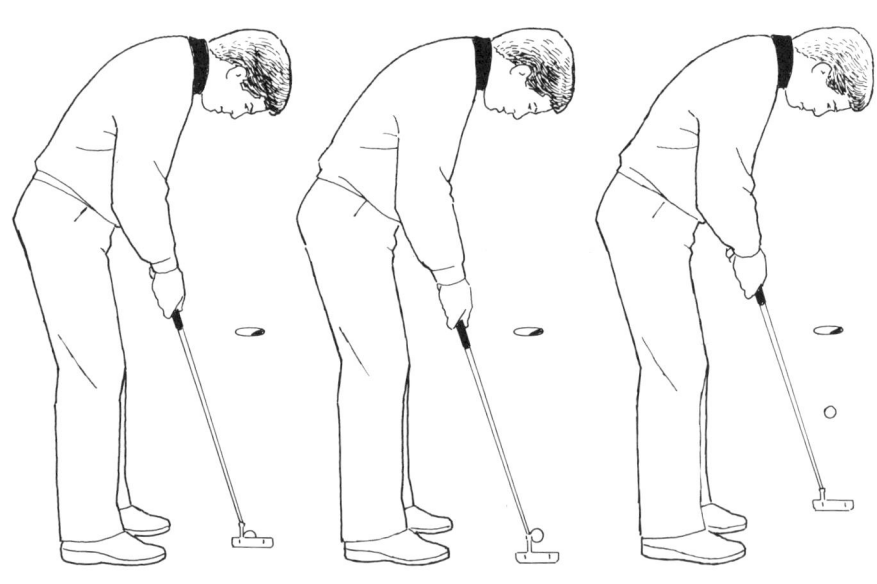

⬆ 6피트까지의 짧은 거리 퍼팅은 퍼터가 직선상에서 움직인다는 느낌을 가져야 한다. 실제로는 약간 커브를 따라 뒤로 오고 직선으로 홀컵을 향해 간다. 머리를 완전히 고정하고 볼이 홀컵에 떨어지는 소리를 듣는다. 그 전에 머리를 들어 보고 싶은 유혹을 이겨내야 한다.

플레이 연습

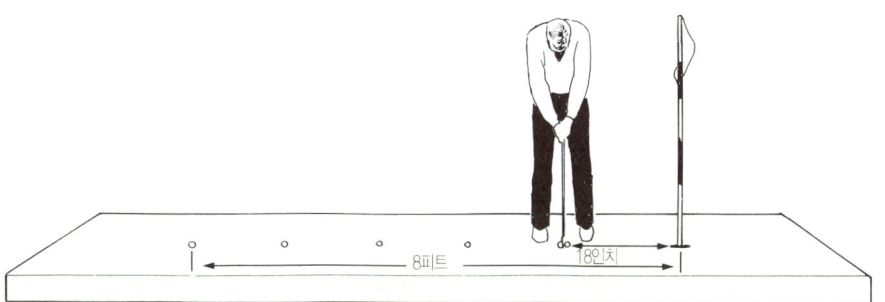

↑ 홀컵으로부터 18인치에서 8피트까지 볼을 차례로 놓고 짧은 퍼팅 연습을 한다. 가까운 볼부터 순서대로 연습한다. 만일 미스하는 볼이 있으면 다시 그 자리에서 넣을 때까지 반복한다. 이것이 연습에 경쟁심을 불어넣어 주어 집중력이 강해진다.

← 스트로크하기 전에 퍼터가 팔과 어깨에 매달려 있어야 한다. 절대로 지면에 닿아있게 하면 안 되고, 지면에 닿아 있으면 백 스윙에서 퍼터를 들어올리게 되고 급하게 밀게 된다. 항상 퍼터는 지면 위에서 떨어져서 스윙된다.

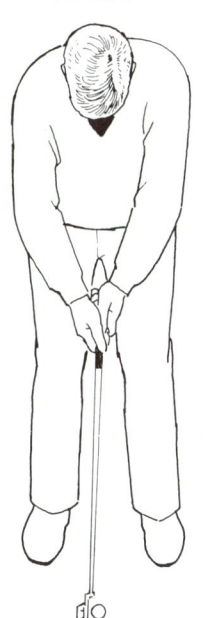 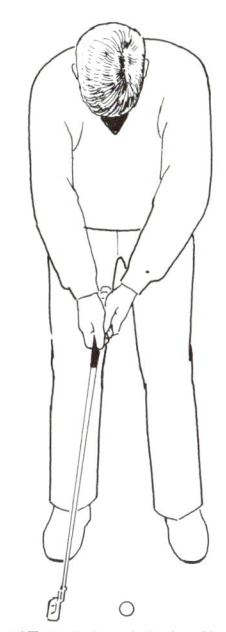 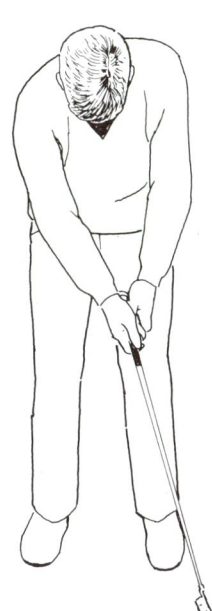

↑ 퍼터는 언제나 지면으로부터 일정한 높이를 유지하고 낮게 백 스윙, 그리고 드루 스윙과 홀을 향해 뻗으며 올라가는 스윙을 해야 한다. 절대로 지면을 쓸어서는 안 된다. 깨끗하고 일관성 있는 스윙을 위해 지면에서 떨어져있도록 퍼터를 잡아야 한다.

기억해둘 것
퍼터를 들어올려서 다시 세트업하고 천천히 부드럽게 스트로크하라.

다. 상태가 좋고 빠른 그린에서는 부드럽고 느린 스트로크가 좋고, 거칠고 겨울철의 그린 같은 경우에는 때리는 퍼팅이 더 효율적일 수 있다.

어떤 경우에도 퍼터 헤드가 멈춘 상태, 머리는 완전히 고정된 상태로 피니시해 주어야 한다. 짧은 거리의 퍼팅에서 범하는 실수는 어떤 다른 이유보다도 일찍 머리를 들기 때문에 일어난다.

머리를 고정하고 왼쪽 눈으로 보든가, 이상적인 것은 아예 볼 생각을 하지 말고 볼이 홀컵 안으로 떨어지는 소리를 들어라. 이렇게 함으로써 어깨가 퍼팅 라인을 따라 회전하게 되고 따라서 퍼팅 스트로크가 좋은 궤도를 이루게 되는 것이다.

짧은 퍼팅의 순서를 익혀두자. 헤드의 페이스를 직각으로 하고, 발의 세트업, 퍼팅 라인 확인, 퍼터가 지면에 닿지 않도록 들고 있다는 것을 확인하기 위해 약간 들어본 후 다시 세트업하고 머리와 눈을 고정한 다음 천천히 부드럽게 스윙하는 것이다.

짧은 거리와 긴 거리의 퍼팅 SHORT AND MEDIUM PUTTING

6피트까지의 짧은 거리의 퍼팅은 거리보다 방향이 중요하므로 그린을 잘 읽어서 퍼팅 라인을 설정하고, 정확히 겨냥, 완벽한 스트로크를 해야 한다. 그러나 어떤 상황에서는 볼의 속도가 절대로 중요하다.

경사가 있는 그린에서의 숏 퍼팅은 퍼팅 라인과 거리가 올바르게 조화를 이루어야 한다. 퍼팅을 할 때는 우측이나 좌측으로 휘어질 것을 고려해야 하며 동시에 얼마나 강하게 볼을 칠 것인가도 생각해야 한다.

강하게 볼을 칠수록 볼은 퍼팅 라인을 지킬 것이고 휘어짐이 덜할 것이다. 만일 천천히 가볍게 볼을 친다면 볼은 퍼팅 라인에서 더 멀리 벗어나게 된다.

볼을 과감하게 똑바로 칠 것인지, 휘어짐을 감안하며 조심스럽게 칠 것인지 선택해야 한다. 두 가지 다 연습하되 그린에서 실제로 하듯이 그렇게 진지하게 연습해야 한다. 퍼팅은 볼이 라인을 벗어나지 않도록 충분히 강하게 쳐야 한다.

8피트에서 12피트의 중간 거리 퍼팅에서 거리는 절대적으로 중요하다.

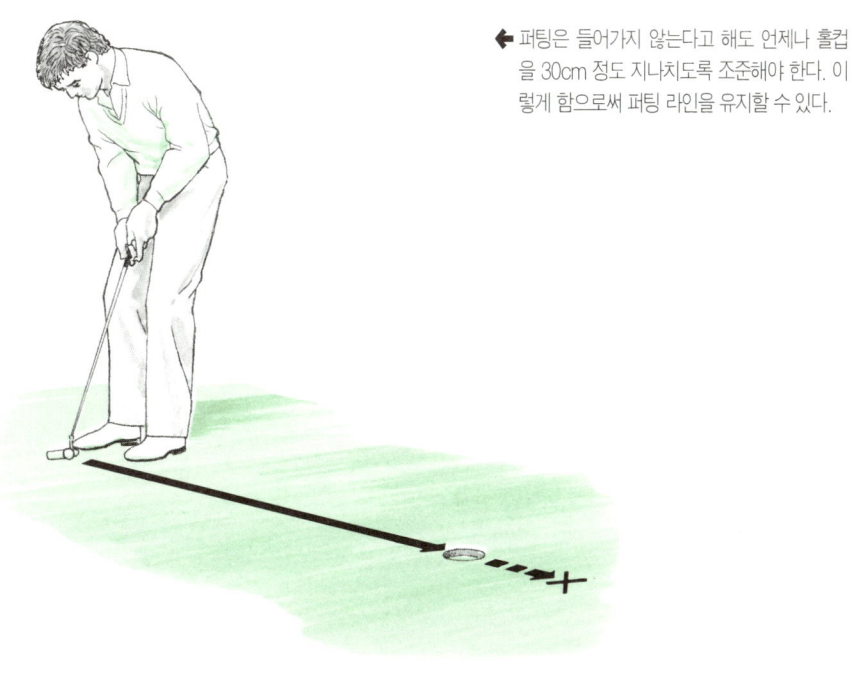

← 퍼팅은 들어가지 않는다고 해도 언제나 홀컵을 30cm 정도 지나치도록 조준해야 한다. 이렇게 함으로써 퍼팅 라인을 유지할 수 있다.

➜ 짧은 거리의 경사면 퍼팅은 딱딱하게 똑바로 치든가 아니면 볼의 휘어짐을 감안하여 조심스럽게 쳐야 한다.

미끄러짐　　　　　　　　　　　　　　　　구름

플레이 연습

볼이 부드럽게 구르도록 강하게 쳐야 할 필요가 있지만 홀컵을 놓쳤을 때 너무 많이 지나가지 않도록 해야 한다.

플레이어는 홀컵 가까이에서 볼이 라인을 벗어나면 불운이라고 생각하며 잔디를 깎아놓은 상태나 그린 컨디션을 원망하는데, 대개는 충분히 강하게 볼을 치지 못했기 때문이다. 적절한 힘의 스트로크를 하게 되면 완벽한 그린이라고 해도 볼은 마지막 3, 4인치에서는 바른 각으로 돌게 될 수 있다.

이렇게 함으로써 그린에 있는 어느 정도의 흠집이나 굴곡에는 영향 받지 않는다. 퍼터를 떠난 볼은 처음 얼마간은 미끄러져 나가고, 그 다음에는 굴러가고, 속도가 떨어지면 흔들리게 된다. 퍼팅을 놓쳤을 때 대개의 원인은 볼의 아래쪽을 쳤기 때문이기 쉽다. 볼이 흔들리기 전에 홀컵에 떨어질 수 있도록 충분히 빠른 속도로 굴러가야 한다.

거리는 절대적이다. 홀컵을 놓쳤을 경우 30cm 정도 홀을 지나치도록 겨냥해야 한다. 즉 볼이 흔들리기 시작하여 그린 표면의 영향을 크게 받기 전에 홀컵에 도달해야 된다는 것이다.

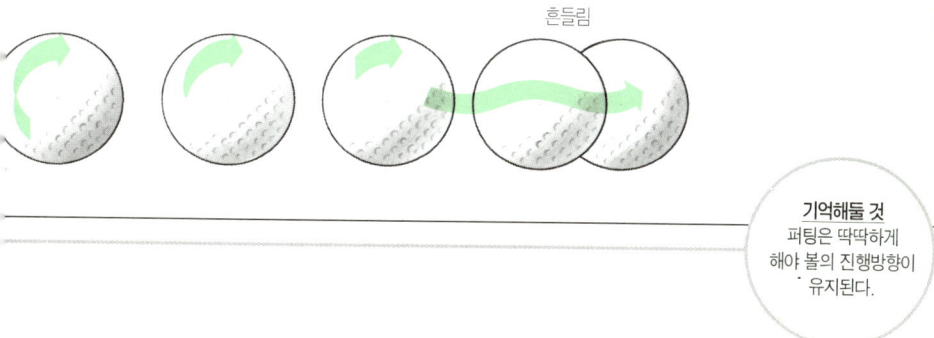

↓ 볼은 얼마간 미끄러져 가서 구르고, 그리고 마지막 몇 인치 앞에서는 흔들리게 된다. 볼이 흔들리기 시작하기 전에 홀컵에 들어갈 수 있도록 충분히 강하게 쳐야 한다.

흔들림

기억해둘 것
퍼팅은 딱딱하게 해야 볼의 진행방향이 유지된다.

롱 퍼팅 LONG PUTTING

좋은 롱 퍼팅은 거리의 판단에 달려 있다. 방향에는 별 문제가 없겠지만 핀에 몇 야드 못 미치거나 지나가기는 쉽다.

스트로크 자체는 쇼트 퍼팅의 스트로크보다 중요하지 않다.

거리를 느끼기 위해 팔과 손목의 작용을 허용하여야 한다.

롱퍼팅은 적절한 힘을 주어야 먼 거리의 퍼팅이 성공할 수 있다. 모든 롱 퍼팅은 홀에서 6인치나 60cm쯤 지나가도록 겨냥해야 한다.

절대로 퍼터가 지면을 쓸어치면 안된다는 것을 잊지 말아야 한다.

볼의 뒤쪽 면에 주의를 집중하고 가능한 천천히 부드러운 스윙을 해주어야한다.

타겟 라인의 설정을 위해서 그린 전체의 경사도를 살펴보고 그 경사면을

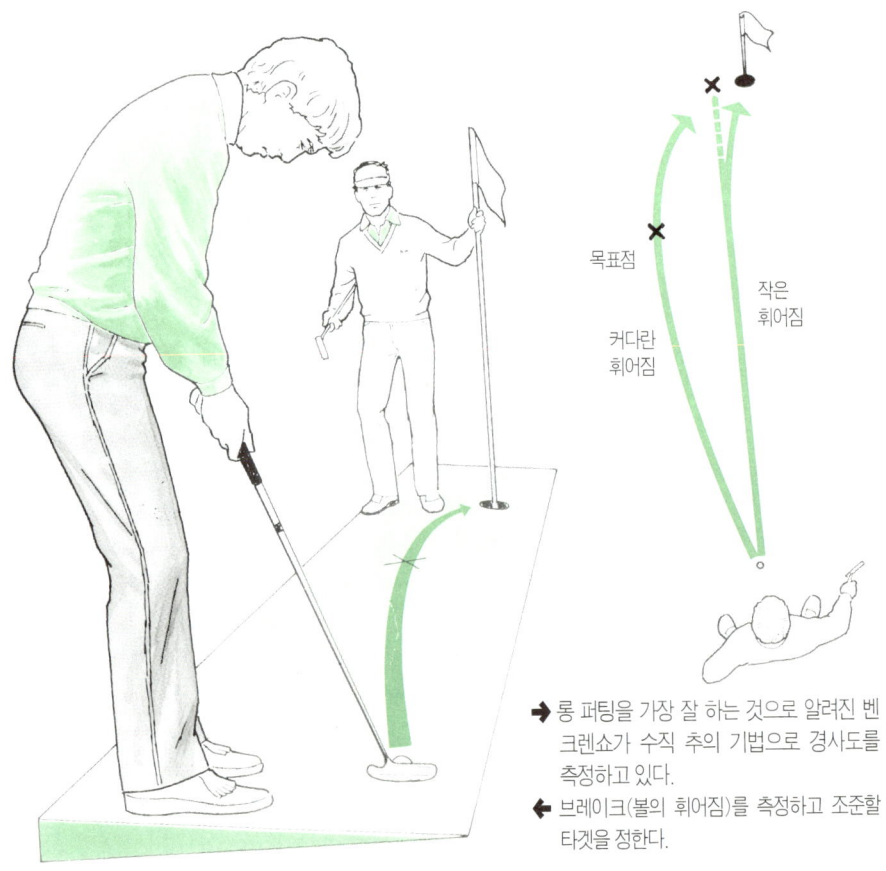

목표점
커다란 휘어짐
작은 휘어짐

➡ 롱 퍼팅을 가장 잘 하는 것으로 알려진 벤 크렌쇼가 수직 추의 기법으로 경사도를 측정하고 있다.

⬅ 브레이크(볼의 휘어짐)를 측정하고 조준할 타겟을 정한다.

플레이 연습

기억해둘 것
좋은 롱 퍼팅은
90%가 거리
판단에 좌우된다.

그대로 지나보낼 것인지를 측정하고, 필요하다면 경사의 흐름을 감안하여 홀의 옆쪽을 겨냥해야 한다.

경사가 심하지 않다면 홀의 바로 옆에 한 지점을 정하고 그곳을 향해 볼을 굴려보낸다.

경사도가 크다면 전체 거리의 3분의 2쯤의 지점에 한 지점을 정하고 이곳을 향해 볼을 굴려 보내는 것이다.

언제나 설정한 지점을 향해 똑바로 퍼팅을 한다는 생각을 해야 한다.

누군가가 핀을 잡아준다면 홀컵의 높은 지점에 서서 핀을 잡아달라고 하라. 이것이 원하는 방향으로 겨냥하는 데 도움이 된다.

홀컵의 가장자리를 살펴 보고 기울어 있는지 확인해야 한다. 지면의 영향을 가장 많이 받게 되는 것이 홀컵 주변이기 때문이다.

그린 읽기 READING GREENS

그린을 향해 접근해가며 그린 전체의 경사도를 살펴보아야 하고, 그린의 뒤쪽이 앞쪽보다 대체로 높다는 것을 기억하라. 만일 그린이 평평해 보인다면 조심해야 한다. 그것은 어쩌면 뒤쪽이 낮을 수도 있기 때문이다.

그린의 가장 낮은 곳을 찾아서 그린을 올려다보아야 전체의 경사도가 잘 보인다. 퍼팅 라인의 뒤쪽으로 가서 옆 경사를 살펴야 하고, 가는 도중에 재빨리 옆면을 살펴서 업 힐인지 다운 힐인지도 측정해야 한다. 다운 힐 퍼팅 라인이 판단하기 어려우며 평평하게 보이기 때문에 쉽게 생각하게 되는 경향이 있다.

특히 다운 힐 퍼팅을 할 때는 바람의 영향도 고려해야 한다. 언제나 거리가 중요하다. 홀에서 8피트 옆으로 보낼 일은 거의 없지만 8피트를 지나가기는 쉽다.

먼 거리의 퍼팅을 위해 그린을 읽는 것은 오래 걸리지 않는다. 그린을 향해 걸어가면서도, 클럽을 꺼내 다음 샷을 준비하거나, 동반자가 퍼팅을 하는 동안에도 그린을 읽을 수 있다.

퍼팅 라인선상의 불규칙한 표면에 너무 집착하지 말고 전체 경사도를 측정해야 한다. 자신이 자주 라운딩하는 코스의 그린 경험이 다른 그린의 어려움을 일깨워 줄 것이다.

퍼팅을 잘 하는 사람은 처음 가본 그린도 어려움 없이 퍼팅을 잘 하는데, 어떻게 처음 가보는 코스의 그린을 정확히 읽을 수 있을까?

지대가 높은 그린은 배수가 빨리 잘 되고(왼쪽), 반면 분지형 그린은 습기가 많고 배수가 더디다.(아래)

다음 예들을 숙지한다면 어렵지 않은 일이다.
- 가지가 늘어진 나무들은 그린을 온종일 그늘지게 하여 그린 스피드가 느리다. 그러나 그 뿌리들은 습기를 빨아들여 빠른 그린을 만들 수도 있다.
- 그린이 높으면 물이 잘 빠져서 종종 빠른 그린을 만든다. 낮은 그린은 반대로 습기가 있어서 그린이 느리게 된다.
- 좋은 플레이어는 잔디의 성장 정도와 습기를 감안한다.

어떤 그린은 낮 동안에 잔디가 자라고 습기를 머금기 때문에 먼지가 묻어 눈에 띄게 느리다.
- 잔디가 자라는 방향을 봐야 한다. 아침 일찍이라면 잔디를 깎은 결을

➜ 큰 나무가 그린 주변에 있는 것도 주의해야 한다. 남쪽에 있다면 온종일 그린 위에 그림자를 드리워서 습기가 증발하지 않기 때문에 볼이 느리게 갈 것이다. 커다란 나무의 뿌리가 있는지도 확인해야 한다. 습기를 빨아들여 그린이 울퉁불퉁하고 빠르게 될 수 있다.

플레이 연습

◇ 잔디의 성장 정도를 읽는 법
그린을 읽을 때 다음과 같이 잔디의 성격을 알아야 한다.
* 바다를 향해 자라고 있는지,
* 석양을 향해 자라고 있는지,
* 골퍼들이 걸어가는 방향으로 자라는지,
* 산봉우리로부터 반대로 자라는지,
* 물이 공급되고 있는 방향으로 자라는지 등을 확인해보라.

읽어야 하는데, 어둡게 보이는 부분이 자신을 향해 잔디가 누워있는 결이고 옆은 색의 결이 반대로 누워있는 결로서 빠르게 구른다.

• 일반적인 기후에서는 그린의 결이 확연히 드러난다. 경사면에서는 이를 감안하여야 한다. 잔디의 결과 같은 방향이면 빠르고 반대쪽이면 느리다.

이 결을 가로질러 볼을 쳐야할 때 볼은 퍼팅라인을 벗어날 수 있고, 때로는 상당히 멀리 빗나가게 된다.

• 홀컵 주변의 잔디나 그린 옆(에이프런)의 긴 풀을 보면 잔디의 결을 알 수 있다.

⬇ 그린을 향해 걸어가며 그린 전체의 경사도를 보라. 경사면의 반대로 볼이 흐를 수 있는 확실한 증거가 없는한 그린의 전체적 경사도를 따라 볼이 흐른다고 가정해야 한다.

기억해둘 것
전체적 경사도를 감안하여 퍼팅라인을 판단하라.

짧은 거리 퍼팅을 위한 그린 읽는 방법 READING GREENS FOR SHORT PUTTSPUTTING

⬇ 쭈그리고 앉아서 경사와 그린 위의 흠집들을 확인해야 한다. 홀컵 자체도 소홀히 할 수 없다. 그린에 경사가 있고 홀컵 박스가 정확하게 수직으로 앉아있다면 지면이 많이 보이는 쪽이 높은 곳이다.

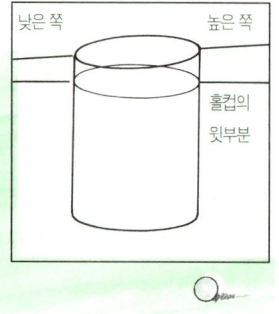

⬇ 어떤 지점을 정하고 조준하였더라도 항상 직선으로 퍼팅을 하여야 한다. 우측에서 좌측으로 퍼팅하고 싶은 유혹을 이겨내야 한다. 예를 들면 아래 그림같이 커브를 그리는 퍼팅이다. 언제나 직선상으로 뒤로 백하고 앞으로 스트로크해야 한다.

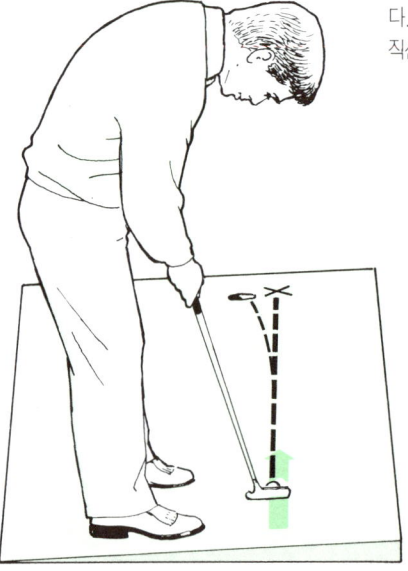

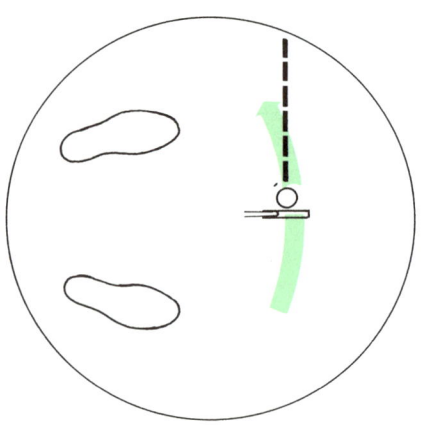

플레이 연습

그린에 도착하면 한눈에 그린의 전체 경사를 읽어야 한다. 그러고 나서 홀컵 가까이에 있는 경사나 불규칙한 면이 퍼팅의 정확성에 치명적인 영향을 미친다는 것을 유념하여 좀더 세심하게 홀컵 주변의 흠집들을 살펴야 한다.

어떠한 쇼트 퍼팅도, 분명한 이유를 발견하기 전에는 그린 전체의 경사를 따라 흐른다고 전제해야 한다.

그린에 경사가 있을 때는 과감히 직선으로 공격할 것인지, 또는 브레이크(볼이 경사에 따라 흐르는 것)를 따라 조심스럽게 퍼팅할 것인지를 결정해야 한다. 빠른 그린 위에서도 마찬가지로 조금 강하게 직선으로 퍼팅을 하

↓ 강하게 홀컵을 향해 직접 퍼팅을 하든, 브레이크를 감안한 퍼팅을 하든 항상 목표점을 설정하고 조준한 후 직선으로 공략해야 한다.

기억해둘 것
모든 퍼팅은 목표점을 향해 직선으로 때려야 한다.

든가 경사를 감안하여 살며시 굴리든가 해야 한다.

어느 방법으로 공격하더라도 겨냥할 지점을 확실히 선택하고 평상시의 퍼팅 방법대로 직선으로 공격해야 한다.

직선상에서 백 스윙과 스루 스윙을 한다는 느낌을 잃게 되면 볼은 커브를 그리게 된다. 발의 위치가 볼보다 낮으면 볼은 우측에서 좌측으로 휘게되기 쉬워서 똑바로 굴러가지 않는다. 이럴 경우에는 볼을 퍼터의 토우(끝)쪽으로 치면 볼이 왼쪽으로 흐르는 것을 방지할 수 있다.

볼이 좌측에서 우측으로 휘는 경우에 이를 막을 수 있는 방법은 볼을 헤드의 힐(뒤)쪽으로 치면 좋다.

◇ **수직추 측정법**

그린의 경사도 측정을 위해 어떤 플레이어들은 수직추 측정법을 이용한다. 정확히 설명하자면, 경사에서 물러나서 다리를 넓게 벌리고 퍼터를 엄지와 검지 사이에 가볍게 매단 후 볼의 뒤에서 한쪽 눈을 감고 한 눈으로만 볼의 좌측 옆에 퍼터를 정렬시킨다. 만일 홀컵이 퍼터의 샤프트에 일치한다면 경사가 거의 없는 스트레이트 라인이라고 보면 된다. 홀컵이 샤프트의 우측에 놓인다면 좌측에서 우측으로 흐르는 경사이고 좌측에 홀컵이 놓인다면 우측에서 좌측으로 흐르는 경사다.

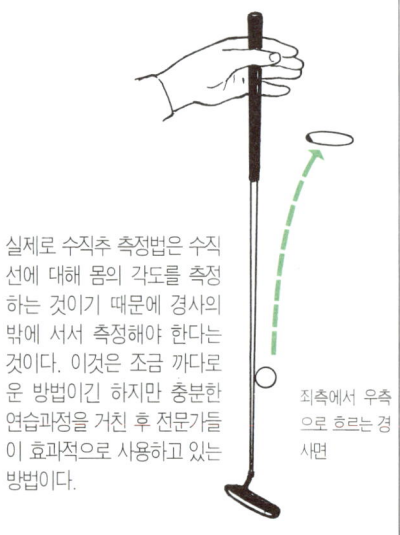

실제로 수직추 측정법은 수직선에 대해 몸의 각도를 측정하는 것이기 때문에 경사의 밖에 서서 측정해야 한다는 것이다. 이것은 조금 까다로운 방법이긴 하지만 충분한 연습과정을 거친 후 전문가들이 효과적으로 사용하고 있는 방법이다.

좌측에서 우측으로 흐르는 경사면

숏 퍼팅 연습 PRACTICING SHORT PUTTS

숏 퍼팅을 할 때는 언제나 직선상에서 퍼터가 움직여야 한다. 백 스윙 궤도에서 조금 안쪽으로 커브를 그리게 되겠지만 절대로 바깥쪽으로 밀어서는 안 된다.

퍼터가 직선상으로 움직이는가를 확인하는 방법은 다른 클럽 샤프트를 바닥에 놓고 백라인을 지키며 연습하는 것이다. 만일 볼을 치면서 퍼터를 끌어당기는 습관이 있으면 두 클럽을 평행선으로 놓고 그 사이를 통해 연습하는 것이 좋다.

스윗 스파트에 정확히 볼이 맞는지를 확인하기 위해서 헤드 페이스의 스윗 스파트에 테이프를 붙이고 그곳으로 정확히 볼을 치게 될 때까지 연습해야 한다.

퍼팅 스윙은 홀컵을 향해 이루어져야 하며 폴로 스루가 끝나면 퍼터는 자연스럽게 위를 향해 뻗어져 있어야 한다. 이를 숙달시키기 위해서는, 홀컵에서 18인치를 넘지 않는 지점에서 백 스윙을 하지 말고 볼을 앞으로 굴리

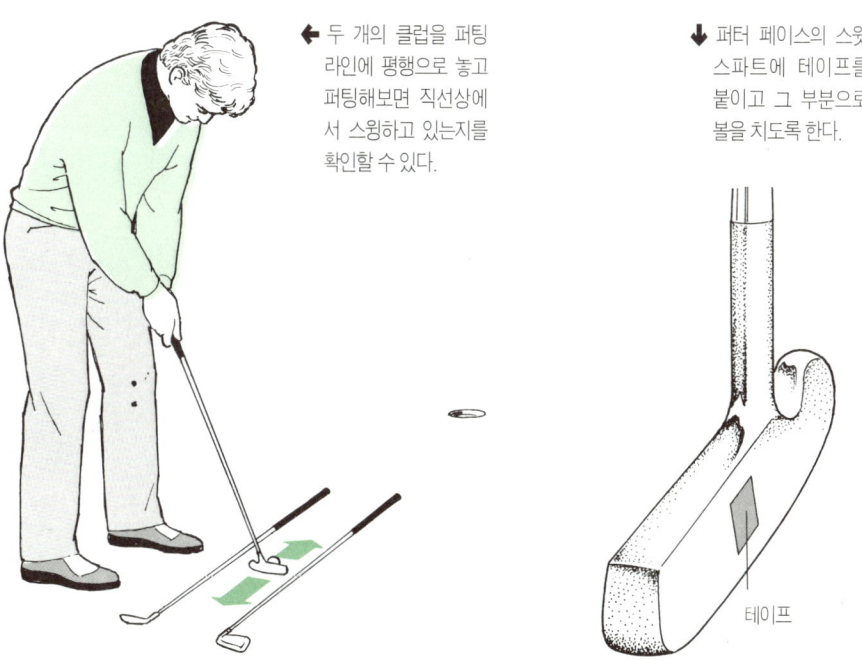

← 두 개의 클럽을 퍼팅 라인에 평행으로 놓고 퍼팅해보면 직선상에서 스윙하고 있는지를 확인할 수 있다.

↓ 퍼터 페이스의 스윗 스파트에 테이프를 붙이고 그 부분으로 볼을 치도록 한다.

테이프

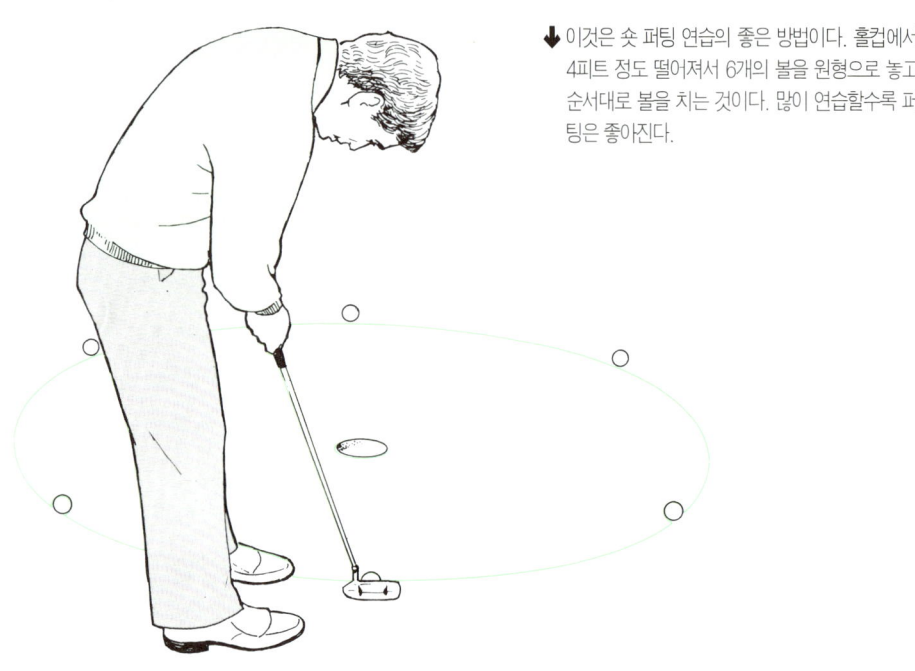

↓ 이것은 숏 퍼팅 연습의 좋은 방법이다. 홀컵에서 4피트 정도 떨어져서 6개의 볼을 원형으로 놓고 순서대로 볼을 치는 것이다. 많이 연습할수록 퍼팅은 좋아진다.

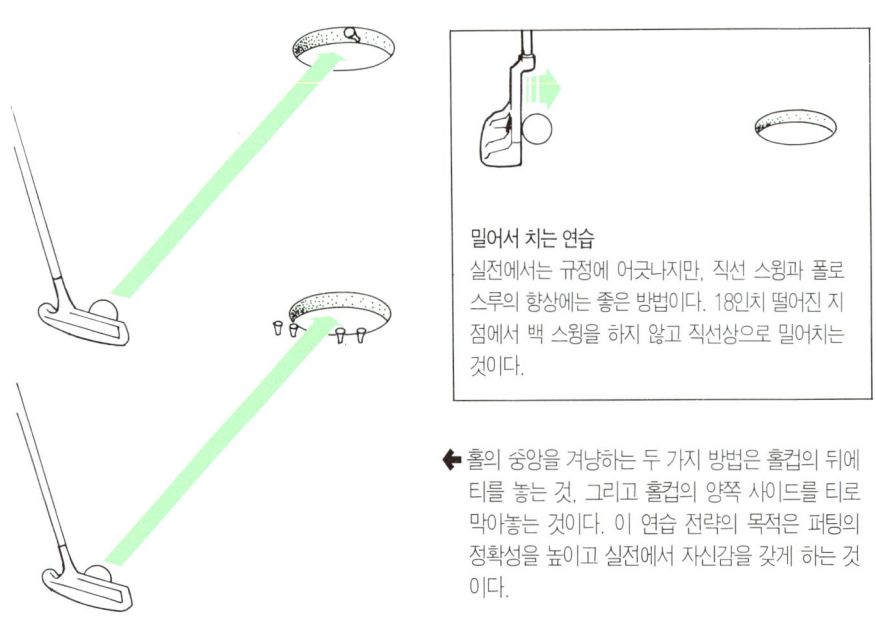

밀어서 치는 연습
실전에서는 규정에 어긋나지만, 직선 스윙과 폴로 스루의 향상에는 좋은 방법이다. 18인치 떨어진 지점에서 백 스윙을 하지 않고 직선상으로 밀어치는 것이다.

← 홀의 중앙을 겨냥하는 두 가지 방법은 홀컵의 뒤에 티를 놓는 것, 그리고 홀컵의 양쪽 사이드를 티로 막아놓는 것이다. 이 연습 전략의 목적은 퍼팅의 정확성을 높이고 실전에서 자신감을 갖게 하는 것이다.

며 미는 연습을 한다. 이 스트로크는 실제로는 규정에 어긋나기 때문에 연습을 위한 기술로만 사용해야 한다.

숏 퍼팅의 연습은 3에서 4피트의 거리에서 하고 100% 성공시켜야 한다. 이런 거리에서의 퍼팅 실수는 자신의 탓이지 그린 때문이 아니다.

좀더 신중히 연습해야 한다. 4피트짜리 퍼팅을 연속해서 얼마나 성공시키는지 세어가며 완전히 성공할 때까지 반복한다.

또다른 연습법은 홀컵 주위에 여섯 개의 볼을 놓고 하나씩 퍼팅하는 것이다. 이 방법은 다각의 경사면에서 퍼팅하는 연습이 된다.

과감한 퍼팅 향상을 위해서는, 티나 볼 마커를 홀컵의 뒤에 꽂아놓고 그것을 맞추는 기분으로 연습하면 좋다. 네버 업 네버 인(never up never in!) 이라는 말처럼 홀컵을 지나가지 않으면 들어갈 확률은 전혀 없기 때문에 지나가도록 쳐야 한다. 홀컵이 크고 쉽게 보이게 하기 위해서는, 홀컵의 옆을 티로 막은 후 연습하는 것도 한 방법이다.

기억해둘 것
숏 퍼팅이 잘 되면 롱 퍼팅도 잘 되게 돼 있다.

롱 퍼팅 연습 PRACTICING LONG PUTTS

숏 퍼팅에서는 정확한 스트로크가 중요하지만 롱 퍼팅은 거리 감각과 경사에 대한 판단이 더 중요하다.

거리를 정확히 판단하는 능력을 키우기 위해 첫번째 샷에 정확히 목표 지점까지 보내는 연습을 한다. 누구든지 두 번째, 세 번째에는 정확히 보낼 수 있다.

롱 퍼팅을 연습하는 간단한 방법은 연습 그린에서 롱 퍼팅을 하여 기브 거리에 볼이 갔을 때는 볼을 퍼터 길이만

⬇ 방향보다는 거리에 집중하기 위해서 매홀의 플레이가 끝난 후 볼을 퍼팅으로 그린 가장자리로 보내는 연습을 하라. 절대로 다른 사람의 플레이에 지장을 주어서는 안 된다.

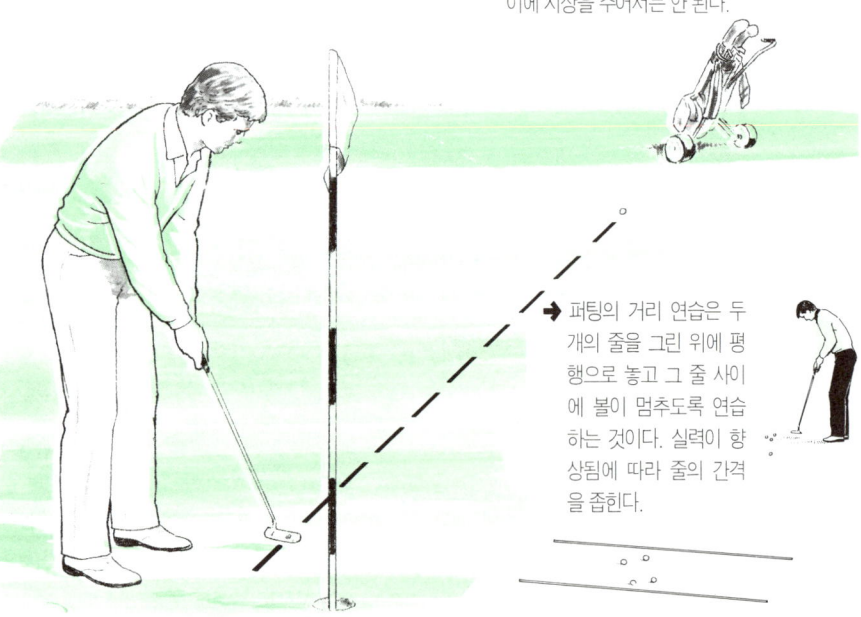

➡ 퍼팅의 거리 연습은 두 개의 줄을 그린 위에 평행으로 놓고 그 줄 사이에 볼이 멈추도록 연습하는 것이다. 실력이 향상됨에 따라 줄의 간격을 좁힌다.

플레이 연습

큼 뒤로 옮겨놓고 연습한다.

또 하나의 방법은 그린 위에 줄을 두 개 놓아두고 6피트쯤 떨어진 지점에서 볼을 이 줄 사이에 보내는 연습이다.

숙달되어짐에 따라 줄 사이의 간격을 좁히고 방향보다는 거리에 집중하여 연습한다. 짧은 거리와 중간 거리 퍼팅의 이와 같은 연습은 실내에서도 할 수 있다. 코스에서 라운드중에는 플레이에 지장을 주지 않도록 조심하며 자신

↑ 연습 그린에서 롱 퍼팅을 미스하여 기브자리에 볼이 있더라도 그대로 홀아웃하지 말고 볼을 퍼터 길이 만큼 뒤로 옮겨서 다시 퍼팅하는 연습을 해야 한다. 이 '레이 백' 연습은 처음 퍼팅을 보다 집중하여 하도록 해주는 효과가 있다.

→ 의도한 라인대로 퍼팅하는지를 확실히 하는 방법으로, 연습중에 누군가에게 자신이 목표한 지점에 서서 자신의 어드레스를 확인해 달라고 해보면, 볼을 치기 전에 얼마나 많이 조준을 바꾸는지 놀라게 된다.

기억해둘 것
퍼팅할 때 절대로 퍼터가 지면에 닿지 않게 하라.

의 볼을 홀아웃 한 후에 볼을 퍼팅으로 그린 가장자리의 한 지점으로 보낸 후 다음 홀로 향하는 것도 롱 퍼팅 연습이 된다. 이 경우 동반자나 뒷팀의 플레이에 방해가 되지 않도록 세심한 주의를 기울여야 한다.

 롱 퍼팅의 스트로크와 거리 감각을 점검하기 위해서 4개의 볼을 사용하는 방법이 있다. 타겟을 겨냥한 후 첫 번째 볼을 친다. 그리고 쳐다보지 말고 그대로 두 번째, 세 번째, 네 번째 볼을 친 후 확인해보라. 만일 스트로크가 좋았다면 네 개의 볼은 가까이 붙어 있을 것이다. 이 연습을 할 때는 같은 제품의 각기 다른 번호와 컬러의 볼을 사용하여 연습하면 스트로크의 잘못된 점을 느낄 수 있게 된다. 볼이 맞는 높이가 일정하지 않을 수 있는데, 퍼터가 지면에 끌리거나 너무 위쪽을 치기 때문이다.

 조준의 정확성도 확인해야 한다. 누군가에게 핀 옆에 서서 볼이 자신이 의도한 방향으로 정확히 나가는지 확인해 달라고 하면 좋다.

 누구나 퍼팅 라인을 정하고도 과감히 그대로 하지 못하고 퍼팅 순간에 무의식적으로 이를 수정하려고 하는 경향이 있다. 모든 퍼팅은 일단 판단과 결정이 끝나면 그대로 정확하게 해야 한다.

치핑과 러닝 1 CHIPPING AND RUNNING

그린 주변에서 칩 앤드 런(볼이 조금 뜨고 멀리 굴러가는) 샷을 할 때는 가능한 빨리 지면에 볼이 떨어지도록 겨냥해야 한다.

퍼터의 사용

풀이 없거나 부드러운 지면에서는 가능하다면 퍼터를 사용하라. 볼의 뒷면을 친다는 것을 상기하고 지면에 퍼터가 닿아서는 안 된다. 이 방법은 잔디가 빈약한 이른 봄의 코스에서나, 떨어진 낙엽으로 지면이 덮여 있을 때, 흙이 드러난 곳 등에서는 실질적으로 효과적인 샷이다. 위와 같이 좋지않은 라이에서 피칭을 하려고 하면 볼을 정확히 치기 어려우므로 퍼터를 이용하는 것이 훨씬 쉽다.

그린 주위의 조금 낮은 지형이나 움푹 파인 곳에서도 퍼터를 사용할 수 있다. 볼은 부드럽게 굴러가지 않을 것이고, 처음에는 통통 튀기도 하겠지만, 그래도 칩 샷보다는 수월하다.

퍼터는 위 아래로 경사가 있는 둔

↓ 퍼터를 사용할 때는 지면에 닿지 않게 해야 한다. 지면의 상태를 예측하기 어려울 때, 모래가 뿌려져 있다든가, 조금 밑으로 처진 라이, 나뭇잎이 쌓인 경우에 퍼터는 그린 가까이에서 사용하기 좋은 클럽이다.

↓ 숏 칩샷의 감각을 높이기 위해 클럽의 끝(토우)을 조금 낮게 하고 볼을 토우에 가까운 부분으로 쳐주는 것이 좋다. 이렇게 함으로써 볼을 때리려고 하는 경향을 억제해 준다.

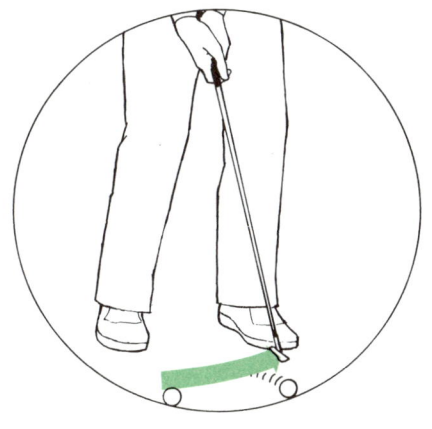

→ 이것은 옳지 않은 방법이다. 볼을 퍼내려는 듯이 클럽 헤드가 양손의 앞으로 지나가서는 안 된다. 손목은 단단히 위로 휘어져 있어야 한다.

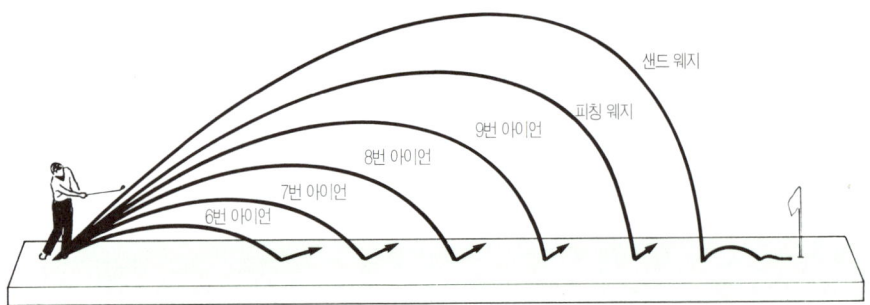

➡ 클럽의 선택은 중요하다. 퍼터를 쓰면 볼이 잘못 갈 확률이 적으므로 퍼터가 무난하다.

⬆ 클럽의 선택은 볼을 얼마나 띄우느냐에 달려있다. 로프트가 적은 클럽일수록 샷의 안전성이 높다.

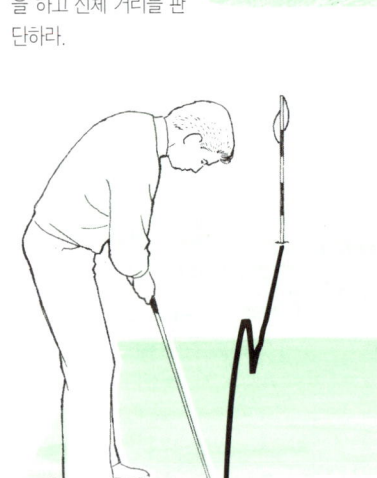

⬇ 만약 퍼터가 적당치 않으면 6번이나 7번 아이언을 사용하라. 러닝 샷을 하고 전체 거리를 판단하라.

⬇ 퍼터의 사용이나 칩 앤 드 런 샷이 어렵다고 판단될 때만 피칭할 생각을 하라.

덕에서, 지면에 풀이 없을 때, 또한 표면이 고르지 않다고 해도 사용할 수 있다. 만일 퍼터의 이용이 어려운 상황이라면 다음 선택으로 6번이나 7번 아이언을 생각할 수 있다. 하지만 가능한 퍼팅에 가까운 느낌의 스윙을 해야 한다. 이 때, 퍼팅 그립처럼 잡는 것도 효과적일 수 있다.

거리 판단

치핑은 퍼팅과 거의 같은 느낌으로 한다. 지면에 풀이 적다면 볼을 꼭 그린 위에 떨어뜨릴 필요는 없다. 이럴 경우에는 어디에 볼을 떨어뜨리겠다는 것보다는 전체의 거리를 감안하여 어떻게 칠 것인지 판단해야 한다.

그린 주위의 풀이 길어서 볼을 굴릴 수 없다면 볼을 어디에 떨어지게 할 것인지를 알아야 한다. 이럴 경우, 핀이 그린 에지에서 가까이 있다면 6번이나 7번 아이언을 사용하는 것은 적절하지 않다.

클럽의 로프트에 따라 볼이 떨어진 후 굴러가는 거리가 다르므로 적절한 클럽을 선택해야 하고 볼이 떨어질 지점을 생각해야 한다. 보다 경사도(로프트)가 큰 9번이나 피칭 웨지가 날아가는 것에 비해 런이 적다. 로프트가 큰 클럽일수록 실수의 결과는 참혹하므로 가능한 한 러닝 어프로치가 좋다.

> **기억해둘 것**
> 퍼트, 런, 피치의
> 순으로 선택하라.

치핑과 러닝 2 CHIPPING AND RUNNING

칩 앤드 런 샷을 할 때 많은 프로들은 오버래핑 그립의 반대 그립을 사용함으로써, 보통의 바든 그립과는 달리 왼손이 위로 올라오게 하지 않고 양손의 엄지가 그립의 앞면에 오게 잡고 플레이한다. 좋은 골퍼는 칩샷을 할 때 볼에 가까이 선다.

키가 작은 플레이어는 보통 때보다 업라이트로 클럽을 잡게 되므로 약간 토우쪽으로 균형을 잡게 된다. 칩샷의 올바른 느낌을 얻기 위해 우선 퍼터를 잡고 어드레스한 후, 같은 자세에서 6번이나 7번 아이언을 잡아보는 것이 좋다. 퍼터를 잡듯이 클럽을 잡음으로써, 손목의 작용없이 클럽을 앞뒤

↓ 치핑 스트로크는 퍼팅 스트로크와 매우 비슷하여 같은 거리만큼의 백 스윙과 폴로 스루를 해준다. 팔굼을 몸에 붙이고 손목을 높이, 체중은 좌측발에 오도록. 볼이 놓여 있던 지면을 가볍게 쓸어내듯이 친다.

플레이 연습

↑ 잘못됨: 좀더 몸을 곧게 세워야 하고 손목을 올려야만 볼 위에 서게 된다.

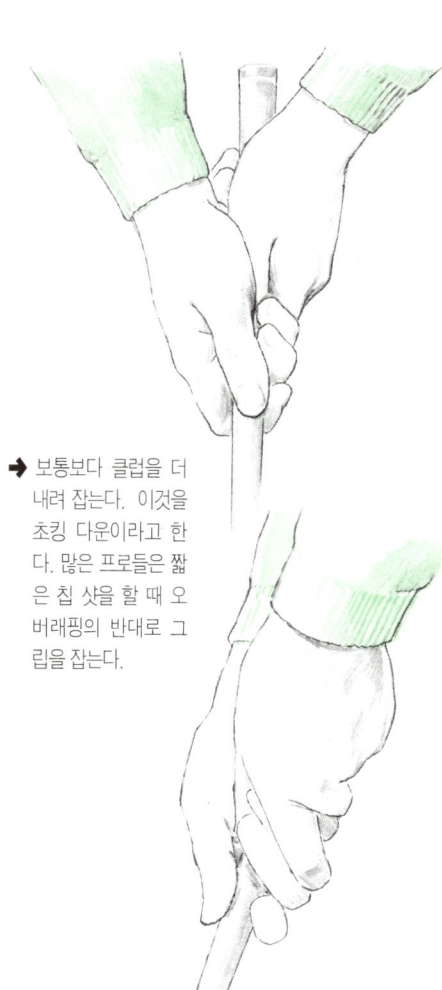

➜ 보통보다 클럽을 더 내려 잡는다. 이것을 초킹 다운이라고 한다. 많은 프로들은 짧은 칩 샷을 할 때 오버래핑의 반대로 그립을 잡는다.

➜ 칩 앤드 런 샷을 잘 하기 위해서는 볼에 가깝게 서야 한다. 퍼팅에서처럼 손목이 위로 팽팽하게 올라와야 하고 좀더 곧게 선 자세로 토우 쪽을 약간 낮게 어드레스 한다. 보통의 자세처럼 클럽을 밑으로 내리려고 하면 볼로부터 너무 멀리 서게 된다. 클럽의 토우쪽을 약간 낮추고 손목을 위로, 눈은 볼의 위에, 팔굽은 몸에 붙여야 한다. 아이언 클럽이지만 퍼터처럼 느껴져야 한다. 짧은 거리일수록 클럽을 토우쪽으로 느끼도록 하라. 이렇게 함으로써 퍼팅 스트로크와 유사한 느낌을 가질 수 있다.

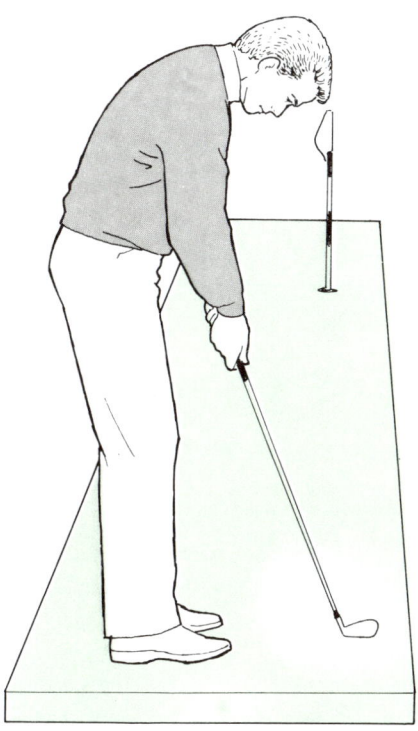

기억해둘 것
퍼팅 하듯이
칩 샷을 하라.

로 직선 스윙을 할 수 있게 왼손목을 위로 올려 팽팽하게 클럽을 잡는다. 아주 숙달된 플레이어가 아니라면 스윙 순간에 손목이 뻣뻣하게 느껴져야 한다.

  볼은 스탠스의 중앙에 두고, 손과 체중은 약간 앞으로(좌측으로) 위치하고, 볼이 서 있는 지면을 가볍게 쓸듯이 직선으로 산뜻하게 쳐야 한다. 좀더 안정된 느낌을 얻기 위해, 무릎을 약간 부드럽게 굽히고 양발을 타겟쪽으로 조금 돌리고 양손과 손목을 앞쪽으로, 위를 향해 위치하도록 한다. 보통의 칩 샷은 다른 롱 샷보다 좀더 클럽의 토우쪽으로 볼을 쳐야 한다. 이것이 스트로크를 정교하게 컨트롤하기 쉽게 해준다.

롱 피칭 LONG PITCHING

핀으로부터 9번 아이언의 풀샷 거리 이내에 볼이 있을 때 피칭 샷이 필요해진다. 롱 피칭은 45야드에서 100야드까지의 거리에서 피칭 웨지나 9번 아이언으로, 또 짧은 거리는 피칭이나 샌드 웨지를 사용할 수 있다. 샌드 웨지는 50야드 안의 거리에서 유용하게 쓰인다.

↓ 롱 피칭은 백 스윙을 짧게 하여야만 클럽 헤드가 볼을 지날 때 가속을 받으며 균형 있는 피니시에 이르게 된다. 볼을 때리려고 하지 말고 스루 스윙에서 손목이 풀리지 않게 하라.

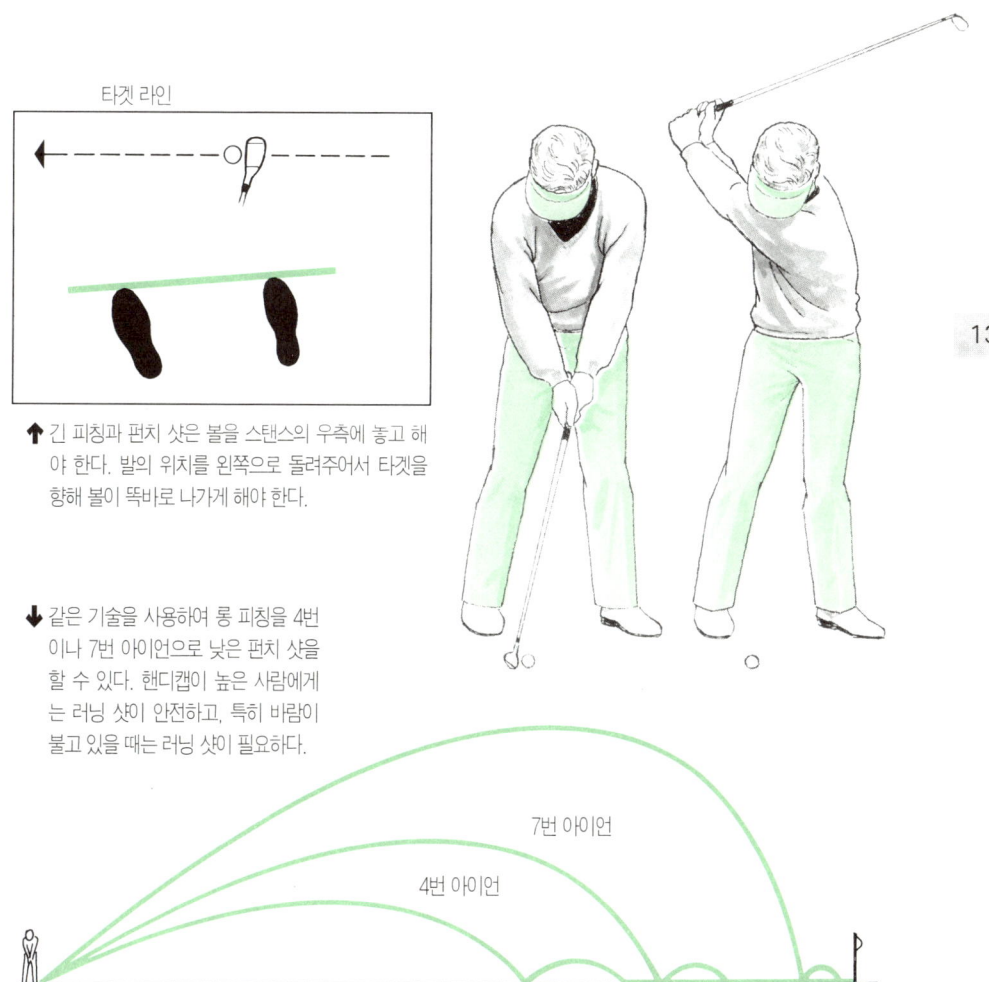

↑ 긴 피칭과 펀치 샷은 볼을 스탠스의 우측에 놓고 해야 한다. 발의 위치를 왼쪽으로 돌려주어서 타겟을 향해 볼이 똑바로 나가게 해야 한다.

↓ 같은 기술을 사용하여 롱 피칭을 4번이나 7번 아이언으로 낮은 펀치 샷을 할 수 있다. 핸디캡이 높은 사람에게는 러닝 샷이 안전하고, 특히 바람이 불고 있을 때는 러닝 샷이 필요하다.

스탠스의 중앙에 볼을 놓고 볼보다 손이 앞으로 나가게 하고 체중은 왼쪽 발로 좀더 옮겨준다. 손목을 아래로 내려서 앞으로 밀어줌으로써 미리 손목의 코킹을 완료한다.

클럽을 왼손으로 단단히 잡고 백 스윙에서 손목의 코킹을 약간만 해주고 다운 스윙에서 체중을 확실하게 좌측으로 옮겨주며 짧고 단단한 피니시로, 볼부터 치고 잔디를 파는 스윙을 하는 것이다.

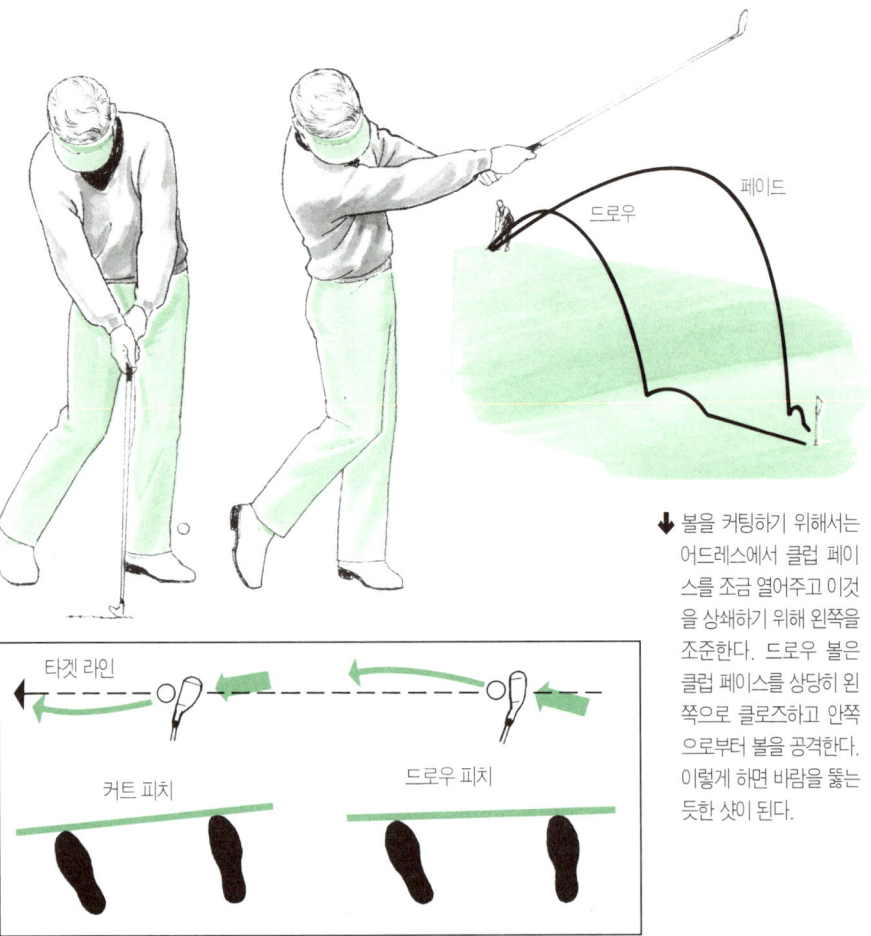

↓ 바람이 불고 있을 때 페이드나 드로우 피칭을 구사하는 법을 배워야 한다.

↓ 볼을 커팅하기 위해서는 어드레스에서 클럽 페이스를 조금 열어주고 이것을 상쇄하기 위해 왼쪽을 조준한다. 드로우 볼은 클럽 페이스를 상당히 왼쪽으로 클로즈하고 안쪽으로부터 볼을 공격한다. 이렇게 하면 바람을 뚫는 듯한 샷이 된다.

플레이 연습

　롱 피칭 샷에서는 스탠스가 중요하다. 볼이 손보다 뒤쪽에 가 있어야 다운 스윙에서 볼을 내려찍듯이 공격하게 된다.
　볼이 우측 발에 가까이 놓이므로 볼을 우측으로 치게 되는 경향이 있는데 연습을 반복하여 볼이 똑바로 나가기 위해 발의 위치를 얼마나 좌측으로 돌려주어야 하는지 알아내야 한다. 왼발은 좌측으로 돌리고 오른발은 안쪽으로 움직여야 한다.
　피칭 세트업에서는 오른발의 위치가 중요하다. 또한 체중을 왼발에 옮기기 위해서는 스탠스를 충분히 넓게 잡아야 한다. 짧은 샷에서는 백 스윙을 줄이고 스루 스윙을 느리게 가져가야 하지만, 임팩트 순간에는 가속을 받아야 한다.
　초보자가 흔히 범하는 잘못은 볼을 국자로 퍼내듯이 공중으로 높이 띄우려고 하는 것인데, 연습할 때 머리를 절대 고정하고 볼이 어디로 가는지 보려고 머리를 들지 말아야 한다.
　좋은 연습 방법은 여러 가지 목표점(우산, 골프 백, 볼 가방 등)을 90에서 50야드 사이에 각기 다른 거리에 놓아두고 그것에 가까이 볼을 보내는 것이다.
　훌륭한 플레이어는 롱 피칭 샷을 드로우(왼쪽에서 오른 쪽으로), 또는 페이드(좌측에서 우측으로) 볼을 구사할 수 있다. 드로우 피칭은 그린이 길거나 앞바람이 불고 있을 때 볼을 앞으로 뻗어나가게 해주는데, 클럽 페이스를 조금 클로즈시키고 안에서 바깥으로 밀어주는 스윙을 하면 드로우 볼이 나온다. 자르는 듯한 스핀을 주는 페이드 피칭은 그린 위에서 볼이 빨리 멈추게 하는 샷인데, 어드레스에서 클럽 페이스를 조금 열어주고 임팩트 순간에도 오픈된 상태를 유지해 주면 된다.

기억해둘 것
피칭 샷은 펀치 샷처럼 하라.

숏 피칭 SHORT PITCHING

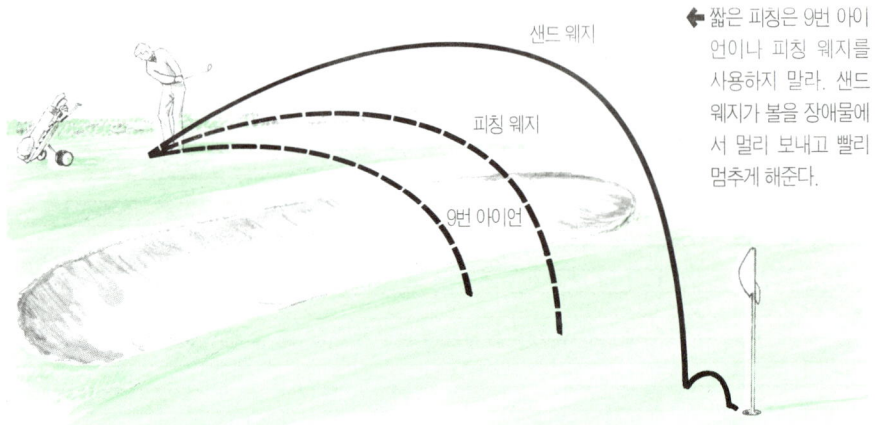

← 짧은 피칭은 9번 아이언이나 피칭 웨지를 사용하지 말라. 샌드 웨지가 볼을 장애물에서 멀리 보내고 빨리 멈추게 해준다.

샌드 웨지
피칭 웨지
9번 아이언

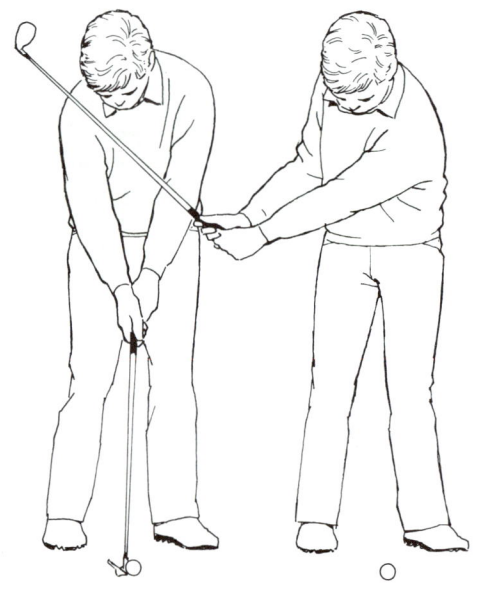

일반 골퍼들에게 악몽같은 샷은 핀이 그린 에지에서 20야드 이내에 있고 벙커를 건너서 공격해야 할 때다. 여기에서 사용하기에 가장 좋은 클럽은 샌드 웨지인데, 볼을 장애물에서 가장 멀리 날려보내고 빨리 멈추게 할 수 있기 때문이다. 클럽 중에서 가장 무거운 것이지만 겁낼 필요는 없다.

피칭과 샌드 웨지는 디자인이 다르게 되어 있다. 피칭 웨지는 에지가 날카롭게 설계되어 있어서 지면을 쉽게 파고들 수 있는데, 실제로 잔디를 파낼 수 있게 만들어진 것이다. 샌드 웨지는 가장자리가 약간 둥글게 올라가도록 설계되어 있어서 지면에 바운스(튀어 오르도록)되도록 만들어져 있다.

대부분 프로들은 그린 주변에서 피칭보다 샌드 웨지를 사용한다. 짧은 피칭을 하기 위해서 보통 때와 같은 방법으로 그립을 잡고 양손이 클럽의 사이드에 와 있는지 확인한다.

플레이 연습

왼손이 너무 위로 올라가지 않게, 오른손이 너무 아래에 있지 않도록 하고 손목을 단단히 한 후 가능한 왼손으로 그립을 단단히 잡는다.

팔이 몸에 묶여있다고 가정하고 상당한 다리의 움직임과 단단한 손목으로 스윙해야 한다. 손목의 움직임은 절대로 허용되지 않는다. 이 스윙을 준비하기 위해 두 번의 연습 스윙을 하며 클럽이 지면에 바운스되도록 하는 것이 좋다. 살짝 건드리기만 하는 것이 아니라 확실히 지면에 닿아야 한다. 이렇게 함으로써 스윙의 깊이를 정확히 가늠할 수 있다.

볼 앞에 세트업해서 한 번 볼이 떨어질 곳을 확인하고는 단단한 손목 스윙에 집중하고 백 스윙과 스루 스윙, 지면을 쓸고 나서 그린 위에 볼이 떨어

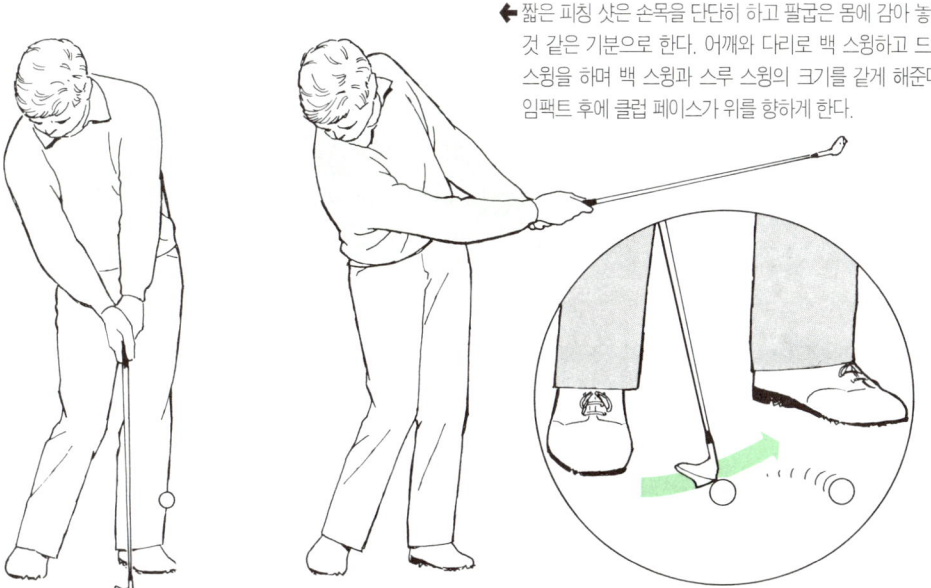

← 짧은 피칭 샷은 손목을 단단히 하고 팔굽은 몸에 감아 놓은 것 같은 기분으로 한다. 어깨와 다리로 백 스윙하고 드루 스윙을 하며 백 스윙과 스루 스윙의 크기를 같게 해준다. 임팩트 후에 클럽 페이스가 위를 향하게 한다.

↑ 짧은 피칭 샷을 할 때 절대로 볼을 들어올리려고 하면 안 된다. 결과는 클럽이 볼의 위를 때리게 되어 토핑 볼이 된다. 볼 아래의 지면을 쓸어주듯이 U자 모양의 스윙을 하라. 볼을 높이 띄우기 위해서는 아래로 내려찍는다고 생각하라.

지는 소리를 듣는다.

이 샷을 하는 요령은 머리를 고정하고 스윙의 깊이를 적절히 판단하는 것이다. 클럽 헤드의 경사가 볼을 높이 띄워준다. 의도적으로 볼을 들어올리

기억해둘 것
볼이 떨어지는 소리를 들어라.

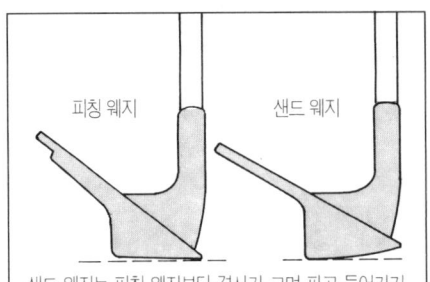

샌드 웨지는 피칭 웨지보다 경사가 크며 파고 들어가기 보다는 바운스가 되도록 설계되어 있다. 짧은 피칭 샷에서는 잔디를 파지 않아도 된다. 클럽이 지면을 찍는다기 보다는 임팩트시에 지면을 얇게 떠낸다는 느낌으로 클럽을 아래로 쓸어친다.

려고 하면 클럽 헤드가 위로 올라가서 볼의 윗부분을 때리게 된다.

 그냥 단순히 클럽을 지면을 향해 내려주어서, 볼의 밑 부분을 치는 것이다. 숏 피칭은 눈보다는 귀를 이용하는 샷이다. 연습 스윙을 하며 지면을 스치는 소리를 듣고 그린 위에 볼이 떨어지는 소리를 듣는 것이다.

 날아가는 볼을 따라서 눈을 들어보고 싶은 마음을 억제해야 한다. 볼이 지면에 떨어진 소리를 들은 다음에 보는 것이다. 이 샷은 그린 주변의 짧은 거리에서 해야 한다. 볼이 잔디 위에 올라앉아 있을수록 플레이 하기는 쉽다.

 처음에는 잔디가 좋은 곳에서 연습하고 점차 잔디가 좋지 않은 곳에서, 그리고 아예 풀이 없는 땅에서도 같은 방법으로 연습한다. 적어도 25야드 이상의 거리가 남아 있거나 디보트 자리같이 파인 곳에 볼이 있지 않다면 절대로 손목을 쓸 생각을 하지 말라.

 풀이 아주 긴 러프나 디보트 자국에 볼이 묻혀 있다면 손목을 써야하지만, 충분한 연습과 필드 경험을 쌓아야 한다.

커트 샷 THE CUT SHOT

커트 샷은 수풀이나 높은 언덕같은 장애물을 넘기기 위해 높이 띄우기 위해 사용된다. 그린 주위에서 커트 샷을 할 때는 샌드 웨지를 사용하여 클럽 페이스를 오픈시켜 줌으로써 경사도를 높여준다.

처음에는 클럽 페이스가 스퀘어가 되도록, 페이스의 밑바닥 홈이 정면을 향하게 세트업한 다음 그립을 느슨하게 하고 샤프트를 돌려 10도 정도 돌아가게 하고 다시 그립을 잡는다.

커트 샷을 하기 위해서는 발과 클럽이 타겟을 향해 조준이 될 때까지 좌

> ◇ 클럽 페이스를 오픈 시킴
> 클럽 페이스를 열어 줄 때 기억해야 할 사항이 있다.
> 1. 볼을 토우쪽에 두어야지, 힐쪽에 두면 안 된다.
> 2. 이상하게 보일지는 몰라도 클럽 페이스가 둥글수록 더 쉬워 보인다.
> 3. 그립은 완전한 원형이 아니고 달걀 모양이기 때문에 페이스를 열어주면 달걀 모양의 지점이 손바닥의 다른 곳에 닿게 되어 어색하게 느껴질 수도 있다. 클럽 페이스를 먼저 열어주고 그립을 잡아야 한다.

↑ 잔디가 볼록한 곳에 볼을 올려놓고 커트 샷을 연습한다. 클럽 페이스를 뒤로하여 오픈 시키고 있다는 느낌을 가지고, 볼의 밑을 미끄러져 나가듯이 한다.

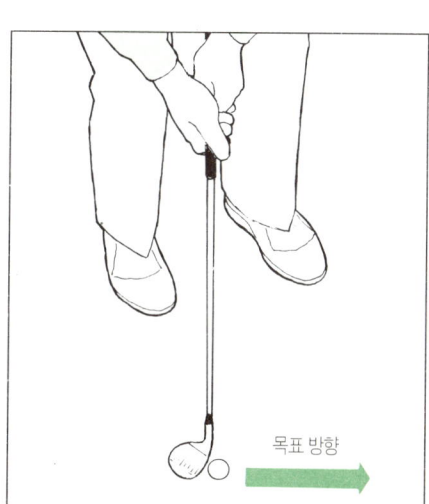

목표 방향

↑ 클럽 페이스를 10도 정도 열어주고 클럽 페이스가 타겟을 조준하게 될 때까지 양발을 왼쪽으로 돌려주어라.

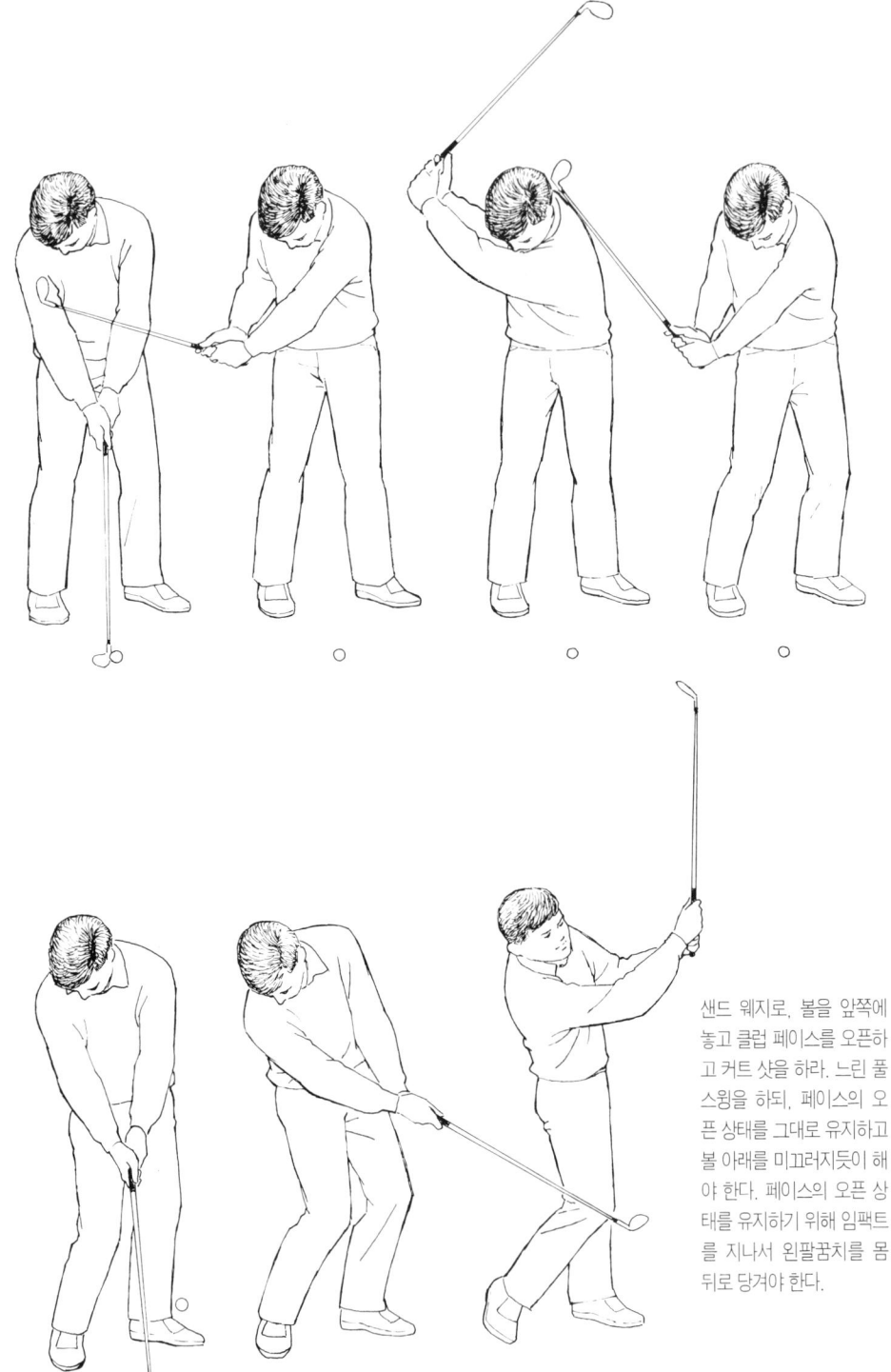

샌드 웨지로, 볼을 앞쪽에 놓고 클럽 페이스를 오픈하고 커트 샷을 하라. 느린 풀 스윙을 하되, 페이스의 오픈 상태를 그대로 유지하고 볼 아래를 미끄러지듯이 해야 한다. 페이스의 오픈 상태를 유지하기 위해 임팩트를 지나서 왼팔꿈치를 몸 뒤로 당겨야 한다.

측으로 몸을 돌린다. 왼손목이 임팩트를 통해 움직이지 않도록 단단히 하고 클럽 헤드가 볼 밑을 지나갈 때 클럽 페이스가 열려있도록 가급적 풀 스윙을 해준다.

 이 샷의 가장 좋은 연습 방법은 볼을 잔디가 볼록 솟은 곳에 올려놓고 클럽 페이스가 그 밑으로 미끄러져 지나간다는 기분으로 연습하는 것이다.

 상급자 골퍼가 이 샷을 하는 것을 보면 왼손목이 임팩트시에 위를 향해 스윙을 리드하며 이 때문에 클럽 페이스가 오픈되어 위를 향하고 있음을 알 수 있다.

 이 샷은 자주 이용되지는 않지만, 벙커 샷 기술을 향상시키기 위해서는 중요하다.

기억해둘 것
클럽 페이스를
먼저 열고 그립하라.

벙커 샷: 올바른 클럽 BUNKER SHOTS: THE RIGHT WEAPON

일반 골퍼들은 대개 벙커 샷을 어려워하는데 적절한 클럽이 없어서이기 쉽다. 좋은 샌드 웨지는 클럽세트 중에서 가장 중요한 것 중 하나인데, 피칭 웨지와는 상당히 차이가 있음을 알아야 한다. 로프트가 클 뿐만 아니라 에지가 둥글며 또 무디게 생겼다.

좋은 샌드 웨지는 또한 바닥이 둥글게 되어 있고 그렇기 때문에 바닥의 뒤쪽이 클럽 헤드의 가장 낮은 부분이 된다. 피칭 웨지는 잔디를 파고들게 설계되어 있어서 날카로운 에지가 클럽헤드의 가장 낮은 부분이 된다.

이것 때문에 피칭 웨지로 벙커 샷을 하면 이 에지가 모래를 파고들어서 클럽이 모래 속에 묻히게 된다. 샌드 웨지는 로프트가 큰 것이 이상적인데 많은 프로들은 60도 이상의 로프트가 있는 샌드 웨지를 사용한다. 클럽 제조업체들은 충분한 로프트의 샌드 웨지를 만들지 않기 때문에 클럽 페이스를 오픈해야 하고 이것이 벙커 샷을 어렵게 만들고 있다.

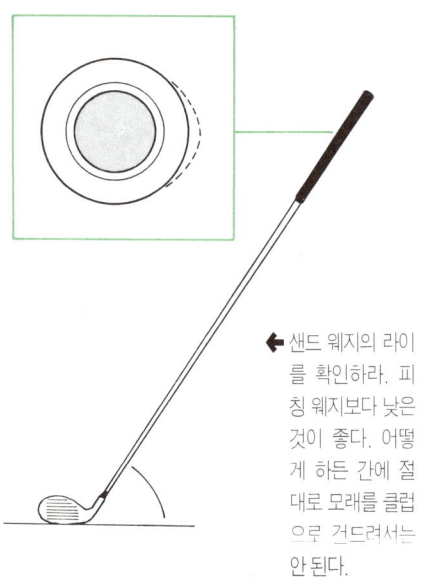

← 샌드 웨지의 라이를 확인하라. 피칭 웨지보다 낮은 것이 좋다. 어떻게 하든 간에 절대로 모래를 클럽으로 건드려서는 안 된다.

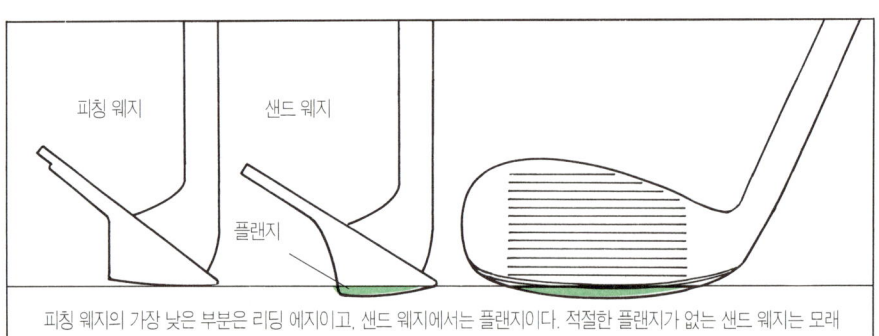

피칭 웨지의 가장 낮은 부분은 리딩 에지이고, 샌드 웨지에서는 플랜지이다. 적절한 플랜지가 없는 샌드 웨지는 모래에서 바운스되는 대신 모래 속을 파고 들게 된다. 60도의 로프트와 둥글게 된 에지의 샌드 웨지를 구입하는 것이 페이스 오픈을 쉽게 해준다.

플레이 연습

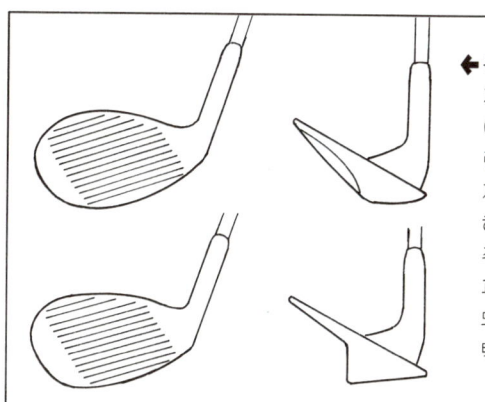

← 특별히 부드럽고 무거운 모래에서 샷해야 할 때는 둥근 플랜지와 평평한 플랜지로 다양하게 실험해봐야 한다. 그린 주변에서의 벙커 샷과 피칭에 도움이 되는 중간 쯤을 선택하는 것이 좋다.

↑ 벙커에서 샌드 웨지를 사용할 때는 손을 밑으로 내리고 무릎은 유연하게, 양발은 모래 속에 묻어야 한다. 웨지가 모래에 닿지 않도록 해야 한다.

기억해둘 것
로프가 크고, 둥근 에지, 그리고 평평한 라이를 기억하라.

샌드 웨지의 샤프트에 대한 헤드 각도(라이)도 중요하다. 클럽의 번호가 높아질수록 보다 업라이트(수직)하게 되어 있다. 다른 말로 하면, 3번 아이언은 상당히 낮게 서고 피칭 웨지는 높이 서게 된다. 대개의 프로들은 피칭 웨지나 9번 아이언의 라이(샤프트에 대한 헤드 각도)와 같은 샌드 웨지를 사용한다.

양손을 낮게 하고 무릎은 유연하게, 모래 속을 파듯이 벙커 샷을 해야 한다. 일반적인 샌드 웨지는 로프트도 적을 뿐만 아니라 헤드가 너무 세워지게 만들어져 있다. 로프트가 적으면 페이스를 오픈해야 하는데 클럽까지 업라이트로 서 있으면 더욱 어려워진다.

클럽 페이스를 오픈하기에 어려움을 느끼는 사람의 경우, 완전한 원형 그립의 샌드 웨지를 사용하면 페이스 오픈이 쉬워진다. 또한 둥글게 생긴 헤드도 도움이 된다. 이렇게 되면 페이스가 오픈된 상태에서도 어색하지 않게 된다.

스플래시 샷 THE SPLASH SHOT

그린 주변의 벙커에서 볼이 모래 위에 잘 얹혀있을 때 스플래시 샷을 한다. 헤드의 로프트를 높이기 위해 페이스를 오픈하고 느린 풀스윙을 하여 모래와 볼을 함께 쳐내는 것이다.

볼이 스탠스의 앞(왼쪽)에 놓이게 세트업하고 샤프트를 최대한 몸에 가까이 붙여서 로프트를 최대한 크게 해준다. 그리고 나서 클럽 페이스를 오픈하고 그립을 잡은 뒤 헤드의 에지가 볼 뒤 1.5인치 정도 오게 조준한다.

시선은 볼 뒤 1인치 지점에 두고 스윙하는 동안 시선을 이 점에 고정 시켜야 한다. 절대로 볼을 직접 보아서는 안 된다.

볼을 직접 보게 되면 볼을 정확하게 맞춰서 너무 멀리 날아가게 되기 때문이다. '끝까지 갔다가 끝까지 스윙하자'는 생각을 가지고 느린 풀 스윙을 해야 한다.

클럽 헤드로 볼을 치고 싶거나 헤드에 가속을 받아 휘두르고 싶은 유혹을 억제하고 손목을 단단히 고정한 채로 클럽 헤드가 볼을 지나며 모래를 튀기고 나가는 것처럼 느끼도록 해야 한다.

벙커 샷은 보통의 스윙과 같은 느낌으로 해야 하지만 임팩트에서 손목을 쓰면 안 된다.

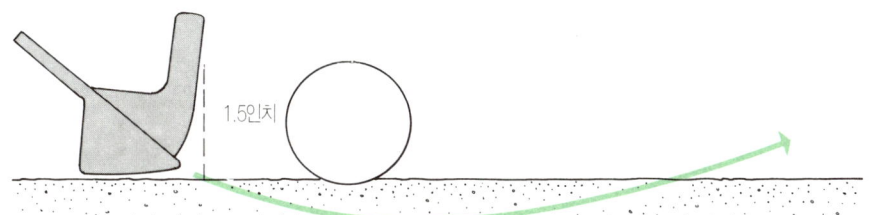

스플래시 샷을 하기 위해서는, 볼 뒤의 1인치나 1.5인치 지점을 보고 모래를 손바닥으로 볼과 함께 쳐내듯이 한다. 샌드 웨지 플랜지의 바운스가 거리를 줄여주기 때문에 짧은 샷을 가능하게 해준다. 스플래시 샷을 배우기 위해 그림처럼 샌드 위에 볼을 올려놓고 클럽 페이스를 오픈, 클럽 헤드로 볼의 밑을 빠져나간다는 느낌으로 연습해야 한다.

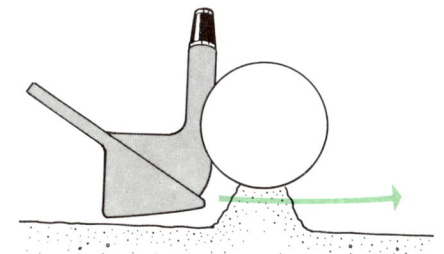

훌륭한 벙커 플레이어는 왼손목을 앞쪽으로 유지하고 보통의 샷과 마찬가지로 임팩트 후에 접히지 않고 왼팔굽으로 스윙을 계속 리드함으로써 클럽 페이스가 오픈되어 있는 상태를 유지한다.

이렇게 함으로써 클럽 헤드의 스피드를 억제하여 컨트롤이 훨씬 쉬워지게 된다. 벙커 샷을 할 때, 어드레스에서 모래를 건드리지 말아야 함을 잊지 말라.

그렇지만 클럽 헤드를 가급적 모래에 가깝게 하고 시작해야 하는 것이 벙커 샷이다.

모래 더미를 티처럼 쌓아서 볼을 올려놓고 클럽 헤드로 볼의 밑을 빠져나가듯이 스플래시 샷을 연습하는 것이 좋다. 페이스가 열려서 클럽이 뒤로 누워 있는 것 같은 느낌으로, 마치 볼을 치지 않고 그 밑으로 미끄러져 나가듯이 연습하라.

플레이 연습

이렇게 연습을 계속하면 클럽 페이스가 오픈된 상태를 유지하고, 충분한 백 스핀을 만들며 볼을 높이 띄우는 것을 배우게 될 것이다.

점차적으로 평평한 모래에서 연습하되 아직은 좋은 라이에서 연습하는 것이 좋다. 이 샷을 연습하는 이상적인 거리는 10에서 12야드 정도이다.

← 클럽 페이스를 오픈하고, 볼은 스탠스의 앞에 두고 스플래시 샷을 하는 그림. 임팩트시 손목의 움직임을 억제하고 클럽 페이스는 오픈된 상태로 유지하고 풀 스윙해 준다. 스루 스윙을 통해 체중은 왼쪽 발로 옮겨가게 된다.

기억해둘 것
모래를 보라. 절대로 볼을 보면 안 된다.

벙커에서의 방향 DIRECTION IN A BUNKER

스플래시 샷을 하기 위해서는 로프트를 크게 하기 위해 클럽 페이스를 오픈시켜야 할 필요가 있다. 이렇게 하자면 페이스는 자연히 타겟의 우측을 겨냥하게 되는데, 대부분 벙커 샷의 문제점은 스윙의 방향에서 야기된다.

먼저 클럽 페이스를 타겟 라인에 스퀘어로 하고 발은 평행으로 세트업 한다. 그리고 나서 샤프트를 돌려서 클럽 페이스가 타겟 라인에 10도를 넘지 않게 오픈시키고 다시 그립을 잡는다.

그런 다음 발의 위치와 클럽을 좌측으로 돌려서 클럽 페이스가 타겟라인

← 로프트를 크게 하기 위해 페이스를 오픈하고, 어드레스 위치를 돌리고, 이를 상쇄하기 위해 좌측으로 스윙하여 볼을 타겟으로 향하게 한다. 프로들 역시 클럽 페이스를 오픈하고 임팩트에서 커트하여 높게 백 스핀을 주기 위해 볼의 밑을 가격한다. 벙커 샷 연습의 결과를 확인하며 샷의 느낌을 필요에 따라 조절해야 한다.

플레이 연습

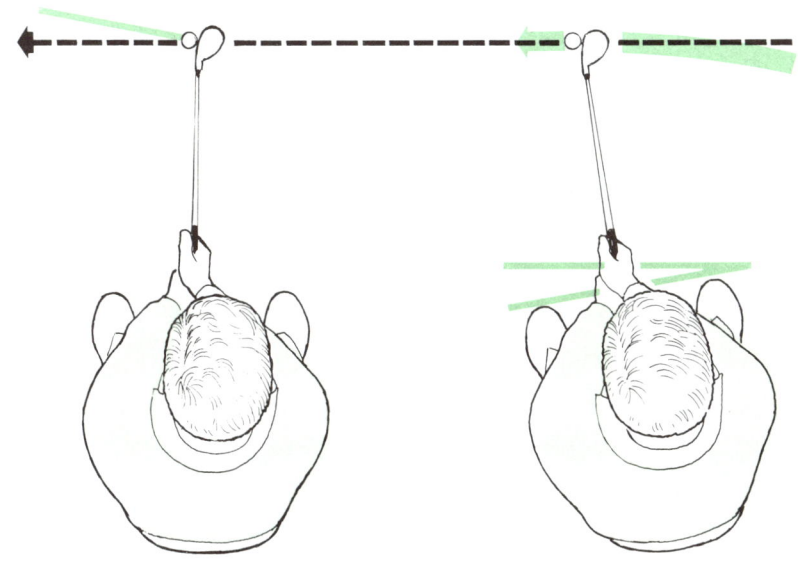

↑ 클럽 페이스를 오픈시키기 위해 우측으로 10도 정도 돌리고 나서 클럽을 다시 잡는다. 그러고나서 자세와 클럽을 좌측으로 돌려 다시 한 번 페이스가 타겟을 향하도록 정렬하는 것이다. 이렇게 하면 타겟의 좌측으로 자세가 열려 있는 느낌이 들 것이다. 볼은 스탠스의 앞(왼쪽)에, 그리고 헤드의 힐쪽이 아니라 토우쪽에 와 있어야 함을 확인하여야 한다.

에 스퀘어되도록 다시 세트업 하는 것이다.

보다 이상적인 방법은 이렇게 하는 동안 어깨가 발보다 적게 돌아가 어깨라인이 타겟라인에 발의 방향보다 가까이 남아있게 하는 것이다.

그리고 발이 놓인 방향이 아니라 어깨의 라인(샷의 방향)을 따라 스윙한다고 느껴야 한다.

실제로 많은 프로들이 샷의 방향에 대해 아웃사이드-인 스윙을 하

↑ 벙커 샷에서 아웃사이드 인 스윙이라고 하면 타겟 라인에 대해 아웃사이드 인을 뜻하는 것이지 양발과 어깨선을 가로지르는 어색한 아웃사이드 인을 뜻하는 것이 아니다.

기억해둘 것
클럽 페이스를 오픈할 때는 볼이 토우쪽에 와 있어야 한다.

지만, 아마추어들의 경우에는 너무 과장되게 아웃사이드 인 스윙을 한다. 그렇기 때문에 몸을 가로질러서 스윙하는 것 같은 어색한 느낌이 드는 경향이 있다.

벙커 샷에서 아웃사이드 인 스윙이라고 하는 것은 샷의 방향에 대해 약간 아웃에서 인으로 스윙하는 것을 의미하는 것이지 발이 놓인 방향에서 아웃사이드 인 스윙을 하라는 것이 아니다.

우선 스플래시 샷을 배우려면 어렵게 생각하지 말고 쉽게 생각하라. 단순히 클럽 페이스를 오픈하고 볼을 페이스의 방향대로 우측으로 보낸다고 생각하면 된다.

이렇게 연습을 반복하며 점차적으로, 무리한 아웃사이드 인 스윙을 하는 어색한 느낌을 갖지 않게 되고, 좌측을 겨냥하여 페이스를 오픈함으로써 우측을 향해 볼이 날아가도록, 나아가 볼의 방향을 올바르게 조절하는 법을 배우게 된다.

익스플로전 샷 THE EXPLOSION SHOT

　프로들은 볼이 발자국 속에 빠져 있거나 모래 속에 깊이 묻혀 있을 때 익스플로전 샷을 한다. 이 샷을 하기 위해서는 스탠스보다 볼이 위에 위치하게 세트업하고 손은 볼보다 앞쪽에 가 있어야 하며 눈은 볼 뒤 2분의 1인치 지점에 초점을 맞춰야 한다.

　클럽 페이스는 스퀘어, 또는 약간 왼쪽으로 닫아 준다. 스루 스윙에서 체중을 왼쪽으로 안정되게 옮길 수 있도록 스탠스를 넓게 서야 한다. 양손을 밑으로 내려 앞쪽으로 위치하면 이미 손목의 코킹은 완료된다.

　백 스윙에서 약간 더 코킹해주고, 왼손이 컨트롤하는 스루 스윙을 하며 임팩트시에 체중을 좌측으로 옮겨주어서 볼이 높이 떠서 탈출하게 하는 것이다.

　볼을 들어올린다는 생각을 가지면 우측발에 중심이 실리게 되어 모래를 너무 일찍 파게 된다. 체중을 왼발쪽으로 옮김으로서 볼이 밖으로 나오게 만들어야 한다.

　샷이 끝나고 나면 손목은 단단히 고정된 채로 체중의 95%가 왼발에 실려 있는 것 같은 느낌이 들어야 한다. 일반 골퍼들은 그린 주변의 벙커에서 좋은 라이에 볼이 놓여 있는 경우에도 이 익스플로전 샷을 한다.

　스플래시 샷처럼 정교하지는 않지만, 하이 핸디캡퍼 골퍼들에게는 샌드 트러블에서 벗어날 수 있는 손쉬운 방법이다. 이 샷은 펀치 샷 이상도 이하

← 좋은 스플래시 샷은 높이 뜨고 빨리 멈춘다. 익스플로전 샷은 볼이 굴러간다.

도 아니다.

클럽 헤드가 볼 뒤에서 모래 속으로 들어가고 모래가 쿠션 역할을 하는 것이다. 다시 한 번 강조하지만, 볼을 보지 말고 볼 뒤 1인치 지점을 보아야 하고 체중을 스루 스윙과 함께 왼발로 옮기는 것이다.

스플래시 샷이 높이 뜨고 빨리 멈추는 반면 익스플로전 샷은 낮게 날고 멀리 굴러간다.

볼이 모래 속에 묻혀있다면 높이 뜨고 빨리 멈추는 것을 기대하지 말라. 그린 위에서 볼이 굴러갈 것을 감안하여 볼을 떨어뜨릴 지점을 잘 선택하여야 한다.

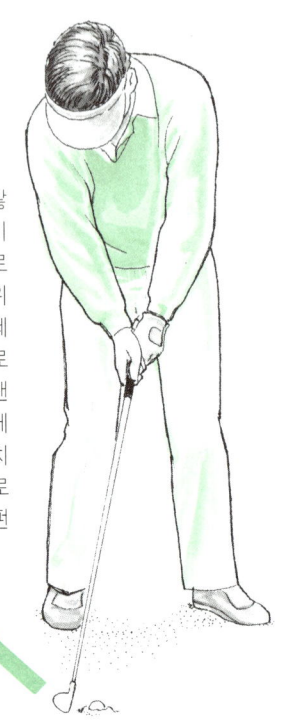

→ 샌드에서 좋지 않은 라이에 볼이 있을 때 익스플로전 샷을 하기 위해서는, 클럽 페이스를 스퀘어로 하고, 볼은 스탠스의 뒤쪽에 오게 한다. 볼의 1인치 뒤를 보고 왼발로 체중을 옮기며 펀칭하는 것이다.

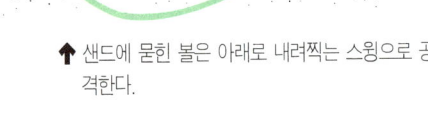

↑ 샌드에 묻힌 볼은 아래로 내려찍는 스윙으로 공격한다.

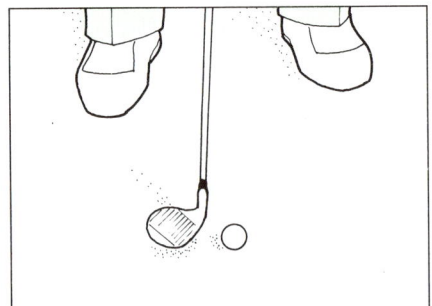

↓ 스플래시 샷과 익스플로전 샷의 세트업 자세 그림. 볼이 스탠스의 앞쪽에 있고 클럽 페이스는 오픈되어 있다. 익스플로전 샷은 클럽 페이스가 스퀘어이고 볼은 스탠스의 뒤에 와 있다.

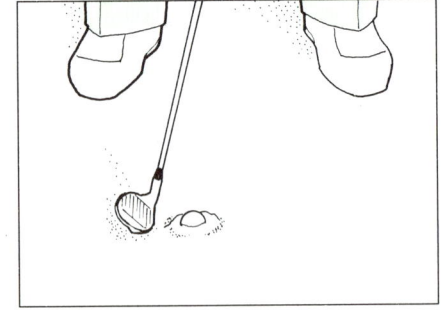

플레이 연습

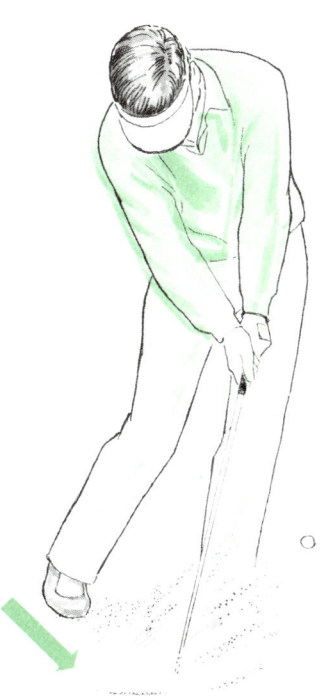

기억해둘 것
클럽 페이스는 스퀘어,
체중은 우측으로
옮겨가라.

벙커샷의 거리 DISTANCE FROM A BUNKER

보통의 스플래시 샷의 평균 연습 거리는 12야드(1야드=약 91cm)이다. 이것으로 웬만한 그린 주변의 벙커에서 무난히 탈출할 수 있다. 이 평균 거리의 벙커 샷을 정확하게 플레이할 수 있게 되면 다양한 거리의 벙커 샷을 연습해야 한다.

8야드 정도의 짧은 거리의 벙커 샷은 쉽지 않다. 고급 플레이어는 클럽 페이스를 오픈하고 최대한 천천히 그리고 짧게 스윙한다.

중급 플레이어는 모래를 더 많이 파내는 것이 안전한 방법이다. 핸디캡이 높은 초보자는 12야드 거리의 샷을 그대로 하며 짧게 나가길 바라는 정도이다.

20야드 정도의 긴 샷을 쉽게 하는 방법은 클럽 페이스를 스퀘어로 하고 보통의 스플래시 샷을 한다. 이렇게 하면 거리가 더 늘어나고 런도 많아진다.

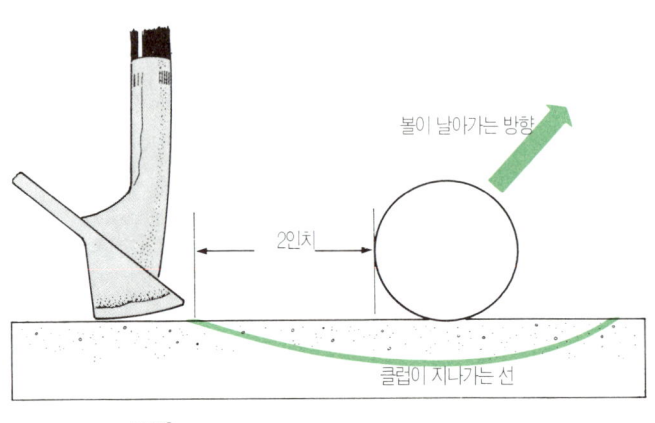

← 8야드 정도 거리의 벙커 샷을 할 때 프로들은 스윙의 크기를 줄이고 천천히 스윙한다. 그러나 볼의 2인치 뒤를 겨냥하는 것이 훨씬 간단하다. 어드레스할 때 클럽이 모래에 닿지않으면 규정에 위배된다.

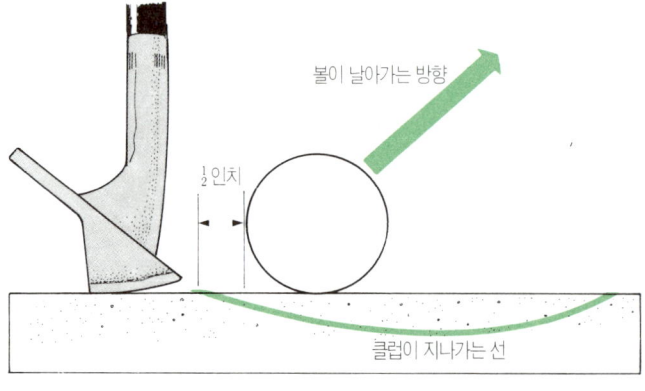

← 20야드 정도 볼을 보내야 할 때는 클럽페이스를 오픈시키지 말고 스퀘어로 하거나 볼에 좀 더 가까운 곳에 시선을 두고 모래를 적게 파낸다.

플레이 연습

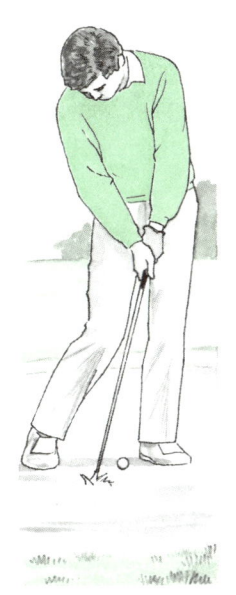

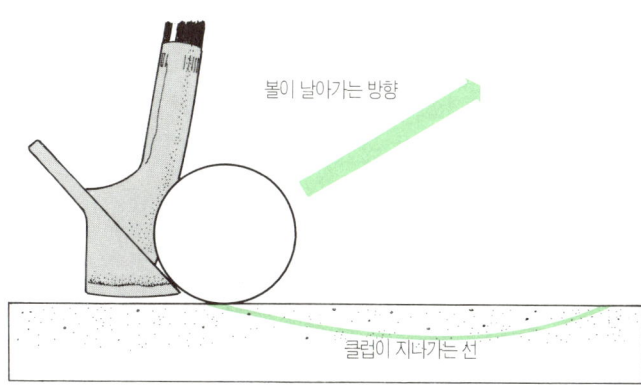

볼이 날아가는 방향

클럽이 지나가는 선

⬆ 30에서 60야드 거리의 샷은 볼을 뒤에 놓고 손은 앞쪽에, 페어웨이 피칭처럼 볼을 내려찍으며 모래를 파낸다.

⬇ 좋은 라이에서의 긴 벙커 샷은, 볼을 직접 치는 깨끗한 샷을 하는 것이 좋다. 라이가 좋지 않으면 볼을 먼저 치고 모래를 파는 샷이 좋다. 벙커의 턱을 감안하여 로프트가 큰 클럽을 사용하라.

기억해둘 것
최대의 거리를 내기 위해서는 볼만 깨끗이 쳐내야 한다.

보다 긴 거리(30~60야드)의 벙커 샷은 보통의 피칭 샷과 마찬가지로 손의 위치를 좀더 볼의 앞으로 하고 볼부터 치고 모래를 치는 것이다.

45야드까지는 샌드 웨지를 사용하고 그 이상의 거리에서는 피칭을 사용하는 것이 좋다.

이런 경우에는 모래를 보는 것이 아니라 볼에 시선을 고정해야 한다. 이 샷은 보통의 페어웨이 피칭 샷과 같다.

100야드나 그 이상의 거리에서 벙커 샷은 페어웨이의 아이언 샷과 같게 한다. 라이가 좋다면 볼의 뒤쪽을 보는 것이 아니라 보통 때보다 조금 볼의 윗부분을 보고 스윙하면 깨끗이 쳐낼 수 있다. 이런 경우, 항상 벙커의 벽을 감안하고 지나친 욕심을 내지 말아야 한다.

벙커의 턱이 얼마나 높은지 확실히 계산할 수 없으면 보다 로프트가 큰 클럽을 선택한다. 모래를 얇게 파는 샷을 하면 볼은 좀더 낮게 날고 멀리 간다.

볼이 좋은 라이에 있고 벙커의 벽이 높지 않다면 페어웨이 우드를 사용하여 모래를 건드리지 않고 볼만 치는 것도 가능하다.

볼이 모래 속에 묻혀있다면 페어웨이 샷처럼 손을 앞으로 두고 볼과 모래를 함께 쳐내야 한다.

어떠한 경우에도 무리하게 욕심을 내서는 안 된다.

벙커턱 아래에서의 플레이 UNDER THE BUNKER FACE

일반 골퍼들은 벙커의 턱 밑(앞쪽의 경사면)에 볼이 놓여 있으면 정도 이상의 걱정을 하는데, 실제로 이런 샷은 쉬운 샷 중의 하나다.

벙커 페이스의 경사면은 유도탄 발사대 같으므로 볼이 위를 향한 경사에 놓여있고 아무리 힘껏 쳐도 볼은 멀리 날아가지 않는다. 한발로 벙커의 턱에 기대고 서서 시선은 볼의 뒷면에 고정하고, 단단하게 가격하면 된다. 볼은 더도 덜도 아니고 직선으로 벙커를 빠져나가게 될 것이다.

때로는 벙커의 턱이 너무 높아서 탈출이 어려운 상황에 빠질 수도 있다. 그러나 샷 자체는 어려운 것이 아니다. 벙커의 벽에 기대어 단단하게 스윙하면 문제될 것이 없다.

옳은 에티켓은 벙커의 뒤쪽으로 돌아서 들어가야 하는데, 경사가 아주 심한 경우 앞쪽으로 들어가야 할 필요가 있을 수도 있다. 필요하다면 왼쪽 무릎을 굽히고 오른발을 벙커 안으로 밀어넣어야 할 경우도 있을 것이다. 볼

↓ 벙커 페이스에서 플레이 할 때는 벙커의 벽에 기대라. 볼의 뒤쪽에 시선을 집중하고 단단히 그곳을 가격하면 볼은 쉽게 떠오를 것이다.

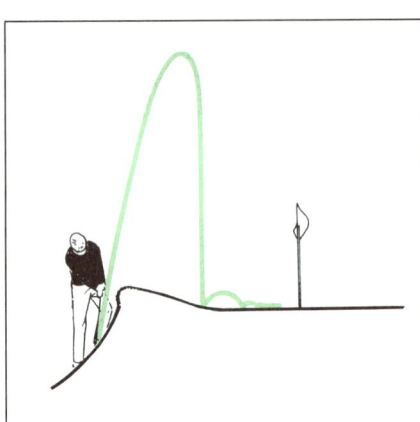

⬆ 오르막 높은 경사의 벙커에 볼이 있을 때는 아무리 볼을 세게 쳐도 볼은 똑바로 치솟아 올라 벙커 위에 떨어져 굴러갈 것이다.

⬆ 볼이 벙커의 가장자리 안에 붙어 있고 벙커 바깥에서 샷을 할 때는 다리를 넓게 벌리고 무릎은 모아준다.

➡ 벙커의 경사가 너무 심하면 왼쪽 무릎으로 자세를 잡아야 하고 오른발은 벙커 속에 있게 된다. 낮게 그립을 잡고 체중은 왼쪽에 실어준다.

이 한 번에 벙커를 벗어나지 못하고 다시 안으로 굴러들어 갔을 때 자신의 발자국안에 떨어지는 것을 방지하기 위해 가능한 발자국을 만들지 말아야 한다. 클럽을 내려 잡고 체중은 왼쪽에 두어라. 벙커에서의 어려운 샷은 볼이 벙커 안에, 발보다 낮은 위치에 있고 벙커의 밖에서 스탠스를 취해야 하는 경우이다. 이럴 때는 스탠스를 충분히 넓히고 낮게 서서 무릎이 앞으로 나가지 않도록 중앙으로 약간 모아주고 스윙할 수 있는 공간을 최대한 편하게 넓혀주어야 한다. 그리고 평상시와 마찬가지로 스윙하는 것이다. 물론 시선은 볼이 아니라 볼 뒤의 모래에 고정되어야 하고, 특히 임팩트 순간에 허리가 들리지 않도록 조심한다.

기억해둘 것
벙커의 페이스쪽으로 기대어야 볼의 탈출이 쉽다.

다운힐 스윙 DOWNHILL SHOTS

내리막 경사에서의 스윙이 어려운 것은 백 스윙과 다운 스윙시 지면이 방해가되어 클럽 헤드의 로프트 작용을 삭감시킨다는 것이다. 다운 힐에서 롱 샷을 하면 볼은 낮게 날아서 우측으로 휘어지게 된다. 그러므로 로프트가 큰 클럽-예를 들면 4번 아이언 대신 6번-을 잡고 타겟의 왼쪽을 겨냥해야 한다.

이 샷을 하기 위해서는, 가급적 경사면에 수직으로 서서 체중이 왼쪽으로 기울게 하고 볼은 스탠스보

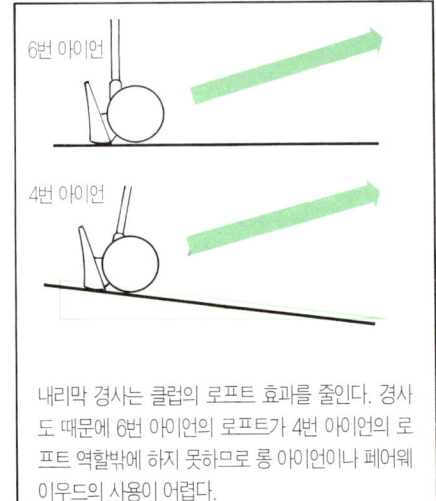

내리막 경사는 클럽의 로프트 효과를 줄인다. 경사도 때문에 6번 아이언의 로프트가 4번 아이언의 로프트 역할밖에 하지 못하므로 롱 아이언이나 페어웨이우드의 사용이 어렵다.

⬇ 다운힐 샷에서는 볼을 스탠스의 뒤에 놓고 우측 어깨를 높게 하고 경사면에 수직으로 서야 한다. 볼이 낮게 날고 우측으로 페이드될 것을 예상하여 목표보다 왼쪽을 조준하여야 한다.

플레이 연습

다 오른쪽(경사의 정도에 따라 우측에 알맞게 위치)에 놓고 스윙한다. 절대로 허리가 펴지지 않아야 하며, 임팩트를 통해 볼을 확실히 보아야 한다. 볼은 낮게 날아갈 것이다.

다운 힐 경사에서 긴 아이언은 사용하지 않는 것이 안전하다. 5번 우드는 괜찮지만, 고급 플레이어가 아니라면 3, 4번 우드는 위험하다. 다운힐에서 피칭 샷을 할 때는 로프트가 큰 샌드 웨지가 좋다. 다시 말하지만 볼은 평지에서의 스윙보다 낮게 날아가고 또 런이 많다. 좌측으로 기울게 서서 체중이 왼발에 실리게 하고 어드레스 때 우측 어깨가 높이 있어야 한다. 경사를 따라 스윙을 위·아래로 하되, 임팩트 후에도 클럽 헤드가 아래를 향하도록 폴로 스루가 되어야 한다.

볼은 충분히 뒤쪽에 두고 스탠스는 넓게 서야만 스윙이 지면에 방해받지 않고 볼을 가격할 수 있다. 볼이 떨어진 다음에 런이 많다는 것도 잊지 말아

◀ 내리막 경사의 피칭이나 벙커 샷은 볼을 스탠스의 뒤쪽에 두고 페이스는 오픈, 우측 어깨를 위로 올려주어야 한다. 균형의 안정을 위해 스탠스를 넓게 하고 스윙은 경사면을 따라 위로, 그리고 아래로 해준다. 경사면의 아래를 향해 폴로 스루가 되도록 해야 한다. 볼은 뜨지 않고 런이 많다.

다운 슬로프에서의 짧은 샷

벙커 샷

기억해둘 것
어깨는 경사면을 따르고 볼은 스탠스보다 오른쪽에 놓는다.

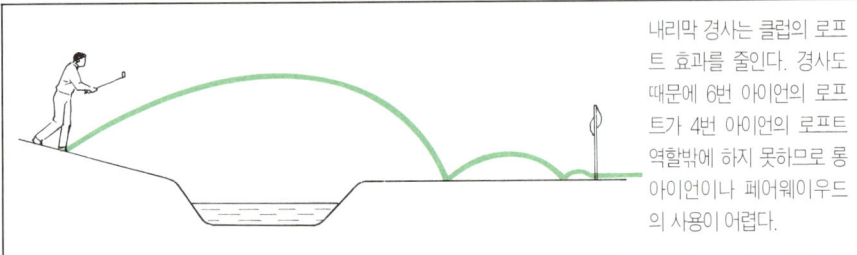

내리막 경사는 클럽의 로프트 효과를 줄인다. 경사도 때문에 6번 아이언의 로프트가 4번 아이언의 로프트 역할밖에 하지 못하므로 롱 아이언이나 페어웨이우드의 사용이 어렵다.

야 한다.

 다운힐 벙커 샷에서 주의할 것은, 다시 한 번 되풀이 하지만, 볼을 스탠스의 오른쪽에 오게 하라는 것이다. 스탠스를 넓게 하고 체중은 좌측에 오도록, 어깨는 지면과 평행이 되도록 해야 하며, 특히 우측 어깨를 조금 높여주는 것이 좋다. 이렇게 함으로써 스윙을 지면에 따라 위 아래로 할 수 있는 것이다.

 가능한 클럽 페이스를 오픈시켜주고 시선은 볼의 뒤쪽 1인치 지점에 고정시켜라. 볼은 많이 뜨지 않을 것이므로 벙커의 아래쪽을 향해 조준해야 한다. 내리막 경사에서는 잘 맞은 샷이라고 해도 런이 많으므로 이를 감안해서 그린 반대편의 벙커나 해저드는 피해서 겨냥하는 것이 좋다.

업힐 스윙 UPHILL SHOT

먼거리의 업힐 샷을 할 때는 우드나 롱 아이언을 사용하고 경사면에 수직으로 서서 경사면을 따라 올려치는 샷을 한다. 볼은 스탠스의 앞쪽으로, 좌측발 앞으로 놓아야 한다.

일반 플레이어들에게는 적당한 오르막 라이가 오히려 플레이하기 쉽다.

↓ 우드를 사용하는 롱 샷의 경우에는 경사면에 수직으로 서서 백 스윙은 아래쪽으로 그리고 다운 스윙은 위쪽으로 한다. 볼은 높게 왼쪽으로 날아가기 쉽다. 아마추어에게 쉬운 샷으로서 저절로 슬라이스를 방지해 주지만 프로에게는 훅 성향이 있어서 다운힐보다 어려운 라이다.

↓ 아이언 샷은, 경사쪽으로 몸을 기울고 체중을 왼발에 실은 후 펀치 샷을 해준다. 스윙을 통해 체중을 좌측으로 옮기는 것이 중요하다.

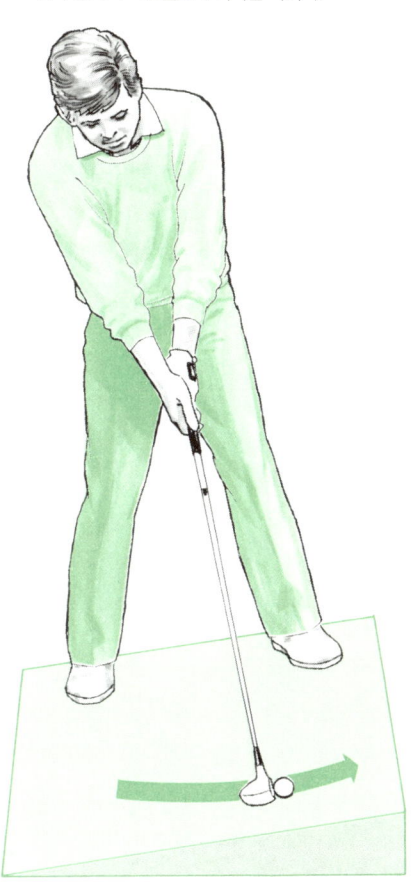
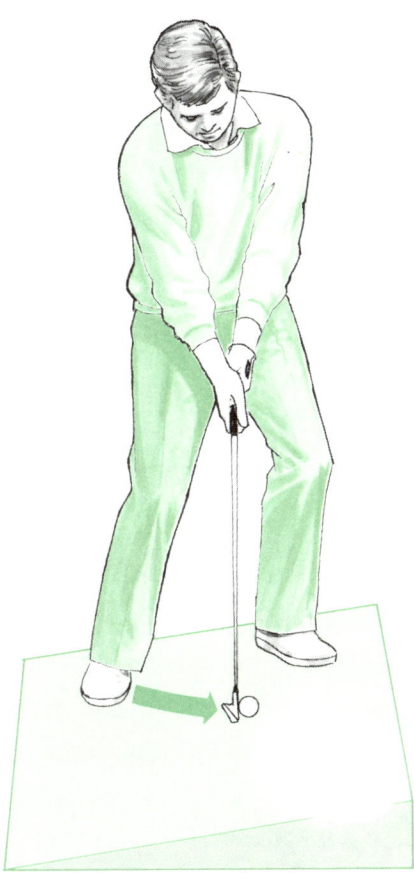

이런 라이에서 스윙하면 슬라이스도 방지되며 볼도 높이 뜨게 됨으로 바람직한 샷이 된다.

그러나 프로나 로우 핸디캐퍼들의 경우 오르막 경사에서는 볼이 훅이 나는 경향이 심해져서 반대가

> ◇ 업힐 라이의 대책
> 업힐 라이에서는 두 가지 방법이 있다.
> 1. 긴 클럽을 사용하여 볼을 경사면을 따라 쓸 듯이 치고 볼이 왼쪽으로 날아가는것을 감안한다.
> 2. 짧은 샷은 경사쪽으로 몸을 기울고 펀치 샷을 하면 볼은 평상시와 같이 날아가게 된다.

된다. 만일 이같은 입장에 서게 된다면 볼이 왼쪽으로 날아갈 것을 감안하여 목표의 우측을 겨냥하여야 한다.

오르막 경사에서 5번 아이언에서 웨지까지 사용하는 쉬운 방법은 경사쪽으로 몸을 기울이고 체중은 왼발에 두고 볼을 먼저 치고 잔디를 파는 펀치 샷을 하는 것이다.

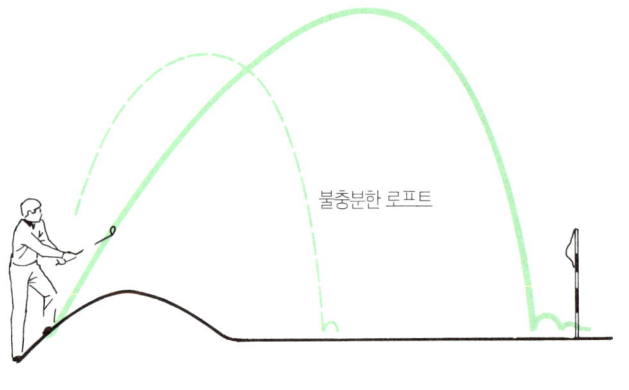

← 그린 주변의 업힐 라이에서는 볼이 너무 높이 뜨기 때문에 짧게 가기 쉽다. 경사가 클럽 헤드의 로프트를 확대 작용시키기 때문이다. 이를 충분히 감안하고 언제나 핀을 지나쳐가도록 공격해야 한다. 필요하다면 로프트가 적은 클럽- 웨지 대신에 9번 아이언-을 사용하여야 한다.

불충분한 로프트

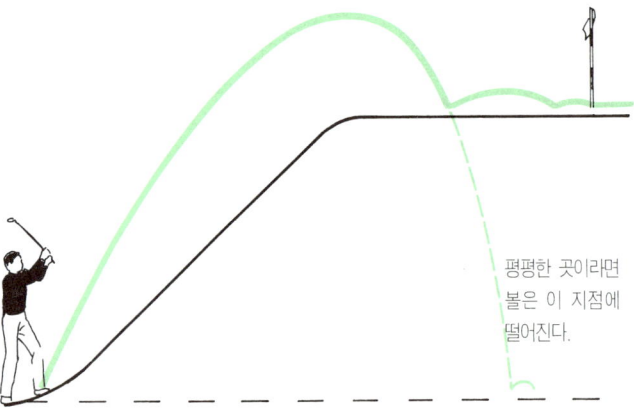

평평한 곳이라면 볼은 이 지점에 떨어진다.

← 업힐에서 볼을 칠 때는 여유있게 클럽을 선택해야 한다. 볼은 오르막에서 높이 뜬다는 것을 기억하라. 그러나 수직으로 그린에 떨어지지 않고 떨어진 후 런이 많다.

좌측으로 체중 이동이 완전히 된다면 볼은 보통 때와 같이 날아갈 것이다. 업힐에서 샷을 할 때는 클럽을 여유있게 잡아야 한다. 높이 날게 되어 평지보다 비거리가 짧아지기 때문이다.

그러나 위에 있는 그린을 향해 볼을 칠 때는 볼은 아직 앞으로 날아가는 과정에서 그린 위에 떨어지기 때문에 런이 많다는 것을 잊으면 안 된다. 다층으로 되어 있는 그린에서는 떨어져 멈추거나 백 스핀을 먹고 뒤로 구를 수도 있고, 또 너무 멀리 굴러갈 수도 있다. 클럽을 적게 잡지 않도록 해야 한다. 가능한 그린의 뒤쪽을 공략하는 것이 좋다.

그린 주변의 업힐에서 피칭 샷을 할 때는 경사가 로프트의 작용을 확대하여 볼이 너무 높이 뜨게 되어 짧아지기 쉽다. 핀을 지나도록 볼을 보낸다고 생각하고 샌드 웨지 대신 9번 아이언이나 피칭 웨지를 사용하여야 한다.

기억해둘 것
층이 있는 그린에서는 볼의 런이 많다.

사이드힐 스윙 SIDEHILL LIES

좋은 스윙 습관을 익히기 위해서는 사이드힐 스윙도 평평한 라이에서 연습하는 것이 이상적이다. 그러나 사이드힐에서 일어나는 현상들은 기억하고 있어야 한다.

볼이 발보다 낮게 있을 때, 자신의 샷이 슬라이스 경향이 있다면 이것은 최악의 결과를 가져오게 된다. 볼이 발보다 낮기 때문에 허리를 더 숙이게

← 발이 볼보다 높은 위치에서 샷하면, 볼은 왼쪽에서 오른쪽으로 날아가서 떨어진 후에도 우측으로 구를 것이다.

→ 발이 볼보다 낮은 위치에서 샷하면, 볼은 우측에서 좌측으로 날아가 떨어진 후 좌측으로 구를 것이다.

플레이 연습

되고 높은 업라이트 스윙을 하게 되어 볼이 우측으로 슬라이스 나게 된다.

　업라이트 스윙을 할 수밖에 없지만 볼을 클럽 헤드의 토우쪽으로 겨냥해야 함을 잊지 말라. 허리를 낮게 지키고, 임팩트에서 균형을 잃지 말아야 하며 볼을 매우 조심해서 보아야 한다.

　볼은 우측으로 슬라이스가 날 것이다. 그리고 떨어진 다음에도 우측으로 스핀을 받기 때문에 더욱 우측으로 굴러간다는 것을 기억하라. 우측으로 기울어진 라이에 볼이 떨어지게 되면 볼은 더욱 더 우측으로 굴러간다.

기억해둘 것
사이드힐에서는 경사에 따라 목표의 좌측, 우측을 결정한 후 조준을 충분히 해야 한다.

대개의 플레이어들은 이런 샷을 할 때 충분히 좌측을 겨냥하지 않는다. 볼이 우측으로 휘고 지면에 떨어진 다음에도 우측으로 구른다는 것을 인정하고 그린의 좌측을 겨냥한다는 것을 잊으면 안 된다.

볼이 발보다 높은 곳에 있을 때는 스윙을 끌어당기게 되어 훅 성향이 있는 사람이면 상황은 더욱 악화된다. 컨트롤을 쉽게 하기 위해 클럽을 1, 2인치 아래로 내려잡아야 하고, 스윙이 좀더 플랫(평평)해지며 몸 앞으로 돌아서 이루어진다는 것을 깨달아야 한다. 이러므로 클럽을 좌측으로 끌어당기게 되어 평소 훅 성향이 있는 사람에게 문제가 되는 스윙이 되는 것이다.

다시 반복하지만, 볼이 좌측으로 휘어서 날고, 땅에 떨어져서도 좌측으로 스핀을 먹고, 그린의 라이 역시 좌측으로 볼을 보내게 된다는 것을 감안하여 충분히 우측을 겨냥하고 스윙해야 한다.

어떤 방향으로 볼이 움직이게 될 것인지 쉽게 기억하는 방법은 지면에 떨어져서 굴러가는 방향과 같은 방향으로 날아간다는 것이다. 볼이 밑에 있으면 우측으로, 볼이 높이 있으면 좌측으로 나간다는 것을 필히 기억해 두어야 한다.

그린 턱에서의 공략법 BANKS AND HOW TO NEGOTIATE THEM

그린 주변에서, 포대 그린이나 페어웨이 보다 아주 낮은 그린의 경우, 볼 주위의 라이가 풀이 적거나 혹은 조금 풀이 길더라도 공략하기에 가장 간단한 방법은 퍼터를 사용하는 것으로서, 핀이 그린 바로 앞쪽에 위치해 있으면 언덕위 넘어까지만 볼을 보내면 된다. 만일 주위의 풀이 너무 길어서 퍼팅이 어렵다면 5, 6번 아이언으로 러닝 샷도 고려해야 한다. 볼을 그린의 턱 앞 지면에 빨리 떨어지게 하여야 부드럽게 굴러 올라가거나 내려갈 것이다.

예를 들어 턱이 매우 급경사지만 매끄러운 상태고, 핀이 언덕 바로 위에 위치해 있다면 4번 아이언으로 언덕을 향해 펀치 샷을 하면 된다.

이것은 위험이 따르는 샷이지만 그곳에 큰 나무라도 있어서 웨지 샷(높이 띄우는 샷)을 방해한다면 매우 유용한 샷이 될 수 있다. 피칭하기에 좋은 라이가 아니라면 가급적 웨지의 사용은 피하는 게 안전하다.

이런 경우 언제나 그린의 평평한 지점에 볼을 떨어뜨려서 내리막 경사를 피해야 한다.

오르막이든 내리막이든 불문하고 이중 그린의 경우에는 피칭보다는 두 번째 층으로 볼이 굴러서 가게 해야 한다. 특히 핀이 이중 그린의 바로 위에 있을 때 특히 필요하다.

이중 그린의 위쪽에 피칭으로 볼을 떨어뜨리는 것은 지나치게 앞으로 굴러갈 우려가 있으므로 어려워진다. 높은 위치의 그린에 볼을 올려야할 경우, 볼이 너무 플랫하게 떨어지므로 런이 많을 수 있다.

이처럼 위치가 높은 그린은 습기가 잘 빠져서 볼의 런이 많다는 점을 잊지 말아야 한다. 그린 뒤쪽에 가서 멈추게 된다는 것을 감안해야 한다.

어느날 한 번 이렇게 핀을 지나쳐서 보내게 되면 다음 번에는 덜 보내게 되어 짧아질 경향이 있다. 낮은 위치에 있는 그린에서 플레이 하면, 볼은 수직으로 떨어져 잘 멈추게 된다.

이런 경우에는 그린에 습기가 충분할 수 있기 때문에 그린의 속도도 느리다. 낮게 있는 그린의 공략에서 주의할 것은 볼이 너무 짧아서 내리막 경사에 떨어지게 되면 런이 많아져서 오히려 핀을 지나가게 되고, 이 영향으로 인해 다음 번에는 더욱 짧은 스윙을 하게 된다는 것이다. 과감하게 그린의

➜ 가능하다면 가장 간단한 방법인 퍼터를 사용하라. 풀이 너무 길고 먼 거리라면, 5번이나 6번 아이언으로 러닝 샷을 하라.

➜ 언덕의 경사가 심하지만 표면이 부드럽고 핀이 바로 언덕 위에 있으면 4번 아이언으로 언덕을 향해 공략하면 볼은 가볍게 튀어오를 것이다.

➜ 완만한 경사나 이중 그린의 경우, 특히 핀이 언덕 가까이에 있을 때는 러닝 샷이 가장 좋다. 프로들은 볼이 떨어질 장소가 넓은 때에만 웨지를 쓴다. 일반 골퍼들은 그래도 러닝 샷이 안전하다.

평평한 지점으로 볼을 쳐야 한다.

  이중 그린에서 퍼팅할 때는, 경사를 지나는 퍼팅 라인을 판단하기 쉽지 않을 것이다. 똑 바른 각도에서 경사를 따라 라인을 상상하면 경사를 읽기가 수월하며 경사를 어떻게 가로질러 공략할 것인지 보일 것이다.

플레이 연습

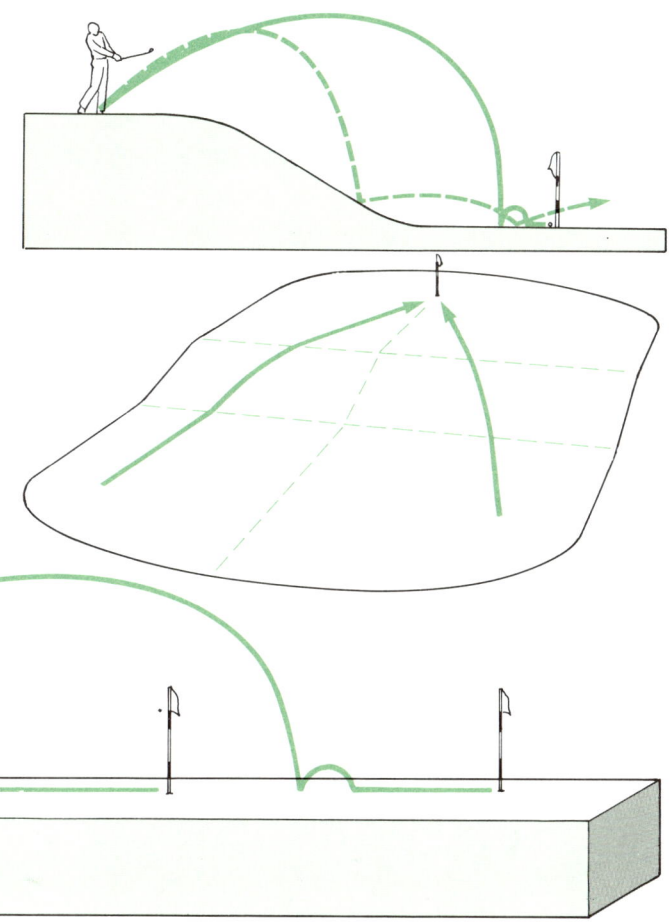

← 낮은 그린을 공략할 때, 볼은 잘 멈춘다. 과감하게 스윙하여, 내리막 경사에 볼이 떨어지는 것은 피해야 한다.

← 급경사의 이중 그린에서는, 경사를 향해 바른 각도에서 라인을 그려 상상하고, 이 선의 왼쪽에서 퍼팅한다면 볼은 왼쪽에서 오른쪽으로 굴러가고 우측에서 퍼팅한다면 볼은 우측에서 좌측으로 굴러간다. 언덕에서 볼이 어느 쪽으로 흐를 것인지 분명히 봐야 한다.

기억해둘 것
급경사의 그린 주변에서는 러닝 샷을 생각하라.

펀치 샷 PUNCH SHOTS

프로들은 언제나 풀 샷만을 하지 않는다. 예를 들면, 바람이 분다든가 하면 그들은 짧게 스윙하고 볼을 펀치하여 앞으로 내보낸다.

이렇게 하기 위해 그들은 한 클럽을 더 크게 잡는다. 8번 아이언 대신 7번, 5번 아이언 대신 4번으로 펀치 샷을 한다. 3번 아이언부터 웨지까지 어떤 클럽으로도 펀치 샷은 할 수 있다.

이 기술은 먼거리의 피칭과 비슷한데, 볼을 스탠스의 오른쪽에 놓고 손은 볼의 앞쪽에, 클럽 페이스는 스퀘어로 한다. 백 스윙은 단단하게 하며, 손목

↓ 펀치 샷은 맞바람 속으로 볼을 보내려고 할 때 좋은 샷이다.

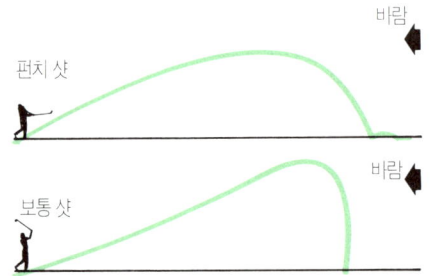

↓ 펀치 샷을 하기 위해서는, 3번 아이언에서 웨지까지 어느 것을 사용해도 되는데, 볼은 스탠스의 오른쪽에 오도록 하고 클럽 페이스는 직각, 손은 볼의 앞쪽에 가 있어야 한다. 탄탄히 백 스윙을 하고 짧은 펀치 피니시를 한다.

← 바람 속에서 웨지 샷을 하면 바람에 볼이 뒤로 날리고 라인에서 벗어날 수 있다. 8, 9번 아이언으로 펀치 샷을 하면 볼은 앞으로 똑바로 나간다. 그린 주변의 벙커에서도 볼을 높이 띄우려고 하기보다는 펀치 샷을 하면 볼은 벙커와 그린 사이의 지역을 지나 안전하게 온 그린 된다. 맞바람은 볼을 더 높게 띄워준다는 것을 기억해야 한다.

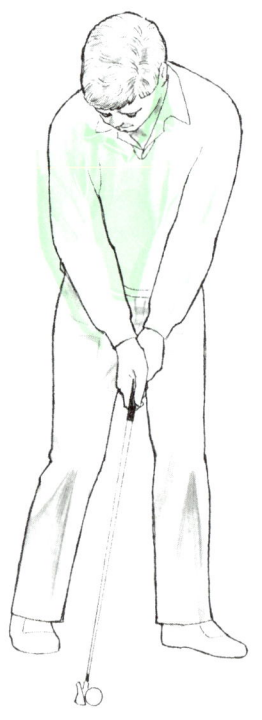

플레이 연습

을 굳게 하고 짧은 펀치 피니시를 해준다.

바람 속에서도 물론이지만 나무 뿌리 밑에 볼이 있거나 런을 많이 주고 싶을 때 펀치 샷이 유용하다.

이중 그린의 공략에서도, 또 그린의 뒤쪽에 볼을 보내고 싶을 때도 좋은 샷이다.

스탠스의 오른쪽에 볼을 놓게 되면, 발을 왼쪽으로 향하게 하고 먼

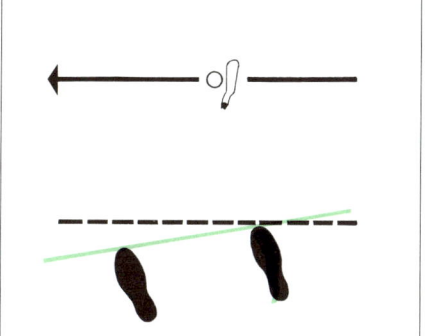

볼을 스탠스의 오른쪽에 놓으므로 발을 좌측으로 향하게 할 필요가 있을 수 있고, 또한 볼을 똑바로 보내기 위해 좌측을 겨냥할 수도 있다. 오른발이 함께 좌측을 향해 있어야 한다는 것을 주지해야 한다.

기억해둘 것
바람이 불 때는 펀치 샷을 딱딱하게 해야 한다.

거리의 피칭 샷처럼 볼을 똑바로 보내기 위해 목표의 왼쪽을 조준해야 할지도 모른다. 피칭처럼 발가락 끝선을 가로질러 왼쪽을 겨냥하는 스윙 라인이 문제가 되는 것이 아니라 양발 모두가 좌측으로 돌아서 있어야 한다.

   스윙의 정확한 방향을 위해 특히 우측 발에 신경을 써야 한다. 발은 좌측을 향해 돌려질 수 있지만, 그렇더라도 어깨 라인만은 스퀘어를 이루어야 한다.

   펀치 샷은, 특히 좋지않은 날씨나 리커버리 샷(나쁜 위치에서 탈출하는 샷)에서 유용하므로 연습할 가치가 충분하다. 때로는 같은 클럽으로 풀 샷을 했을 때와 같은 거리를 펀치 샷으로도 낼 수 있다.

   경험을 통해 임팩트시에 클럽 페이스를 클로즈시키거나 오픈시킴으로써 볼을 어느 정도 좌측이나 우측으로 보낼 수 있다는 것도 배우게 될 것이다.

러프에서의 탈출 PLAYING FROM THE ROUGH

웨지는 클럽 중에서 가장 무겁다. 라이가 좋지 않은, 풀이 긴 러프에서는 웨지를 써서 풀을 잘라내며 탈출할 수 있다. 풀이 아주 긴 러프에서는 웨지를 사용하여 페어웨이에 가장 가까운 곳을 겨냥하여 볼을 쳐내야 한다.

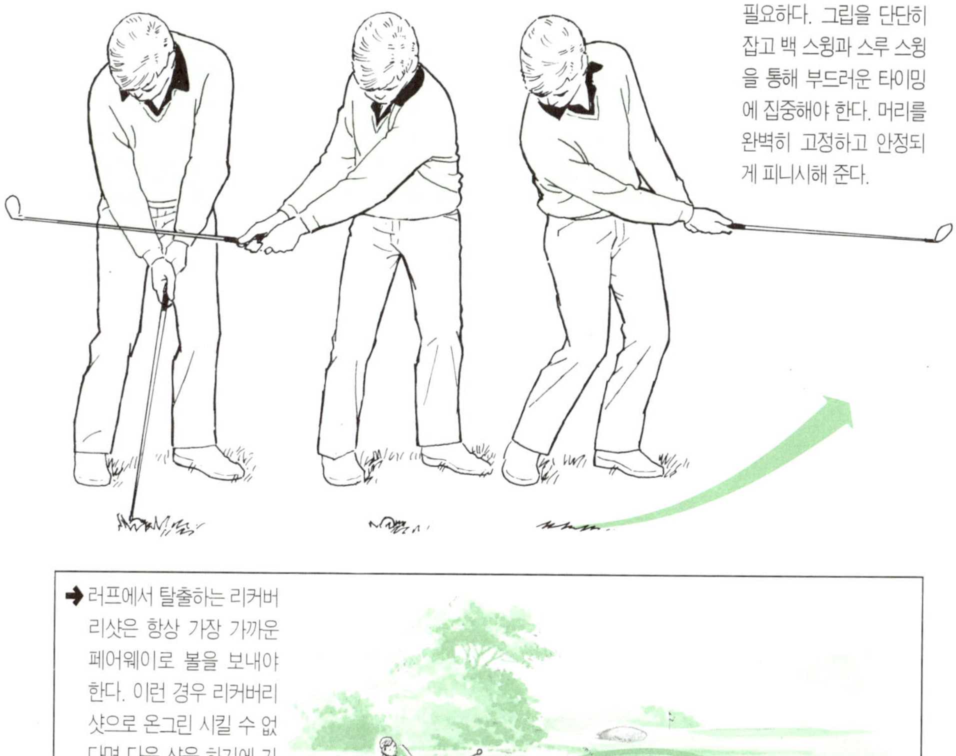

⬇ 풀이 긴 러프에서 20야드 이내의 숏 피칭을 할 때는, 클럽헤드가 부드럽게 볼을 지날 수 있는 가속이 필요하다. 그립을 단단히 잡고 백 스윙과 스루 스윙을 통해 부드러운 타이밍에 집중해야 한다. 머리를 완벽히 고정하고 안정되게 피니시해 준다.

➡ 러프에서 탈출하는 리커버리샷은 항상 가장 가까운 페어웨이로 볼을 보내야 한다. 이런 경우 리커버리샷으로 온그린 시킬 수 없다면 다음 샷을 하기에 가장 좋은 위치를 골라 볼을 보내야 한다. 무거운 웨지를 사용하여 안전하게 탈출한다.

이같은 샷을 할 때는 스탠스의 뒤쪽에 볼을 놓고, 양손은 볼의 앞쪽으로, 체중은 왼발에 실어야 한다.
　체중의 이동을 수월하게 하기 위해 스탠스는 넓게 서는 게 좋다. 또한, 클럽 헤드가 볼을 부드럽게 쳐내기 위해 적절한 가속이 필요한데, 위험한 것은 강하게 치려는 욕심 때문에 힘이 들어가고 너무 큰 스윙을 하여 오히려

↓ 러프에서 리커버리 샷을 할 때는, 내려치는 스윙을 하기 위해 볼을 스탠스의 뒤에 놓고 체중은 왼발에 싣는다. 다운 스윙에서 볼을 내려치고 볼에 시선을 집중한다.

플레이 연습

가속을 떨어뜨리는 것이다.

그립을 단단히 잡고 부드러운 백 스윙과 스루 스윙에 집중하여야 한다. 백 스윙과 스루 스윙은 거의 같은 크기로 하여야 한다.

모든 다른 숏 샷처럼 머리를 완벽히 고정하고 볼이 어디에 떨어지는지 고개를 들어 보려 하지 말고 떨어지는 소리를 듣도록 해야 한다. 다음 샷을 어디에서 할 것인지 그 지점을 생각하고 무리한 욕심을 내지 않도록 한다.

만일 리커버리 샷으로 온그린 시킬 수 없다면 다음 샷을 하기 좋은 안전한 위치에 볼을 보내야 한다. 중간 정도 길이의 러프에서는, 볼은 역시 스탠스의 뒤쪽에 두고, 체중을 왼발에 싣고 볼을 내려치는 스윙을 해준다.

완벽하게 머리를 고정한다는 것, 손목은 단단히 고정한다는 것을 확실히 하라. 다시 한 번 확인하는데, 어디에 볼을 보낼 것인지, 평평하고 나무나 장애물이 다음 샷을 방해하지 않는 지역을 선택해야 한다.

러프에서는 4번이나 5번 우드를 사용하면 비거리를 좀더 늘릴 수 있다. 임팩트시 풀의 방해로 클럽이 뒤틀리지 않도록 그립을 단단히 잡아야 하고, 과욕을 삼가야 한다.

최선의 스윙으로 잘 맞았어도 온그린시킬 수 없는 상황이라면 다른 대안이 없지 않는 한 우드의 사용은 삼가라.

우드는 아이언보다 풀의 방해를 크게 받기 때문에 탈출이 어려워진다.

기억해둘 것
풀이 긴 러프에서는 가장 가까운 안전 지대로 볼을 보내라.

좋지 않은 라이 BAD LIES

좋지 않은 라이에서 탈출하는 비결은 클럽의 올바른 선택과 이에 맞는 스윙이다. 각기 다른 상황에서 어떻게 대처하는지 몇 가지 예를 들어본다.

디보트 홀에서의 아이언 샷

모든 리커버리 샷이 그렇듯이 체중을 왼발로 옮겨야 하고 아래로 내려치는 스윙을 해주어야 한다. 볼은 평상시보다 낮게 날아갈 것이고 타겟의 우측으로 갈지도 모른다. 그렇기 때문에 목표의 좌측을 조준해야 하고 로프트가 큰 클럽을 선택해야 한다.

깊이 파여 있는 디보트 자리에서는 클럽이 볼 밑에까지 이르지 못하기 때문에 의도적으로 볼을 띄우려고 하면 안 된다.

라이가 나쁠수록 볼은 더욱 스탠스의 뒤쪽(우측)에 오도록 해야 한다.

필요하다면 발은 타겟의 왼쪽을 향해 서도록 하라.

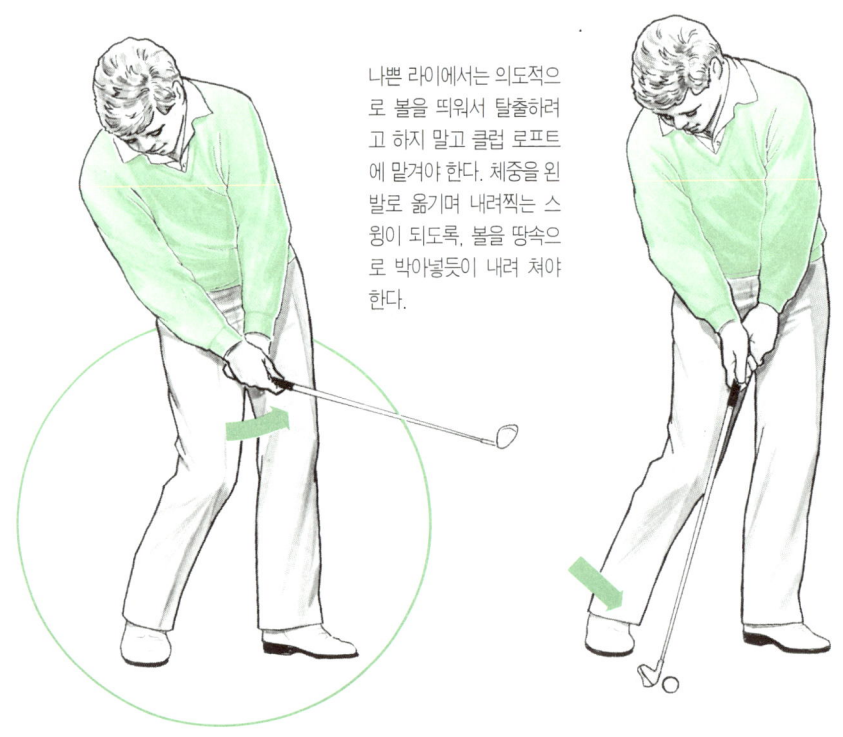

나쁜 라이에서는 의도적으로 볼을 띄워서 탈출하려고 하지 말고 클럽 로프트에 맡겨야 한다. 체중을 왼발로 옮기며 내려찍는 스윙이 되도록, 볼을 땅속으로 박아넣듯이 내려 쳐야 한다.

플레이 연습

좋지 않은 라이에서의 우드 샷

때로는 작은 헤드의 페어웨이 우드가 롱 아이언보다 디보트 자리에서 사용하기에 수월하다. 우드의 헤드를 앞으로 기울여 주고 헤드의 바닥 뒤쪽이 지면에서 떨어지도록 어드레스 하면 생각보다 쉬운 샷이 될 수 있다.

볼은 평상시보다 스탠스의 오른쪽에 놓아야 하고 약간 내려치듯이 공략하여 볼을 끄집어내듯이 스윙하면 디보트는 조금만 파게 된다.

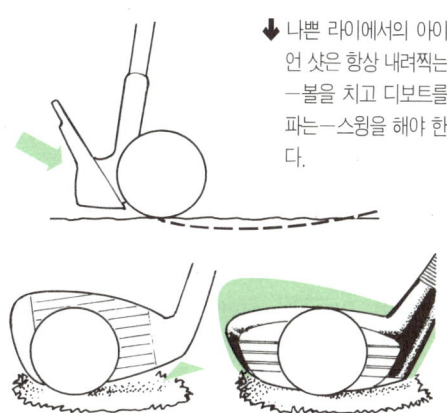

↓ 나쁜 라이에서의 아이언 샷은 항상 내려찍는 —볼을 치고 디보트를 파는—스윙을 해야 한다.

↑ 디보트 홀에서의 숏 피칭은, 클럽 헤드의 토우를 가급적 낮게하여 토우로 볼을 조준하라. 이것이 볼의 밑을 치는 데 도움이 될 것이다. 작은 헤드의 페어웨이 우드는 롱 아이언보다 디보트 자리에서의 스윙이 쉽다.

잔디가 거의 없는 라이에서의 스윙

이처럼 볼 밑에 잔디 쿠션이 없는 라이에서의 스윙은 더욱 어렵다. 라이가 딱딱할수록 스윙의 깊이를 판단하는 것이 중요하다. 맨땅에서의 아이언 샷은 체중이 좀더 왼발에 실려야 한다. 기억해야할 것은 내려찍듯이 다운과 스루 스윙을 수행한다는 것이다.

풀이 전혀 없는 곳에 볼이 놓여 있을 때의 먼 거리 어프로치도 위와 비슷하다. 맨땅에서 15야드 정도의 짧은 거리의 어프로치를 해야할 때는 조금 어려워진다.

↑ 고급 플레이어는 나쁜 라이에서 10 내지 20야드의 피칭을 할 때는 주로 샌드 웨지를 사용한다. 백 스윙에서 손목 동작으로 클럽을 들어올리고 코킹된 손목을 단단히 유지한 채 V자 형태의 스윙으로 공격한다. 그러나 폴로 스루에서는 왼팔꿈치를 이용하여 클럽을 들어올린다.

기억해둘 것
볼을 띄우기 위해 내려친다고 생각하라.

적절한 스윙의 깊이를 판단하기 위해 두세 번의 연습 스윙을 하여 클럽 헤드가 지면을 스치는 소리를 들어야 한다. 언제나 스윙의 깊이에 집중해서 판단해야 한다.

  딱딱한 지면 라이에서 페어웨이 우드를 사용할 때도 중요한 것은 스윙의 깊이를 판단하는 것이다. 숏 피칭과 마찬가지로 두세 번 연습 스윙하여 헤드의 바닥이 지면을 어떻게 스치는지 확인한다. 연습 스윙이 제대로 이루어지지 않으면 시간이 걸리더라도 한두 번 더 해본다. 맨땅에서의 스윙은 스윙의 깊이가 치명적임을 기억해야 한다.

디보트 홀에서의 롱 피칭

  보통의 아이언 샷처럼 정상적으로 볼부터 치고 디보트를 파는 순서로 샷 한다면 이 샷도 다를 게 없다. 롱 피칭 샷이라면 체중이 왼발로 이동함으로써 쉽게 적당한 가속을 얻을 수 있다.

  중간 거리의 샷을 한다면, 가속 대신 감속을 의식 하는 것이 스윙이 편하다. 샷이 짧아야 하기 때문에, 백 스윙의 크기를 줄여야 하지만, 부드러운 가속을 받아 볼과 디보트를 지나가야 한다는 것을 소홀히 하면 안 된다.

디보트 홀에서의 숏 피칭

  디보트 자리에서 10 또는 20야드 이내의 숏 피칭은 프로들에게도 어려운 샷이다.

  이를 공략하는 방법 중 하나는 샌드 웨지의 토우로 볼을 치는 것이다. 피칭 웨지의 평평한 바닥이 닿기 어려운 디보트 자국의 구멍 안으로도 샌드 웨지의 둥그런 토우 부분은 쉽게 들어갈 수 있기 때문이다.

  볼에 시선을 집중한다면 성공적으로 탈출할 수 있을 것이다. 고급 플레이어는 때때로 V자 형태의 스윙으로 공략한다.

  체중을 왼발에 싣고, 손목을 이용하여 가파르게, 그러나 천천히 클럽을 들어올린 후 내려찍었다가 왼팔꿈을 힌지(경첩)로 이용하여 폴로 스루에서 가볍게 들어올려 준다.

  좋지 않은 라이에서는 짧은 샷일수록 어렵다는 것을 잊지 말라.

드라이브 샷의 향상 EXPERT DRIVING

드라이브 샷을 향상시키기 위한 몇 가지 요령이 있다.

• 목표 지점의 방향과 거리를 신중하게 결정하라. 목표를 막연히 타겟 라인에만 맞추지 말고 얼마나 보낼 것인지 볼을 보낼 지점까지 생각하는 것이 이상적이다. 막연히 목표선상을 겨냥하는 것보다 더 능률적이다.

그 지점에 목표물이 될만한 것이 없으면 볼을 보내고 싶은 지점의 페어웨이에 과녁이라도 있다고 상상하라.

타겟라인을 설정할 때는 양옆의 장애물들을 보고 막연히 그 사이로 볼을 보내겠다는 생각만 하지 말고, 목표 지점에 가까이 보낸다는 긍정적인 자세로 장애물 사이의 어느 한 지점을 분명히 겨냥해야 한다.

• 언제나 장애물로부터 충분히 떨어져서 목표를 정해야 한다. 드라이브 거리에 벙커가 있다면 5야드 정도의 옆을 겨냥하지 말고 여유있게 20야드 정도 떨어진 곳에 목표를 설정하고 볼을 보낸다고 생각해야 한다.

• 균형과 피니시에 집중하라. 모든 플레이어는 첫홀의 티에 서면 긴장하

↓ 피하고 싶은 장애물을 보거나 생각하지 말아야 한다. 최선의 타겟 라인(방향)과 비거리를 달성하기 위해서는 항상 조준할 목표점을 생각해야 한다.

↑ 페어웨이의 좌측에 장애물이 있으면 프로들은 그쪽을 겨냥하고 페이드 볼을 구사하여 우측으로 보낸다. 반대로 주말 골퍼들은 장애물을 피해서 겨냥한다.

↓ 티 위에 볼을 놓을 때, 티의 높이를 다양하게 해보라. 높으면 볼은 왼쪽으로 가기 쉽고, 낮으면 우측으로 나간다. 언제나 평평한 라이를 골라서 티를 꽂고 샷 한다.

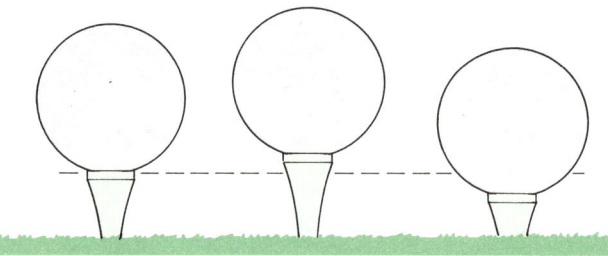

게 된다. 대개의 경우 뒷팀도 자신의 샷을 첫홀 티그라운드에서만 보게 된다.

 항상 좋은 스윙 자세를 유지하도록 하고 볼에 시선을 집중하고 균형 있는 피니시를 해야 한다.

- 유난히 긴 홀에서, 또는 동반자의 샷이 자신보다 더 많이 나갔다고 해서 볼을 세게 치려고 하지 말라. 자신의 타이밍을 지키고 평상시대로의 거리로 보내겠다고 집중해야 한다.

비거리에 압박감을 느끼게 되면 방향을 그르친다. 최대한의 거리와 컨트롤 샷을 위해서는 부드럽게 스윙해야 한다.

- 안전한 드라이브 샷이 필요한 지형에서는 드라이브 대신 조금 짧은 3번이나 4번 우드로 강하게 치는 것이 좋다.

절대로 드라이버를 잡고 자신 없는 마음으로 볼의 방향을 조절하려고 하면 안 된다. 안전하게 친다고 해서 골프를 못하는 것이 결코 아니다.

- 능력이 향상 됨에 따라 볼을 페이드 시키는 것을 배워야 한다. 숙달된 골퍼는 임팩트시에 클럽 페이스를 약간 오픈시켜 주고 손과 손목의 움직임을 느리게 하여 좌측의 장애물을 피해 볼을 페이드시킨다.

볼이 처음에 날아갈 방향으로 스탠스를 잡아 우측으로 휘는 것을 상쇄시킨다. 이 방법은 훅 성향의 볼을 치는 사람에게는 매우 중요하다.

- 다른 어떤 곳에서도 허용되지 않지만, 티그라운드에서는 볼 뒤로 가서 스윙을 방해하는 풀을 몇 개 뽑아도 된다는 것을 잊지 않도록 하라.

항상 일정한 높이에 티를 꽂아야 하지만, 페이드볼 구사를 위해서는 평상시보다 티를 약간 낮게 꽂는 것이 도움이 된다. 반대로 좌측으로 볼을 드로우시키려면 티를 약간 높게 꽂는 것이 좋다.

> **기억해둘 것**
> 멋진 드라이브 샷에는 균형과 타이밍이 대단히 중요하다.

도전과 전략 GAMBLING AND STRATEGY

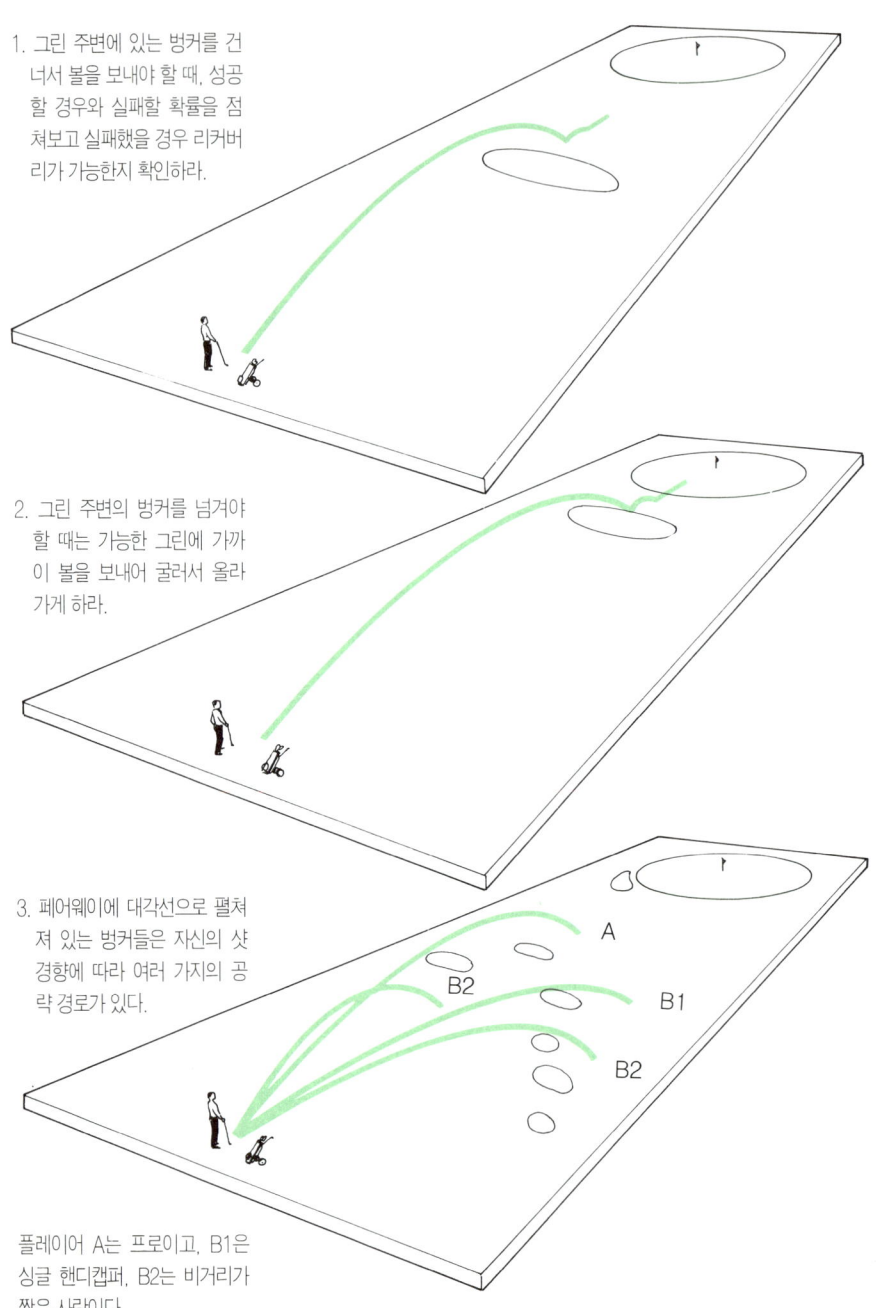

1. 그린 주변에 있는 벙커를 건너서 볼을 보내야 할 때, 성공할 경우와 실패할 확률을 점쳐보고 실패했을 경우 리커버리가 가능한지 확인하라.

2. 그린 주변의 벙커를 넘겨야 할 때는 가능한 그린에 가까이 볼을 보내어 굴러서 올라가게 하라.

3. 페어웨이에 대각선으로 펼쳐져 있는 벙커들은 자신의 샷 경향에 따라 여러 가지의 공략 경로가 있다.

플레이어 A는 프로이고, B1은 싱글 핸디캡퍼, B2는 비거리가 짧은 사람이다.

실력 향상시키기

골프 코스에서 필요 이상으로 오래 생각한다는 것은, 위험을 무릅쓰면서 하려고 하는 당면한 스윙에 지나치게 비중을 크게 두고 있고 그 만큼 위험이 크다는 것을 뜻한다. 예를 들면 무리하게 큰 나무를 넘기는 샷을 하겠다고 깊이 생각하지 말아야 한다. 그 나무를 넘겨서 크게 유리한 것이 아니라면 무모한 도전이다. 성공한다고 해도 10에서 20야드 정도의 거리만 득을 본다면 위험을 무릅쓰고 모험할 필요가 없다.

크로스 벙커(페어웨이에 있는 벙커)

페어웨이에 있는 벙커에서는 어디로 볼을 보낼 것인지 정확하게 알아야 한다. 샷에 확신이 서지 않는다면 성공할 경우 무슨 이익이 있고 실패했을 때 어떻게 되겠는가를 생각하라. 각기 다른 벙커 위치에서 대안을 선택할 세 가지 상황이 있다.

상황 1에서(왼쪽 그림) 벙커는 넘길 수 있겠지만 그린에 올릴 수는 없다. 스스로에게 확인해봐야 할 것은 볼이 벙커에 빠졌을 경우 그 벙커에서 그린에 올릴 수 있느냐는 것이다. 이 경우 벙커는 너무 깊고 그린에서 멀리 있다. 따라서 이 모험은 해볼 만한 가치가 없다.

상황 2는 성공하면 그린에 올라갈 수 있다. 만일 실패했을 경우 벙커가 얕아서 그 다음 샷에 핀에 가까이 붙일 수 있는지 확인해야 한다.

같은 상황이라고 해도 벙커가 깊다면, 벙커에서 그린에 올리기는 불가능하다. 벙커를 넘겨 스윙할 것인지 아닌지는 자신의 비거리에 대한 정확한 판단과 맞바람, 핀의 위치, 그리고 라운드의 중요성에 따라 결정해야 한다.

대각선 벙커들

페어웨이를 가로지르는 개천이나 대각선으로 펼쳐져 있는 벙커들의 경우 대각선으로 지그재그식의 공격 방법도 배제해서는 안 된다. 고급 골퍼들은 주말 골퍼들보다 핀에서 멀리 볼을 보내는 것을 종종 볼 수 있다.

프로 A는 직접 벙커를 넘길 수 있다. 그러나 이것은 핀이 어디에 있고, 왼쪽 벙커에 얼마나 가까운가에 달려 있다. 싱글 플레이어B1는 우측으로 벙커를 넘길 수 있지만 좌측으로는 어렵다. 여

기억해둘 것
별 소득이 없을 때는 모험을 하지 말라.

⬆ 플레이어 A는 리커버리 샷으로 무언가 이루려고 한다. 성공하면 온그린된다. 실패해도 다음 샷에 지장이 없다. 플레이어 B는 모험을 한 샷(점선)도 그린에 올리지는 못한다. 안전한 리커버리 샷은 두 번째 샷에 온그린시키는 전략이다.

기에서도 핀은 잘 보인다. 비거리가 짧은 플레이어 B2는 벙커의 끝도 넘길 수 없으므로 두 번째 샷을 해야 할 목표 지점을 우측이나 페어웨이 중간의 핀까지 순탄하게 열려 있는 곳에서 찾아야 한다.

전략 STRATEGY

골프 코스는 보통 해저드와 어려움들로 가득하다. 항상 좋은 스코어를 유지하기 위해서는 이런 문제들에 어떻게 대처하는가가 중요하다.

라운딩 중에 코스에서 당면하게 되고, 또 그들을 성공적으로 대처할 수 있는 상황들을 살펴보자. 예를 들면, 페어웨이 벙커에서는 어떻게 벗어날 것인가 매우 조심스럽게 생각해야 한다. 우선 거리를 보라. 홀컵에서 150야드 떨어져 있다면 어쩌면 5번 아이언이 필요할 것이다.

또한 앞쪽에 있는 벙커의 턱을 넘길 수 있는 자신이 있는가 스스로에게 물어보라. 만일 그렇다면 시도하고 자신이 없다면 6번 아이언을 꺼내들고, 그래도 벙커 턱에 걸릴 수 있는 작은 위험 부담이라도 있다면, 세컨드 샷에 온그린을 시키지 못한다고 해도 아예 7번이나 8번 아이언으로 안전하게 샷해야 한다. 그린 앞에 벙커나 워터 해저드가 있을 때도 위험 부담을 예상해 보아야 한다.

200야드 거리에서 벙커나 물을 건너 샷할 수도 있다. 그러나 문제는 해저드를 안전하게 넘은 후에 볼이 멈춰줄 것이냐 하는 것이다. 그린 뒤에 있는 해저드로 들어가게 할 수는 없는 일 아니겠는가. 그런 위험이 있다면 짧게 쳐서 그린 가까이에 놓고 피칭으로 핀에 가까이 붙이는 것이 안전한 방법이다.

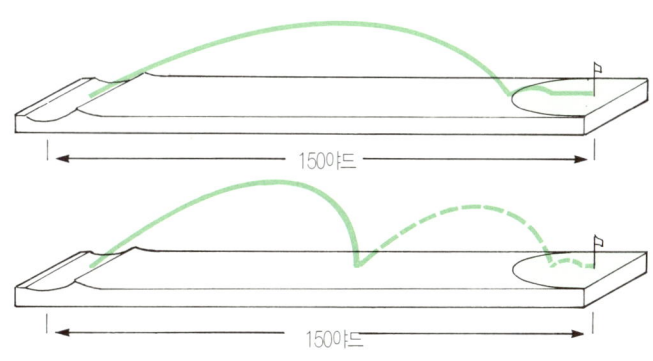

➡ 페어웨이 벙커에서 그린까지 5번 아이언으로 온시킬 수 있는 자신이 있다면, 그렇게 하라. 그러나 벙커의 턱에 볼이 걸릴 수 있는 위험이 조금이라도 있다면 확실히 하기위해 7번이나 8번 아이언으로 조금 짧게 치는 것이 안전하다. 한 타를 더 치게 되겠지만 위험은 줄일 수 있다.

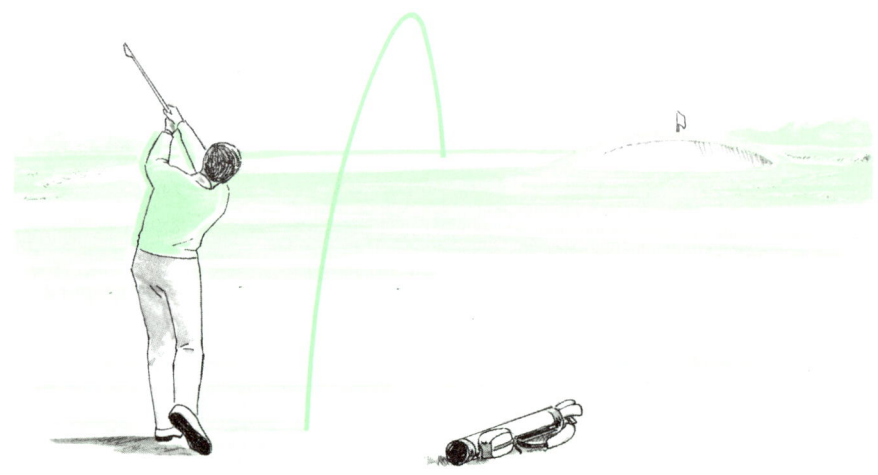

↑ 벙커 바로 뒤에 핀을 꽂아놓은 경우, 그린 관리인의 꼬임에 넘어가지 말아야 한다. 그린의 중앙이나 옆으로 비켜서 플레이하라.

그린 주변에서 플레이할 때는, 필요하다면 그린 옆쪽으로 돌아가서 확인해보는 한이 있더라도, 모든 가능성을 다 살펴야 한다. 벙커 가장 자리로 러닝 샷을 하는 것도 피칭 샷보다 더 핀에 가까이 붙일 수 있다.

➡ 200야드 거리의 워터 해저드나 벙커가 앞에 있는 그린으로 페어웨이 벙커에서 한 번의 샷으로 온 시킬 수도 있겠지만, 볼을 멈추게 할 수는 있겠는가? 150야드에서는 컨트롤이 가능하므로 시도해 볼 만하다.

그린이 심한 경사로 되어있는지도 고려해야 한다. 그린을 향해 롱 샷을 하면 볼은 옆으로 흐를 수도 있다. 그린 앞으로 똑바로 볼을 보낸다면 조금 짧게 가겠지만 쉽게 치핑 샷을 할 기회가 있다.

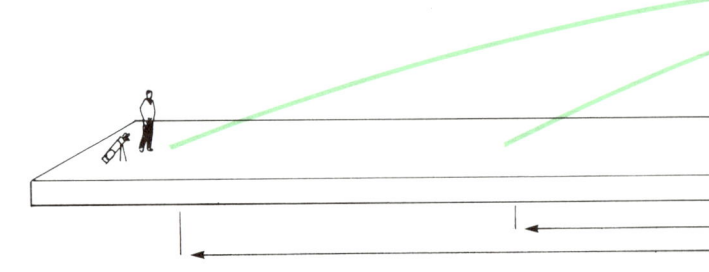

실력 향상시키기

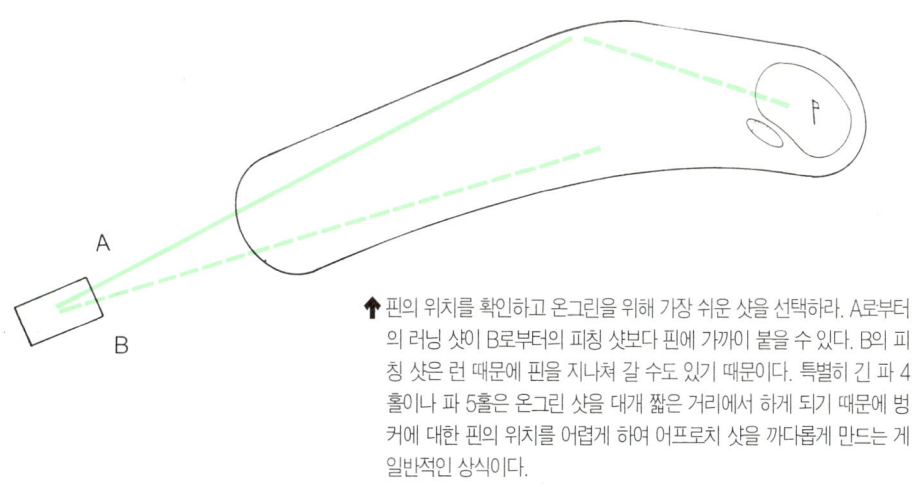

↑ 핀의 위치를 확인하고 온그린을 위해 가장 쉬운 샷을 선택하라. A로부터의 러닝 샷이 B로부터의 피칭 샷보다 핀에 가까이 붙을 수 있다. B의 피칭 샷은 런 때문에 핀을 지나쳐 갈 수도 있기 때문이다. 특별히 긴 파 4홀이나 파 5홀은 온그린 샷을 대개 짧은 거리에서 하게 되기 때문에 벙커에 대한 핀의 위치를 어렵게 하여 어프로치 샷을 까다롭게 만드는 게 일반적인 상식이다.

만일 그린 관리자가 홀컵을 벙커 바로 옆에 만들어놓았다면 그는 플레이어의 볼이 벙커에 빠지도록 유혹하고 있는 것임을 명심해야 한다. 약간의 오차를 감수하고 그린의 중앙이나 벙커를 피해서 볼을 보내는 것이, 욕심으로 인해 벙커 속에 빠뜨리는 것보다 훨씬 낫다.

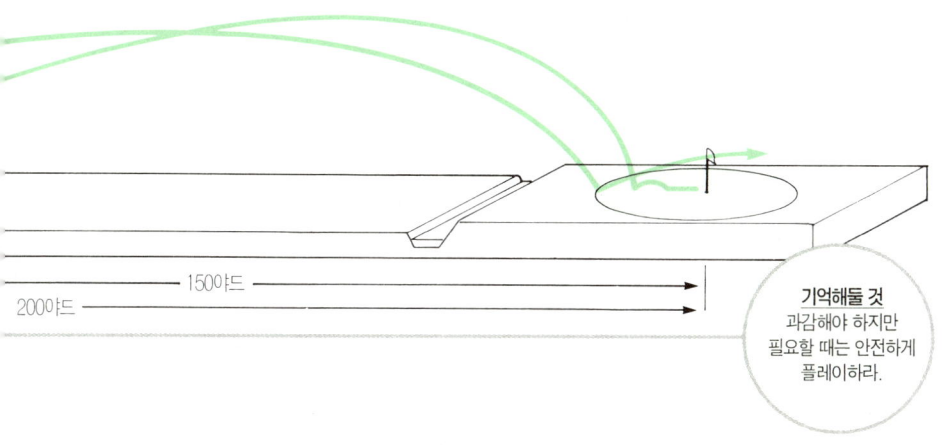

기억해둘 것
과감해야 하지만
필요할 때는 안전하게
플레이하라.

파3 PAR THREES

파3 홀에서 기억해야 할 중요한 점은 그린 위의 핀을 보는 시각이 티샷할 위치를 어디에 정하느냐에 따라 전혀 달라질 수 있다는 것이다. 티 마크의 좌측에서 그린을 보는 것과 우측에서 보는 것은 큰 차이가 있다.

티 그라운드에서 좀더 좋은 위치를 고르기 위해 두 클럽 거리만큼 뒤로 물러날 수 있음을 기억해야 한다. 이렇게 함으로써 좋은 라이에서 플레이 할 수도 있고 편한 느낌을 가질 수 있다.

➡ 드라이브 샷할 때처럼 티를 높이 꽂지 말고 좋은 라이에 볼이 올라앉아 있는 것처럼 낮게 꽂으라.

⬇ 어느 위치에서 티샷할 것인가에 따라 전망은 크게 달라진다. 또한, 두 클럽 거리의 뒤로 물러서서 티샷할 수도 있다. 동반자가 티샷한 자리에 무심코 티를 꽂으려고 하지 말라.

실력 향상시키기

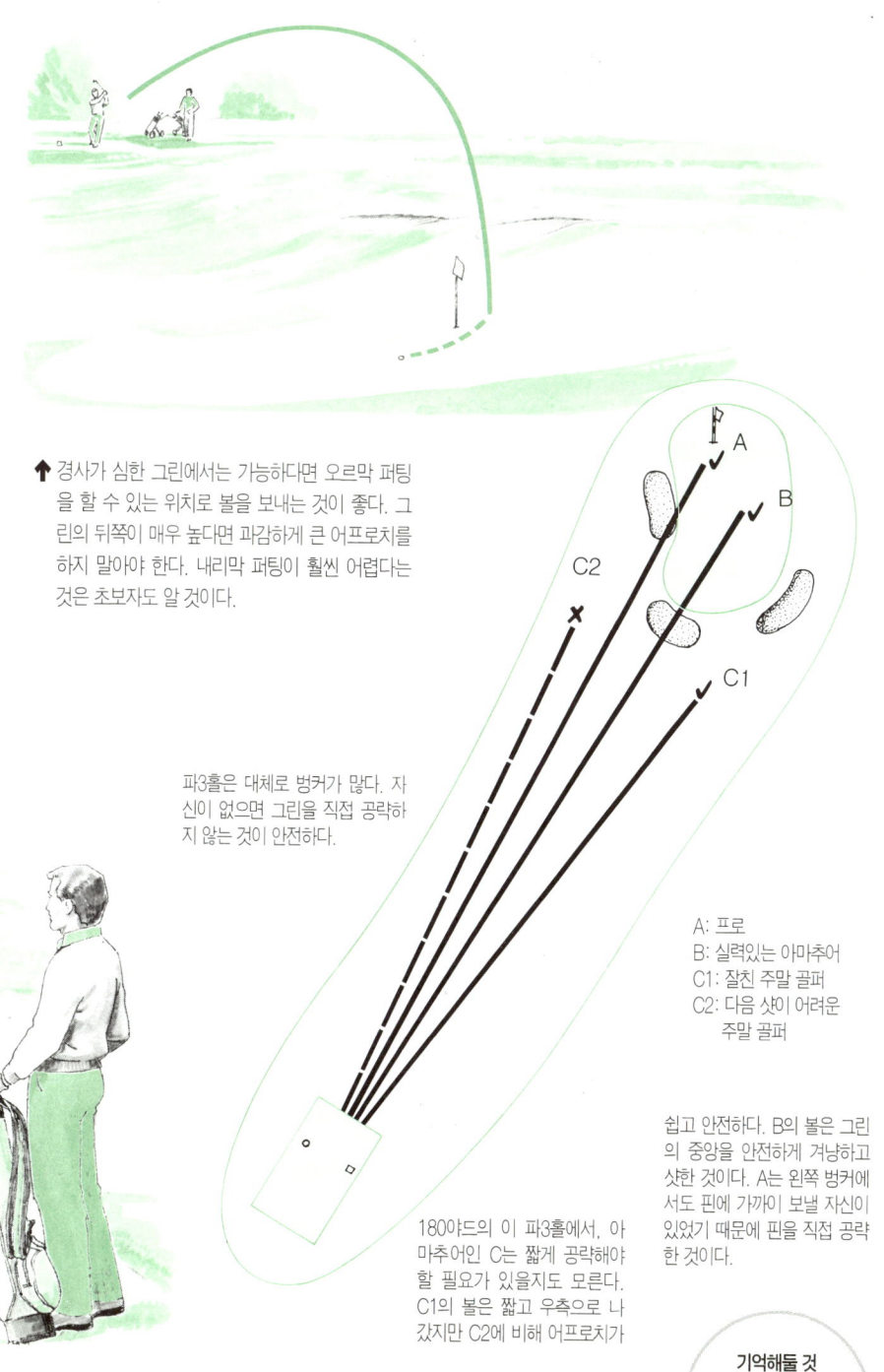

↑ 경사가 심한 그린에서는 가능하다면 오르막 퍼팅을 할 수 있는 위치로 볼을 보내는 것이 좋다. 그린의 뒤쪽이 매우 높다면 과감하게 큰 어프로치를 하지 말아야 한다. 내리막 퍼팅이 훨씬 어렵다는 것은 초보자도 알 것이다.

파3홀은 대체로 벙커가 많다. 자신이 없으면 그린을 직접 공략하지 않는 것이 안전하다.

A: 프로
B: 실력있는 아마추어
C1: 잘친 주말 골퍼
C2: 다음 샷이 어려운 주말 골퍼

180야드의 이 파3홀에서, 아마추어인 C는 짧게 공략해야 할 필요가 있을지도 모른다. C1의 볼은 짧고 우측으로 나갔지만 C2에 비해 어프로치가 쉽고 안전하다. B의 볼은 그린의 중앙을 안전하게 겨냥하고 샷한 것이다. A는 왼쪽 벙커에서도 핀에 가까이 보낼 자신이 있었기 때문에 핀을 직접 공략한 것이다.

기억해둘 것
클럽을 여유있게 잡거나 안전한 플레이를 하라.

파 3홀에서 아이언으로 드라이브 샷을 할 때는 볼이 보통의 상태가 좋은 페어웨이의 라이 위에 놓인 것처럼 티를 낮게 꽂아야 한다.

클럽에 따른 자신의 비거리를 확실히 알아야 하고, 이런 홀에서는 대개 그린 앞에 트러블이 많다는 것도 알아야 한다. 티 마크에 쓰여있는 거리는 그린의 정 중앙까지의 거리를 의미하므로 핀의 위치에 따라 거리를 측정해야 한다.

클럽을 여유있게 선택하여 그린 앞에 주로 도사리고 있는 벙커를 피하도록 하라. 초보자의 경우에는 그린에 안전하게 온시킬 수 있는 자신이 없다고 생각되면 그린을 직접 공략하지 않는 것이 좋다. 파 3홀은 대체로 벙커가 많기 때문에 확신이 없는 거리를 무리하게 보내려고 하지말고 조금 짧게, 또는 벙커를 피해서 옆으로 볼을 보내는 것이 안전하다.

리커버리 샷의 예술 THE ART OF RECOVERY

일반 골퍼들이 프로에게서 지도를 받는다면 리커버리 샷은 놀랄 만큼 향상될 것이다. 코스에서 라운드 도중 어려움에 빠지면 자신의 판단과 감각에 의존할수 밖에 없다. 어떤 위치에 있든간에 스코어에 상관하지 말고 가장 무난한 샷이 무엇인가를 스스로에게 물어보라. 예를 들어, 나무 숲속에 볼이 들어갔다면 이상적인 탈출 방법은 펀치 샷으로 좋은 라이로 볼을 보내는 것이다. 실력이 부족하다면 도박을 하려고 하지도 말고 어리석은 짓도 하지 말아야 한다. 설령 실력이 좋다고 하더라도 너무 과한 욕심을 부리거나 또는 지나치게 소심한 것도 좋지 않다. 리커버리 샷의 원칙은 가장 가까운 페어웨이로 볼을 보내는 것이다. 확실한 성과를 거둘 수 없다면 나무들 사이로 볼을 치려고하지 말아야 한다. 또 나무 위로 볼을 띄우려고 위험을 무릅

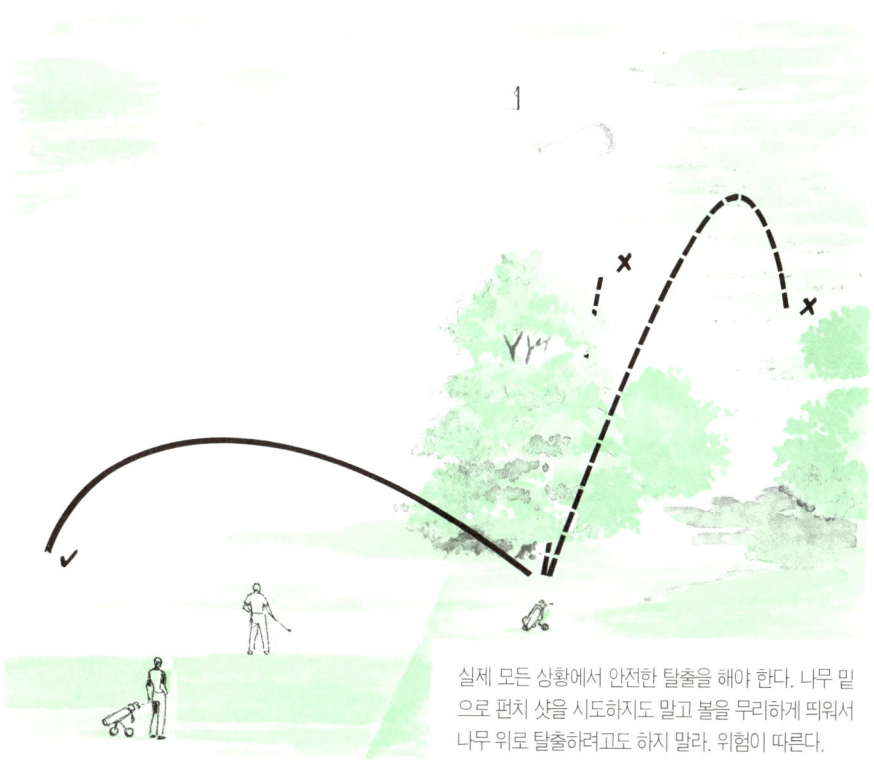

실제 모든 상황에서 안전한 탈출을 해야 한다. 나무 밑으로 펀치 샷을 시도하지도 말고 볼을 무리하게 띄워서 나무 위로 탈출하려고도 하지 말라. 위험이 따른다.

↑ 이와 같은 상황에서는 페어웨이까지 걸어가서 어디로 볼을 탈출시킬 것인지 지형을 분석하는 것이 좋다. 1의 위치는 그린 공략을 하기 쉬운, 풀이 좋고 평평한 라이다. 2의 위치는 그린은 가깝지만 좋지 않은 곳이다. 그린은 가깝지만 다운힐 라이에다 풀도 적기 때문에 안전한 샷이 어렵다. 3의 위치는 첫눈에는 안전한 리카버리 샷처럼 보이지만 벙커 위를 넘겨야 하는 부담이 있다.

↑ 페어웨이 옆의 숲속에 볼이 들어가 다음 샷으로 온 그린이 어렵다면 언 플레이어블 볼을 선언할 것을 고려해야 한다. 볼이 있던 자리에서 두 클럽 거리 밖으로 나와서 볼을 드롭하고 한 타의 페널티를 받은 후 안전하게 샷하는 것도 한 방법이다. B의 위치에서는 스윙에 지장이 없으므로 드롭볼을 선택해도 좋다. A의 위치에서는 두 클럽 밖으로 드롭을 해도 백스윙이 뒤의 나무 때문에 지장을 받게 된다는 것도 고려해야 한다.

↑ 나쁜 라이에 볼이 있을 때는 더욱 볼에 시선을 집중해야 하고 캐디나 동반자에게 샷한 후의 볼을 봐달라고 해야 한다. 평평하고 쉬운 라이를 확인하여 어디로 볼을 보낼 것인지 정해야 한다.

실력 향상시키기

쓰는 것도 위험하다. 볼은 또 다시 러프 지역으로 떨어질 수 있는 것이다. 자신의 샷 앞에 기다리고 있는 나무는 90%가 진짜 나무고 동반한 플레이어의 앞에 있는 나무는 90%가 나무가 아니고 공기라는 말이 있듯이 내가 친 볼은 꼭 나무에 걸리게 되는 것이 골프의 묘한 생리다. 분별력을 가지고 안전하게 러프를 탈출했다면 그 홀의 그린에서는 퍼팅도 잘 된다. 그러나 모험을 걸었다가 다시 러프에 빠지거나 한 홀은 퍼팅까지도 되지 않는 법이다. 나쁜 라이에 볼이 있을 때는 밖으로 걸어나와 안전한 지역을 살피고 목표를 정하며 서두르지 말아야 한다. 조심스럽게 다음 샷에 유리한 위치를 골라야 한다.

 단 한번의 미스 샷으로도 게임의 리듬이 흐트러져서 모든 샷이 안 되기 쉬운 것이 골프다. 때문에 가장 안전하고 성공 확률이 높은 샷을 선택해야 한다.

기억해둘 것
가장 짧은 거리에 있는 안전한 곳으로 리커버리 샷을 하라.

바람과 날씨 WIND AND WEATHER

비가 오고 바람이 불면 모든 플레이어가 같은 조건에 있다는 것을 우선 생각하고 자신감을 잃거나 움츠러들 필요가 없다. 단지 또 하나의 도전이라고 생각하는 것이 좋다. 비가 오는 날에는 적절한 장비가 있어야 한다. 우산은 플레이어의 컨디션을 위해 밝은 색상이 좋다. 우산 안에는 수건을 매달아 두는 것이 쓸모가 많고, 안경을 쓰는 사람은 챙이 달린 모자를 써야 한다. 또 스윙을 방해하지 않는 편안한 비옷을 입어야 한다. 골프백 안에- 플라스틱 백으로 방수가 되어야 한다- 여분의 장갑을 비치하여야 하고 손이 젖지 않도록 벙어리 장갑 같은 것도 준비할 필요가 있다. 바람이 부는 날에는 머리카락이 시야를 가리지 않도록 챙이나 모자를 써야 하고 옷자락이 펄

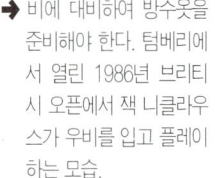

➜ 비에 대비하여 방수옷을 준비해야 한다. 턴베리에서 열린 1986년 브리티시 오픈에서 잭 니클라우스가 우비를 입고 플레이하는 모습.

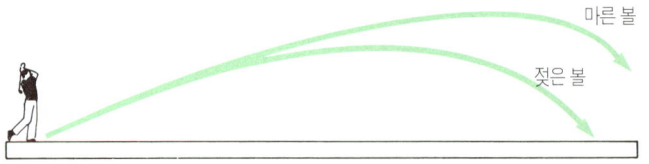

볼의 탄도는 볼이 건조했을 때 정확하다. 젖은 볼은 수직 강하하기 쉽기 때문에 높이 날지 못하고 거리도 손해 본다.

마른 볼
젖은 볼

⬇ 비오는 날씨의 웬트위스 클럽에서도 갤러리들의 열정을 적시지는 못했다.

실력 향상시키기

기억해둘 것
가능한 한 몸이
젖지 않도록 하고
미소를 잃지 말라.

럭거리지 않는 옷을 입어야 집중력이 방해 받지 않는다. 빗속에서 플레이할 때 필요한 요령들을 몇 가지 소개 한다.

- 드라이브 샷을 할 때는 젖지 않은 볼을 써야 한다. 젖은 볼은 뜨지 않고 낮게 가라앉는다.
- 심한 빗속에서는 티에 볼을 올려 놓기 전에 연습 스윙을 하는 것이 좋다. 그러면 티에 볼을 올려놓고 바로 칠 수 있기 때문에 볼이 덜 젖게 된다.
- 골프백에 카버를 씌우고 가능한 한 클럽을 백 속에 보관하여 그립이 젖지 않게 한다.
- 자신의 샷이 끝나면 동반자가 샷하는 동안 클럽의 물기를 닦아서 골프백 속에 보관한다.
- 비 때문에 러프에서의 샷이 어렵고 그린이 미끄럽기 때문에 퍼팅은 더욱 힘들다. 볼이 구르는 것이 아니라 미끄러지기 때문에 젖을수록 느려진다.

바람 속에서의 샷 PLAYING IN THE WIND

바람이 불고 있으면 샷을 한 후에 후회하지 말고 미리 잔디를 뜯어 바람에 날려봄으로써 바람의 방향을 체크하여야 한다. 핀의 깃발을 보고 바람의 방향을 알 수도 있고, 특히 티 그라운드의 주위 여건이 바람을 막아주는 조건에 있어서 바람이 없는 것 같지만, 페어웨이나 그린은 바람에 노출되어 있는지도 확인해야 한다. 티 그라운드에서는 바람을 느끼지 못할 수 있기 때문이다. 이런 경우 볼은 티를 떠나자마자 바람에 의해 방향에 영향을 받는다. 부드럽게 스윙하고 완전한 균형을 유지해야 한다. 4~5초 동안 피니시 자세를 유지해줌으로써 균형감을 높일 수 있다. 바람이 불 때 정말 위험한 것은 스윙 자체가 라인을 벗어난다는 것이다.

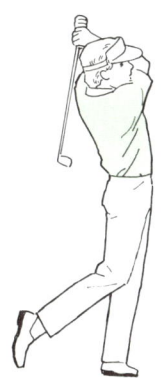

← 나쁜 날씨 속에서 플레이할 때 가장 중요한 점은 균형이다. 전 라운드를 통해 부드럽게 스윙하고 아주 신경써서 안정되게 균형을 잡아야 한다.

페어웨이와 그린은 바람 속에 노출되어 있고 티그라운드는 바람이 막혀 있는지 주의하여야 한다. 핀의 깃발을 보고 바람의 방향과 강도를 알 수 있다. 스윙 궤도를 벗어난 샷은 볼이 너무 뜨고 스핀도 빨리 먹을 수 있음을 기억해야 한다.

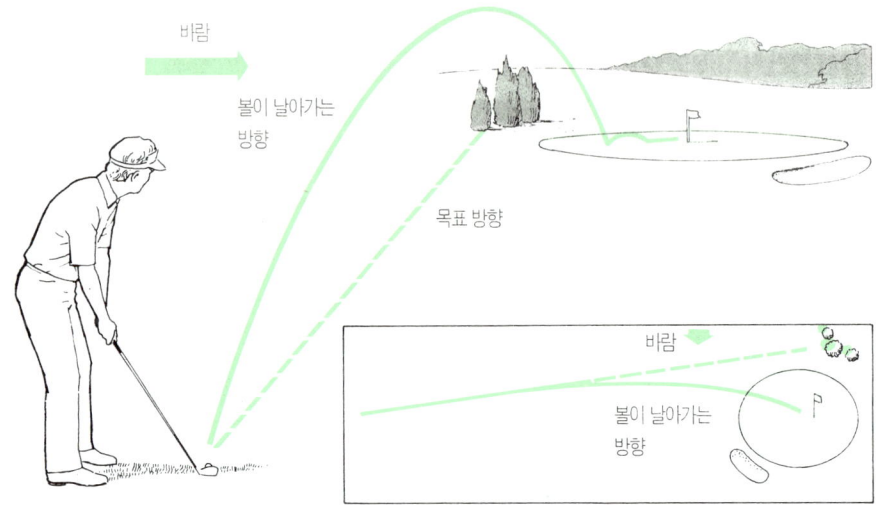

↑ 바람의 영향을 감안하여 그린 옆의 새로운 타겟을 설정한 후 조준한다. 이 타겟을 향해 어드레스하고 클럽 페이스를 정렬하여 스윙하고 나머지는 바람에게 맡기는 것이다.

옆바람

옆바람이 불면 바람이 불어오는 쪽으로 목표의 옆을 겨냥하여 볼을 쳐야 한다. 스탠스와 클럽 페이스가 이 지점을 향하게 스윙하고 바람이 볼을 휘어지게 하여 원래의 목표로 볼이 나가도록 한다.

만일 로우 핸디캐퍼라면, 클럽 페이스를 오픈시키거나 클로즈시켜서 드로우나 페이드로 볼을 바람을 향해 쳐서 똑바로 볼을 보낼 수도 있다.

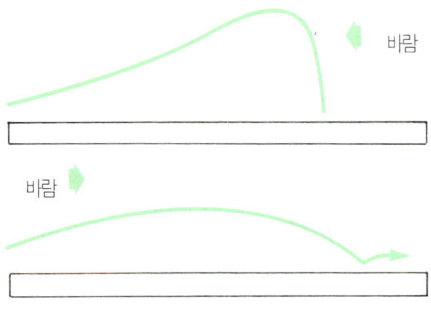

↑ 앞바람 속에서 플레이하면 볼이 높게 날며 타겟 라인에서 쉽게 벗어난다. 뒷바람은 볼이 낮게 날게하고 샷을 곧바로 보낸다.

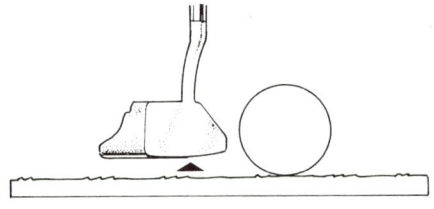

↑ 바람은 그린 위에서도 볼의 런에 영향을 끼친다. 바람이 아주 심하면 볼이 움직일 때 클럽을 그린에 대지 말아야 한다.

실력 향상시키기

앞바람

앞바람은, 비거리에서 심하면 클럽 4개의 차이가 있을 수도 있으므로 충분한 클럽을 가지고 볼로 가야 한다.(카트를 타고 라운드하는 코스에서, 또는 캐디 혼자서 네 백을 가지고 다니는 코스에서) 바람과 싸우겠다는 생각을 버리고 천천히 스윙하라.

일단 클럽을 선택했으면 그린을 넘길 가능성은 거의 없다고 보고 최대한 풀 스윙을 해야 한다. 드라이브 샷을 할 때는 볼을 낮게 보내 바람의 영향을 줄이는 것도 한 방법이다. 티를 낮게 꽂고 티를 그라운드에 남긴 채 볼을 때린다는 기분으로 스윙해야 한다. 경험있는 플레이어는 조금 수평한 스윙을 하고 백 스윙을 줄이기 위해 손목을 거의 쓰지 않는다. 안정된 균형이 절대적으로 중요하다.

뒷바람

드라이브한 볼이 충분한 높이로 떠야 한다. 티를 높게 꽂고, 필요하다면 3번 우드로 샷을 하여 높이를 유지할 수 있다. 이것이 오히려 볼을 드라이버보다 멀리 보낼 수도 있다.

뒷바람은 샷을 수평하게 하는 경향이 있고 이로 인해 볼은 낮게 날지만, 뒷바람은 또한 휘는 볼을 펴주어서 곧바로 날아가게 해주기도 한다.

그린을 향해 샷을 할 때는 여유있게 네 개의 클럽을 가지고 가야 하고 볼이 그린에 떨어진 후 바운스가 크다는 것을 유념해야 한다.

부드러운 볼이 잘 멈춰진다.(흔히 말하는 쓰리피스 볼) 만일 볼이 그린을 넘어서 나갔다면 이번 샷에서는 앞바람을 마주하고 피칭하게 된다는 것을 잊지 말아야 한다. 그린을 지나간 경우 다음 샷은 짧게 보낼 확률이 높다.

심한 바람은 롱 게임에서와 마찬가지로 그린 위에서도 볼에게 영향을 미친다. 다운 힐 경사의 빠른 그린일수록 바람의 영향이 크다.

> **기억해둘 것**
> 바람이 불 때는 균형유지에 특히 신경써야 한다.

거리 판단 JUDGING DISTANCE

스코어를 줄이기 위해서는 정확한 거리의 판단과 알맞은 클럽의 선택이 절대적이다. 파 3홀이나 연습장에서 각 클럽을 가지고 연습하여 자신의 비거리를 확실히 알아두어야 한다. 5번 아이언으로 볼을 보낼 수 있는 거리를 알고 있다면 6번 아이언은 10야드 정도 짧게 나가고, 7번 아이언은 20야드 덜 나가고, 이런 식으로 번호 하나에 10야드 정도의 비거리 차이가 있다고 생각하면 된다.

자신의 비거리를 정확히 알고 있어야 하며 옆 사람이 몇 번으로 쳤다고

➡ 가능하면 스코어 카드나 거리 표시카드를 이용해야 한다. 이들은 보통 어느 특정 지점에서 그린 중앙까지의 거리를 나타내고 그린의 길이, 나무나 벙커의 위치도 알려준다. 이 정보를 믿고 경사진 곳이거나 앞바람, 뒷 바람이 불 때는 10에서 20야드 정도 가감해야 한다.

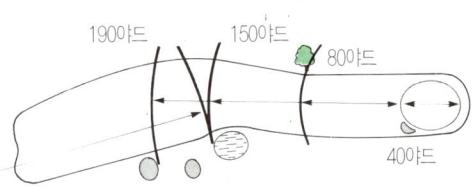

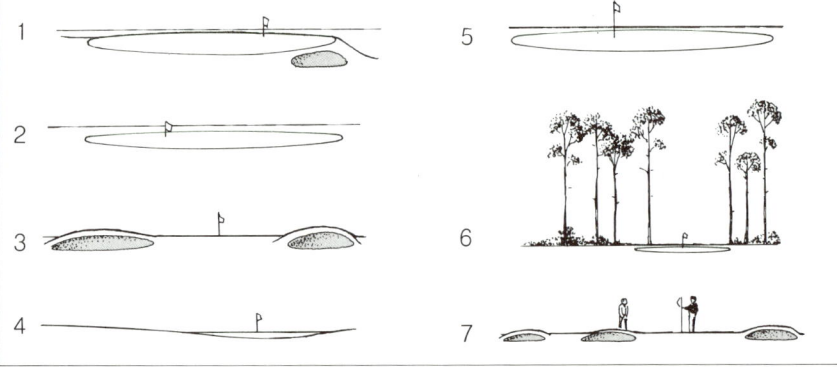

◇ 거리를 판단할 때 속기 쉬운 경우의 몇 가지 예
1. 그린의 뒤에 핀이 꽂혀 있을 때는 핀이 너무 뒤쪽에 있는 것으로 보이기 쉬우므로 소심한 플레이를 하게 된다. 다른 홀을 플레이 하는 동안 그린을 지나치며 미리 점검하고 기억해 두어야 한다.
2. 핀의 길이는 일정한 규격이 정해져 있지 않기 때문에, 긴 핀은 가까워 보이고 짧은 핀은 멀어 보인다. 그린 위에 앞팀이 플레이하고 있는 동안 사람을 보고 거리를 판단하는 것이 좋다.
3. 그린 앞에 둔덕이 있는 경우에는 그 뒤쪽으로 보이지 않는 거리가 30에서 40야드 있다고 가정해야 한다. 이런 경우 클럽을 짧게 잡는 경향이 있기 때문이다.
4. 그린 주위의 큰 벙커는 핀이 가까이 보이게 하므로 주의하여야 한다.
5. 그린 주위가 너무 평평하면 거리의 판단이 어렵다.
6. 큰 나무가 있으면 가까이 보이기도 하지만 핀이 상대적으로 작게 보여 또한 멀어보이기도 한다.
7. 그린 위의 사람들을 보고 거리를 판단하거나 직접 걸어가 보라. 평평한 코스나 보이지 않는 지역에서는 발걸음 수를 세어서 거리를 판단할 수 있다.

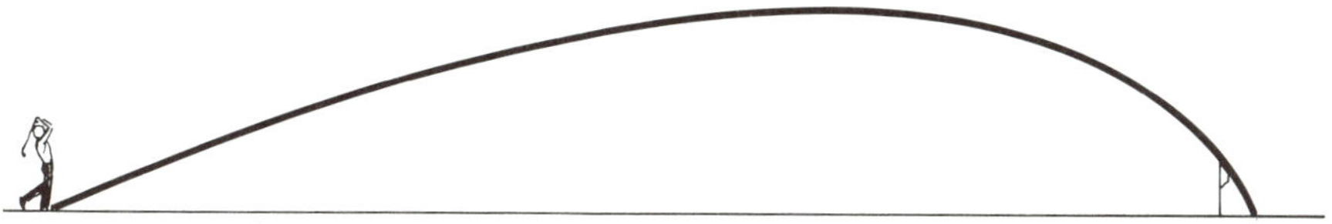

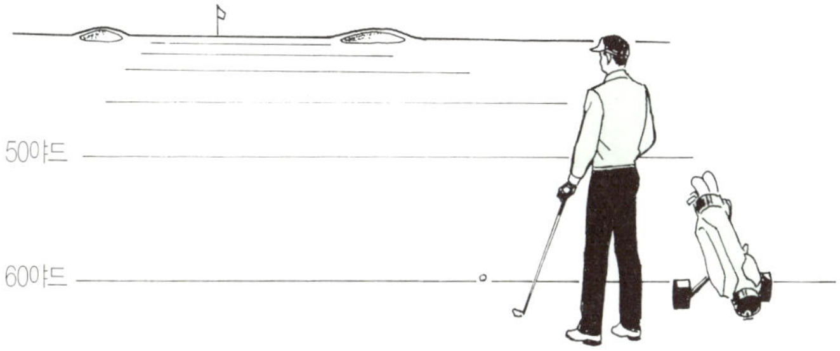

실력 향상시키기

← 1000야드 이내의 피칭 샷은 지면을 보면서 10야드씩 마음속으로 계산하여 거리를 측정할 수도 있다.

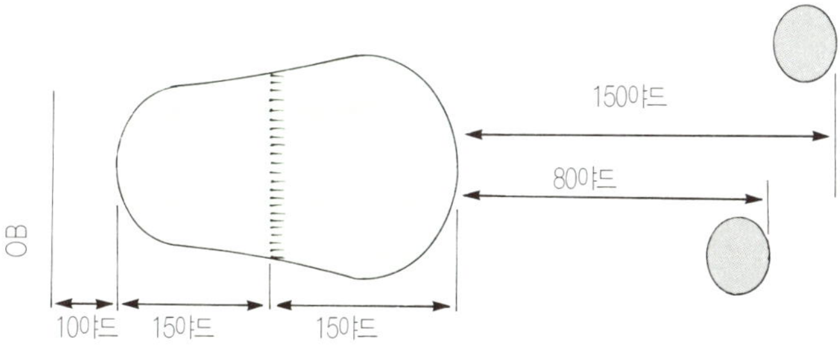

500야드
600야드

← 프로들은 연습 라운드에서 특정 지점으로부터의 거리를 야드 측정기로 미리 재어놓는다. 드라이빙 지역으로부터의 거리도 포함하며, 모든 그린의 높이, 그린 뒤쪽의 지형, 속기 쉬운 경사 등도 미리 점검한다. 자주 플레이하는 코스에서 자신이 직접 해보는 것이 좋다.

OB
100야드 150야드 150야드
1500야드
800야드

↓ 페어웨이를 가로질러 도랑이나 벙커가 있는 곳에서는 바람의 조건 등을 감안하여 정확히 볼을 보낼 지점을 찾아야 한다.

기억해둘 것
언제나 핀을 지나치도록 타격해야 한다.

하여, 무리한 클럽을 선택하면 안 된다.

일반적으로 보통 골퍼들은 짧은 클럽을 선택하기 쉽고 대체로 핀에 못 미치게 샷한다.

샷은 멋있게 보일지 모르지만 그린에 가보면 후회하게 되는 것이다. 한 클럽 적게 잡은 것이 3퍼팅을 유발할 수 있다. 또한 대개의 트러블이 그린 앞에 있다는 것을 잊지 말라. 때문에 과감하게 쳐야 한다.

특히 미국, 스페인, 일본, 한국 등의 코스에서는 그린 중앙에서 150야드 정도 떨어진 곳에 심어놓은 작은 나무들을 봐야 한다. 거리에 대해 보다 정확히 알수록 보다 자신 있는 샷을 할 수 있고 코스를 공략할 수 있다.

조준 AIMING

골프 스윙은 타겟을 향한 조준, 즉 어드레스가 정확해야 샷의 결과가 좋다. 조준이 좋지 않으면 볼은 타겟 라인을 벗어나고 만다.

어드레스가 잘못되면 자신도 모르게 이를 상쇄하려는 동작이 스윙 순간에 본능적으로 나오게 되어 더욱 스윙 자세를 망가뜨리게 된다.

많은 골퍼들이 정확히 조준하지 못하는 것을 볼 수 있는데, 흔한 실수가 타겟의 우측을 향해 어드레스 하는 것이다.

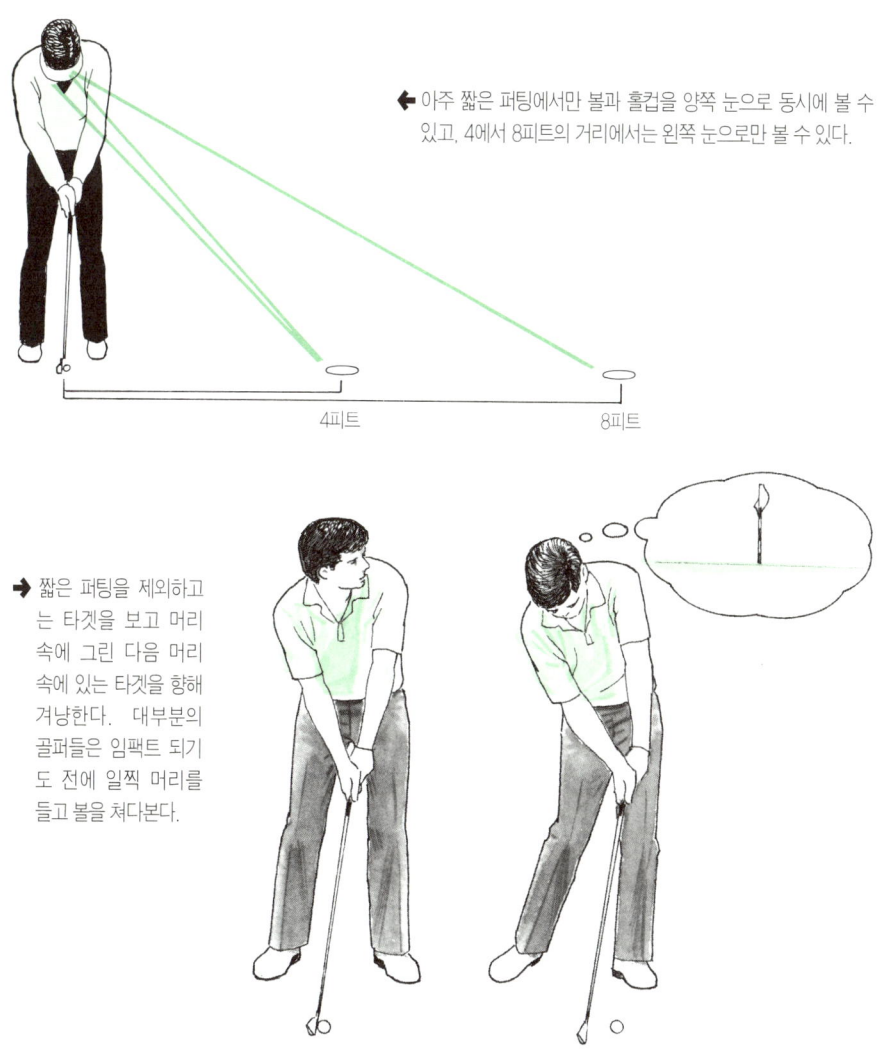

← 아주 짧은 퍼팅에서만 볼과 홀컵을 양쪽 눈으로 동시에 볼 수 있고, 4에서 8피트의 거리에서는 왼쪽 눈으로만 볼 수 있다.

4피트   8피트

→ 짧은 퍼팅을 제외하고는 타겟을 보고 머리 속에 그린 다음 머리 속에 있는 타겟을 향해 겨냥한다. 대부분의 골퍼들은 임팩트 되기도 전에 일찍 머리를 들고 볼을 쳐다본다.

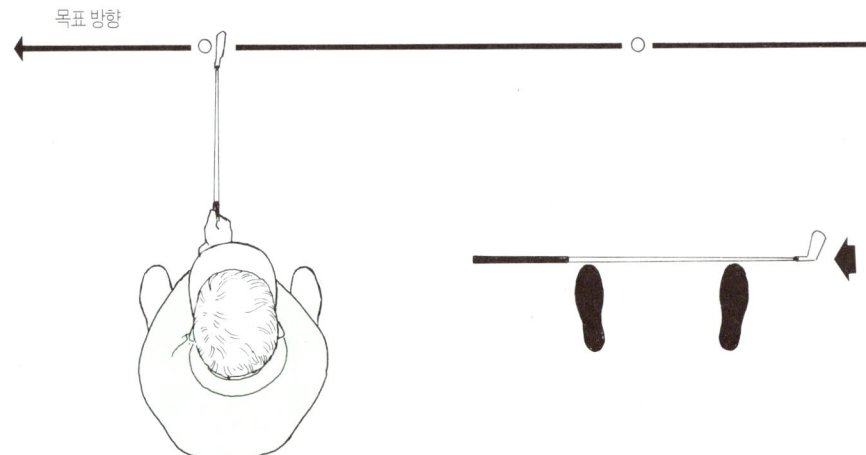

↑ 정상적인 샷을 위해서는 볼과 타겟 라인에 평행으로 선다. 연습 때는 양쪽 발가락 앞에 클럽을 하나 놓고 점검하는 것이 좋다.

↓ 세트업(겨냥)에 문제가 있거든, 특히 페어웨이를 대각선으로 가로질러야 한다든가 티 마크가 제대로 페어웨이 중앙을 향해 정렬되어 있지 않은 티 그라운드에서 샷해야 할 때는 볼 앞의 한 지점을 선택하여 타겟보다는 그 점을 향해 겨냥하는 것이 좋다.

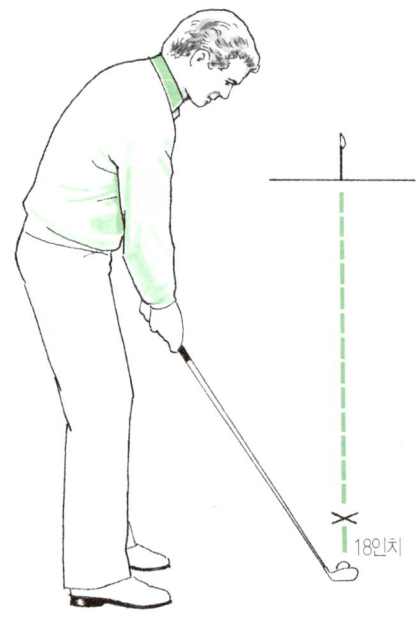

이로 인해 우측으로 밀어내는 샷만 나오는 것이 아니라 팔을 끌어당기게 되어 좌측으로 볼을 보내게도 된다.

짧은 퍼팅을 제외하고 모든 골프샷은 볼과 타겟을 동시에 보는 것이 불가능하다.

직각의 스탠스에서 정확하게 겨냥하는 방법은 양발과 무릎, 히프, 어깨, 그리고 양눈이 스윙하고자 하는 타겟 라인에 평행을 이루고 있어야 한다.

4피트까지의 짧은 퍼팅에서는 양쪽 눈으로 홀컵과 볼을 동시에 볼 수 있다. 4피트에서 8피트까지의 거리에서는 홀컵과 볼을 왼쪽 눈으로만 동시에 볼 수 있지만(오른손잡이의 경우) 오른쪽 눈으로는 불가능하다. 때문에 어느 정도 정확성이 떨어지게 된다.

이 이상의 거리에서는 홀컵과 라인을 본 후 머리 속에 거리를 입력시켜놓은 후 볼을 향해 시선을 집중하고 머리 속의 타겟을 향해 정확하게 겨냥해야 한다.

실제로 직각의 평행 스탠스로 서는 것이 말처럼 쉽지 않다. 많은 골퍼들이, 아주 조심하고 주의를 기울이지 않으면 시각의 착오로 인해 타겟 라인에 평행으로 서지 못한다.

양 발가락 앞에 클럽을 하나 놓음으로써 자신의 세트업이 평행을 이루고 있는지 연습장에서 점검해 봐야 한다. 코스에서도 이렇게 해볼 수 있으나 샷이 끝난 후 클럽을 두고 오는 수가 많으니 조심해야 한다.

타겟을 향해 옆으로 서야 하기 때문에 판단이 어려워진다. 일반적인 방법은 볼의 뒤에서 다가가며 타겟 라인선상에서 볼앞 18인치 지점에 가상의 점을 하나 선택하여 머리 속에 새겨놓고 볼옆으로 돌아와 그 점과 볼 사이의 라인에 맞춰 클럽 페이스와 양 발을 평행으로 세트업하는 것이다.

기억해둘 것
스윙의 조준이
정확해야 한다.

기술적인 샷 FINESSE SHOTS

훌륭한 골퍼가 되려면 기술적인 샷들을 습득해야 할 필요가 있다. 이들 중 어떤 것은 어쩌다가 한 번씩 사용할 뿐이지만 이런 기술들을 익혀놓지 않으면 위험한 상황에 빠졌을 때 대책이 없게 된다.

다음 페이지의 두 샷은 트러블 지역에서 어떻게 볼을 훅이 나게 하는지 그리고 어떻게 슬라이스를 내서 탈출하는지를 보여주고 있다. 이 두 샷의 기본 원칙은 볼이 처음에 출발하는 방향을 향해 스탠스를 취하는 것이다.

훅을 내기 위해서는, 왼손의 그립을 끝쪽으로 좀더 강하게 잡고 양발을 장애물의 우측을 향해 세트업하고 플랫한 스윙을 하며 클럽 페이스를 클로즈시키고 왼팔꿈치를 몸쪽에 가까이 붙인다. 기억할 것은 볼이 장애물의 우

← 턱이 낮은 완만한 벙커에서의 짧은 샷은 퍼팅이나 치핑으로도 가능하다. 퍼터나 7번 아이언을 사용할 수도 있는데 중요한 것은 스윙의 깊이다. 퍼터는 모래 위에서 볼의 뒤쪽을 깨끗이 쳐내도록 집중해야 하고 7번 아이언으로 치핑을 할 때는 가능한 얇게 모래를 파야 한다.

→ 고급 플레이어는 치핑에서도 손목을 어느 정도 사용한다. 왼손목이 아래로 처지지 않고 위를 향해 뻗치게 해야 한다. 이렇게 함으로써 아주 적은 손목의 움직임이라도 클럽의 끝이 왼손목의 안쪽에 닿기 때문에 제한된다. 그렇지만 느낌을 예민하게 해주고 좀더 기교적이다.

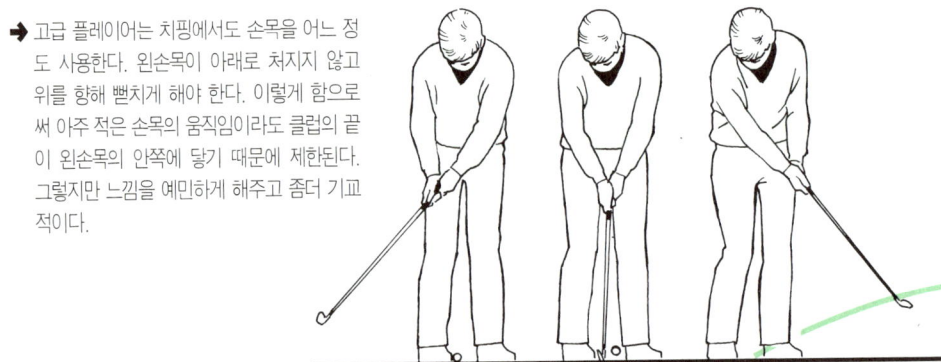

실력 향상시키기

⬆ 트러블 지역에서 훅을 내기 위해서는 스탠스와 스윙은 우측을 향하고 클럽 페이스는 좌측을 향해 겨냥한다. 그립에 힘을 주고 플랫한 스윙을 한다. 일반적으로 슬라이스를 내기보다는 훅을 만들기가 쉽다.

⬆ 스탠스와 스윙은 좌측을 향하고, 클럽 페이스는 오픈하고 오른손의 그립을 보통 때보다 강하게 하고 스윙한다. 볼이 좀더 높이 떠야 하고 나무 가지로부터 충분히 떨어져서 볼을 보내야 한다.

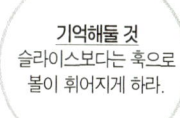

기억해둘 것
슬라이스보다는 훅으로
볼이 휘어지게 하라.

측으로 출발해야 하며, 너무 소심하여 훅의 정도가 약하지 않게 충분히 좌측으로 휘어지게 쳐야 한다는 것이다.

슬라이스는 장애물의 좌측을 향해 스탠스와 어깨를 평행으로 하고 그 방향으로 샷해야 한다. 어드레스에서 클럽 페이스를 오픈시키고 오른손을 조금 더 위로 오게하여 그립을 잡고 오른손은 평소보다 약간 강하게 잡는다.

임팩트에서 클럽 페이스가 오픈 상태를 유지해야 하고 손목은 고정시키고, 히프를 빠르게 돌려주어야 한다. 히프의 동작이 볼을 좌측으로 출발하게 하지만 오픈된 클럽 페이스가 결국 볼을 우측으로 휘게 해 준다.

긍정적인 사고 POSITIVE THINKING

어떤 골프 샷이든 간에 자신이 원하는 샷을 머리 속에 미리 그려봐야 한다. 마음속에 그린 멋진 샷의 영상은 자신의 두뇌와 신체에 정확한 샷을 구사할 수 있도록 직접적인 영향을 준다.

근육은 언제든지 끄집어내어 사용할 수 있는 메모리 장치가 되어 있다. 특정한 거리의 퍼팅이 이루어지는 모습을 머리 속에 그려보면 두뇌와 몸은 경험을 통해 이 퍼팅을 수행하기 위해 어떻게 해야 하는지 자동적으로 알게

티 샷은 완벽한 자리에 떨어뜨린다는 것에 초점을 맞춰야 한다.

과거의 미스 샷에 대한 기억을 없애라.

되어 있는 것이다.

 이와 같은 현상은 피칭, 벙커 샷, 그리고 롱 게임까지 마찬가지로 일어난다. 그러나 불행하게도 이보다 먼저 쉽게 일어나는 현상은 자신이 원하는 샷보다 피하고 싶은 샷을 머리 속에 떠올리게 된다는 것이다. "제발 슬라이스가 나서 오비가 되지 않기를" 같은 생각을 하게 되는 것이다.

 문제는 이렇게 됨으로써 머리 속의 그림은 오비쪽으로 날아가는 슬라이스가 되고 근육의 기억과 두뇌는 당신이 피하고 싶은 샷이 이것인 것을 모르게 된다. 자신의 두뇌와 몸은 머리 속의 그림, 슬라이스를 받아들이게 되

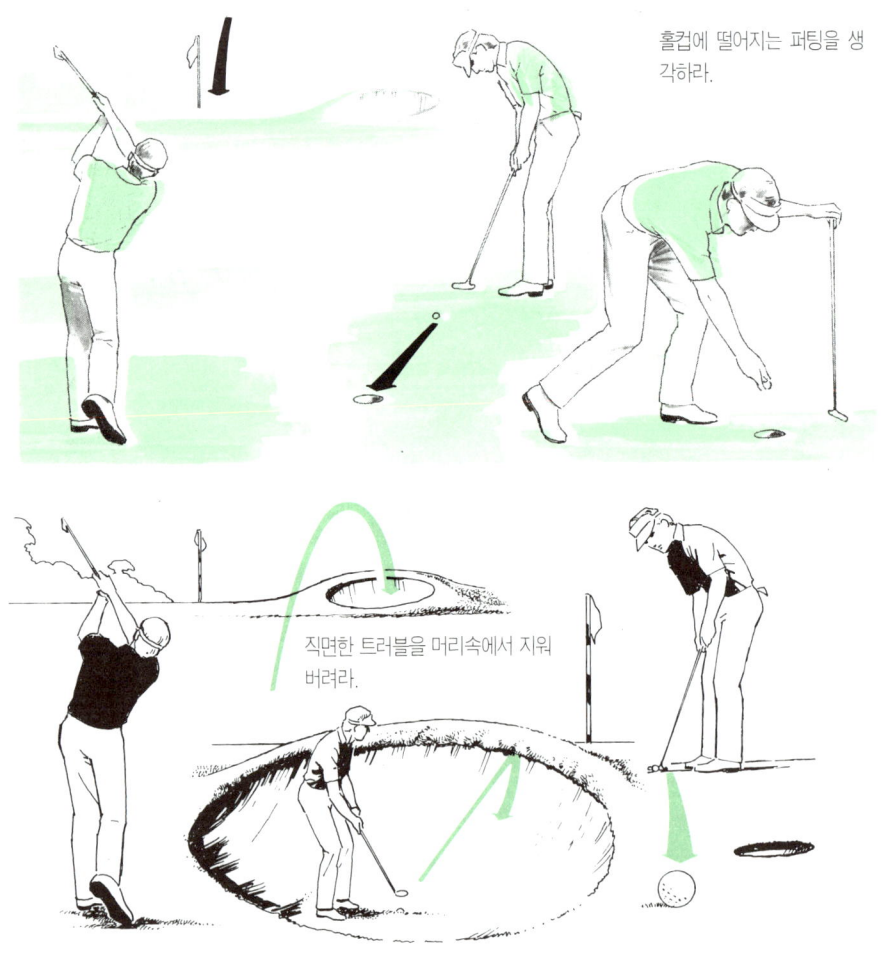

홀컵에 떨어지는 퍼팅을 생각하라.

직면한 트러블을 머리속에서 지워버려라.

어 그대로 수행하게 된다.

다른 말로 하면, 당신이 부정적으로 생각하면 그것은 부정적인 샷을 하도록 스스로에게 명령하고 있는 것과 같다. 앞에 있는 벙커에 볼이 빠지는 생각을 하게 되면 거의 틀림없이 볼은 벙커에 떨어진다. 퍼팅이 홀컵의 왼쪽으로 지나갈 것 같은 생각을 하면 볼이 왼쪽으로 지나가는 결과를 가져오게 된다.

그러므로 긍정적으로 생각하라. 언제나 정확한 샷만을 생각해야지 잘못된 샷을 생각해서는 안 된다. 코스에서 정확한 샷만을 생각하기 위해서는 집에 앉아서 그와 같은 멋진 샷들을 상상하는 것도 도움이 된다. 다른 운동에서 말하는 이미지 트레이닝의 효과와 같은 것이다. 자신이 자주 나가는 코스의 어느 파 3홀에서 라운딩할 때마다 문제가 있다면 그 홀에서 완벽한 샷을 하는 모습을 계속해서 반복하여 상상하는 것이다. 다음에 그 홀의 티 그라운드에 서게 되면 완벽한 샷의 그림을 머리 속에 그리게 되고, 정확한 샷을 구사할 수 있게 된다. 만일 나쁜 샷이 계속 나오고 이것이 반복되면, 부정적인 생각이 더욱 나쁜 샷을 부추기는 스스로의 함정에 빠지게 된다.

기억해둘 것
긍정적으로 생각하고 모든 샷을 하기 전에 완벽한 샷을 미리 머리 속에 그려보라.

습관적인 행동의 중요성 THE VALUE OF ROUTINE

골프는 움직이지 않는 볼을 가지고 플레이하는 운동이기 때문에 모든 샷을 할 때 자신만의 습관을 반복할 수 있는 시간이 있다. 그러나 한편으로는 너무 많은 시간이 주어져 마음이 흐트러질 수도 있다.

반복 행동의 가치

샷을 준비하는 동안 자신이 반복하게 되는 어떤 습관을 길러야 한다. 이것이 골프 스윙을 일관성 있게 되풀이 할 수 있는 열쇠의 역할을 해주는 것이다.

연습장에서도 똑같은 행동을 반복하고, 이렇게 함으로써 코스에서의 연습 라운딩에서도 같은 행동을 되풀이하게 되며 시합에서도 되풀이하게 되는 습관적인 프리 루틴이 되는 것이다.

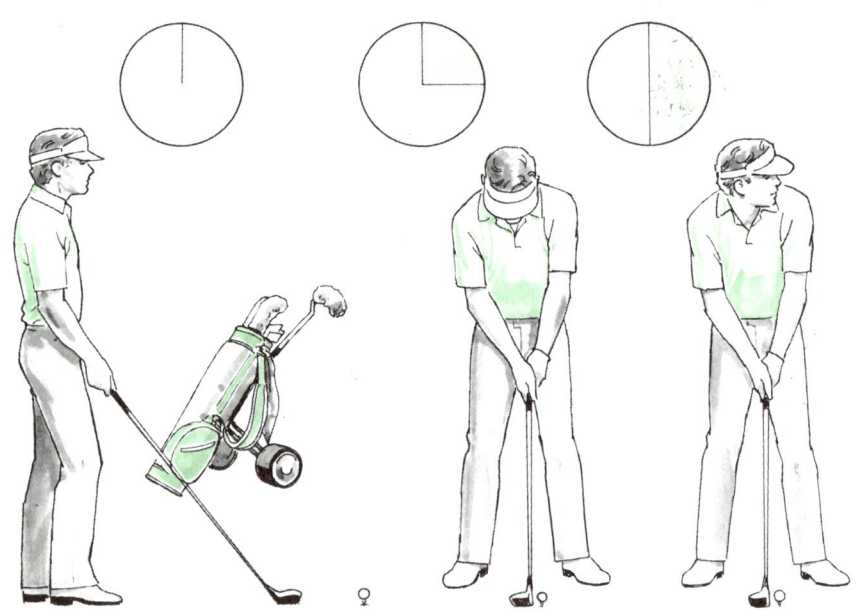

↑ 최고의 선수들은 샷 이전에 항상 똑같은 행동을 반복한다. 스톱 워치를 준비하여 재듯이 같은 행동의 반복을 익혀야 한다. 항상 같은 위치에 클럽을 놓고, 볼의 뒤에서부터 볼을 돌아가 세트업한다.

↑ 양발을 세트업하고 양손을 언제나 같은 순서대로 그립을 잡으며 같은 순서로 자세를 잡는다.

↑ 항상 같은 횟수로 쳐다보고 일관성있는 '왜글링' (몸이나 클럽을 좌우로 흔들어서 긴장을 풀어주는 행동)을 해준다.

실력 향상시키기

정렬

프리 루틴의 한 예로서, 골프백과 클럽을 항상 볼의 우측에, 같은 위치에 두는 것에 익숙해지는 것이다. 연습 때나 플레이 도중에도 항상 같은 방법으로 세트업해야 한다. 옆쪽에서 볼로 걸어가든, 볼을 뒤로 돌아가든 항상 같은 방법으로 하는 것이다. 같은 행동을 계속해서 반복해야 하고, 특히 어렵거나 중요한 샷을 할 때는 이런 일상적인 행동을 절대 바꾸려고 하면 안 된다.

쳐다보기

또한 머리를 들어 앞을 쳐다보는 것도 매 샷마다 같은 횟수로 쳐다보는 것을 습관들여야 한다. 연습 그라운드에서는 볼 앞에 다가서서 한 번 쳐다보고 볼을 치게 되는데, 코스에서는 볼을 치기 전에 여러 번 목표를 향해 쳐다보게 된다. 시합에서는 더욱 많이 쳐다보게 되며, 발을 움직이거나 위치에서 벗어나게 되어 오히려 샷에 대한 결단력을 방해하는 시간이 될 수 있는 것이다.

자세

먼저 왼손 그리고 오른손을 클럽에 대는 것과 같이 매 샷마다 같은 방법으로 그립을 잡고 자세를 취한다. 손으로 플레이 하는 것은 안되지만 한 손씩 순서대로 그립을 잡아야 한다.

왜글과 투월(클럽을 좌우로 흔들거나 돌리는 것)

어드레스가 끝나면 같은 횟수의 왜글과 투월을 반복해야 한다. 이를

↑ 스윙에서는 항상 임팩트를 통해 볼을 보고 있어야 한다.　↑ 좋은 피니시 자세를 해야 한다.

기억해둘 것
습관을 정해 놓고 항상 그대로 해야 한다.

연습에서 익히지 않으면 시합에서는 대여섯 번씩 하게 된다. 볼을 치기 전의 모든 습관을 하나의 정해진 동작으로 익혀야 한다.

볼에 시선 고정

그러고 나서, 임팩트를 통해 정확히 볼을 보는 것을 익혀야 하고 매 스윙은 균형 있는 폴로 스루를 거쳐 피니시하고 그 자세로 3, 4초 동안 정지해 있어야 한다. 설령 팔은 피니시 후에 내린다고 해도 양발의 자세는 볼이 완전히 멈출 때까지 그대로 유지하고 있어야 한다. 훌륭한 골퍼들을 보면 실제로 그들은 모든 샷에서 이와 같이 스윙한다. 이에 비해 일반 골퍼들은 샷에 임하는 자세가 바뀌고 시합에서는 습관적 행동을 잊게 된다. 조바심이 생김과 동시에 그들은 샷을 준비하는 데 시간이 더 걸리지만 실제로 스윙 자체는 더욱 빨라진다.

숏 게임 습관

이러한 일정한 습관은 숏 게임에서도 마찬가지다. 퍼팅할 때도 같다. 매번 같은 방법으로 그린을 읽고 같은 횟수의 연습 스윙을 하고 머리 고정, 모든 퍼팅을 같은 스트로크로 하도록 노려야 한다. 갑자기 아주 중요한 퍼팅을 하게 되었을 때는 두세 번 더 연습 스윙을 해야 되겠다는 생각을 하지 말라. 득될 게 하나도 없다. 아무리 중요한 퍼팅이라고 해도 보통 때와 같이 해야 한다.

피니시

피니시 자세로 정지하고 있어야 함을 기억하라. 날아가는 볼을 향해 빨리 따라갈 이유가 없다. 볼이 잘못 날아갔다고 해도 서둘러서 두 번째 샷을 하러 갈 이유도 없다. 이처럼, 예를 든다면 스쿼시, 축구 또는 테니스와는 전혀 다른 것이다. 처음 볼에 다가갈 때부터 준비 동작, 스윙, 피니시에 이르기까지 항상 같은 일상을 되풀이 하는 것을 배워야 한다. 샷을 하기 위한 준비 동작이 분명하게 똑같이 반복될수록 스윙도 똑같이 일관성 있게 반복되며 좋은 결과를 즐길 수 있게 되는 것이다.

레슨 및 연습 LESSON AND LEARNING

처음 몇 번의 레슨은 어떻게 게임을 향상시킬 것인지 방향을 결정하게 된다. 자격 있는 전문가에게 시리즈로 레슨을 받아야 하고 최소한 6회에서 10회 이상 받아야 한다. 이렇게 해야 프로가 골프의 기본적인 기술을 논리적으로 습득시켜 줄 수 있다.

레슨은 물론 연습과 함께 병행해야 한다. 레슨과 레슨 사이에 최소 250개의 볼을 쳐야하고 레슨과 연습의 조화없이 어떤 극적인 향상이 있으리라고는 기대하지 말라.

매 레슨 때마다 너무 많은 것을 알려고 하지 말라. 좋은 프로는 한 가지나 두 가지 정도의 포인트만을 심어줄 것이다. 인내심을 가져야 한다. 매 포인트마다 조직적으로 받아들여야 한다. 이렇게 하면 쉽게 발전하지만, 한 번에 모든 것을 다 이해하려고 하면 스윙이 너무 복잡하게 생각되어 오히려 어려워지게 되는 것이다.

무엇을 배웠는지 무엇을 연습해야 하는지 항상 노트해야 한다. 같은 실수가 반복된다는 것을 기억하라. 경험 있는 골퍼들까지도 때로는 그립이나 스탠스의 기초적 문제가 반복되는 것을 발견하게 된다.

가능하다면 자신의 레슨을 비디오 테이프에 담아 두라. 이상적인 방법은 프로가 당신의 모습을 비디오에 담으며 레슨을 말로 해주어서 집에서 스스로 연습할 수 있게 하는 것이다. 레슨 과정에 칩핑과 퍼팅, 피칭, 그리고 벙커 샷이 포함되어야 한다.

자칫하면 숏 게임을 소홀히 하기 쉬운데 실제로 스코어를 빨리 줄여주는 것은 숏 게임이다. 레슨을 시작하기 전에 프로에게 숏 게임에 대한 레슨을 요청하여 특별한 가르침을 받도록 하라. 가급적 코스에서 라운딩 레슨을 받아서 실제로 라운딩 중에 당신의 플레이를 프로가 볼 수 있고 전략과 조준, 그리고 일반적인 코스 공략법을 배울 수 있게 하라.

연습장에서는 조준을 잘 하는데도 코스에서는 안되는 플레이어가 종종 있다. 때문에 프로가 당신의 이런 모습을 볼 수 있도록 해야 한다. 어느 정도의 실력이 갖추어졌다고 해도 레슨은 받아야 한다. 샷이 잘못되었을 때 프로가 비교해보고 문제를 지적하여 쉽게 교정할 수 있게 해준다. 게임이 절망적으로 안될 때 프로에게 찾아가서 어떤 기적같은 결과가 나타나기를

기대하지 말아야 한다. 스윙을 향상시키기 위해서는 때로는 향상되기 전에 스윙이 한동안은 더욱 악화될 수도 있다. 스코어를 낮추기까지는 연습과 라운딩을 병행해도 몇주 정도는 걸린다. 한 프로에게만 레슨을 받는 것이 바람직하지만 이것만은 유의하여야 한다. 스윙을 복잡하게 느끼도록 가르치는 프로는 코스에서 사용할 수 있는 좋은 스윙을 가르치지 못한다.

실력 향상시키기

← 인도어 골프장. 그림처럼 항상 레슨받은 내용을 연습으로 익히는 것이 필수적이다.

기억해둘 것
레슨받은 후 연습은 필수적이다.

롱 게임 연습 LONG GAME PRACTICE

롱 샷을 연습할 때는 우산과 같이 큰 것을 목표 지점에 두고 항상 그것을 타겟으로 하고 겨냥하여 연습하여야 한다. 이렇게 연습하여 제대로 타겟을 맞추게 됨으로써 자신감이 생긴다. 단순히 작은 핀만을 목표로 연습하게 되면 맞추기 어렵고 이로 인해 자신감을 얻지 못하게 될 수도 있다.

여러 개의 타겟을 각 클럽의 비거리에 알맞는 곳에 놓고 매 샷마다 집중하여 최선을 다해 목표를 맞추도록 한다. 절대로 무심하게 연습해서는 안 된다. 좋은 플레이어는 우선 좋은 샷을 향상시키고 나쁜 샷을 없애는 순서로 연습한다. 언제나 매 샷을 실제 코스에서 라운드 할 때처럼 신중하게 치도록 노력해야 한다.

모든 연습을 할 때는 프로그램을 짜서 시작한다. 예를 들면,

- 7번 아이언, 5번 아이언, 페어웨이 우드들, 그리고 드라이버로 각 20개씩의 볼을 치는 연습을 한다.
- 항상 아이언으로 연습을 시작하고 우드로 옮겨 간다.
- 한 번에 너무 많은 볼을 치지 말라. 20개로 시작하고 다시 볼을 줍든가 짧은 휴식을 취한 다음 다시 20개를 치도록 하라. 너무 많은 볼을 한꺼번에 치면 부주의하게 볼을 치게 된다.

일단 어느 정도 볼을 잘 치게 되면 스윙을 분석하여 잘못된 점을 찾아내고 향상되는 과정을 모니터해야 한다.

연습 방법을 기록하고 결과를 체크해야 한다. 목표 지점에 모이는 볼들을

← 롱 샷 연습의 효과적인 방법은 각각 다른 클럽으로 20개씩의 볼을 연습하는 것이다. 7번 아이언으로 시작하여 5번 아이언, 페어웨이 우드, 그리고 드라이버 순이다. 각 클럽의 비거리를 확인하여야 한다.

→ 어니 엘스같이 훌륭한 골퍼도 연습하지 않으면 안 된다. 그들은 연습장에서 가장 늦게까지 남아 있는 사람들이다.

실력 향상시키기

기억해둘 것
스윙이 잘될 때
연습을 더해야 한다.

확인하고 몇 개가 좌측으로 가고 몇 개가 우측으로 갔는지 봐야 한다. 거리는 예상한 대로 나가는가? 각 클럽이, 좋은 볼로 쳤을 때 얼마나 멀리 나가는가?

초보자에게 그립은 중요하므로 그립 연습에도 많은 시간을 할애하여야 한다. 다시 그립을 고쳐 잡기 전에는 볼을 타석에 놓지 말아야 한다. 매 샷마다 그립을 다시 잡음으로써 몇 초 걸리지 않아 간단히 그립을 잡을 수 있도록 되어야 한다.

연습에서와는 달리 실전에서 잘되지 않으면 클럽을 다양하게 선택해 보는 것도 좋다. 드라이버 대신 아이언이나 페어웨이 우드를 써보는 것이다. 순서대로 각 클럽을 백에서 꺼내어 매 샷마다 최선을 다해 집중하고 연습해야 한다. 이렇게 함으로써 코스에서 바꾸어가며 사용하게 되는 각 클럽에 쉽게 적응할 수 있게 되는 것이다. 타겟 라인에 대해 정렬하는 것도 연습해야 한다. 매 샷마다 볼의 뒤에 서서 보고 정렬하는 것이 좋다. 정렬하지 않고 볼을 치면 안 된다. 정렬하기 위해서 클럽을 발가락 앞에 놓아서는 안 된다. 플레이 중에는 그 자리에 클럽을 놓지 못하게 되어 있다.

가능한 상황이라면 세 무더기의 볼을 몇 야드 사이로 띄어 놓고 한 곳에서 다른 무더기로 이동하여 연습하며 매 샷마다 자신의 정렬이 정확한지 확인하라. 골프의 라운드를 생각해보면 14번의 드라이브 샷, 4개의 파 3홀, 8개의 페어웨이 우드, 10개의 중간 또는 롱 아이언, 10개의 짧은 아이언, 이런 식으로 사용하게 된다는 것을 알 수 있다. 이와 같이 각 클럽으로 비중을 나누어 연습하는 것이다.

일반적으로는 좋은 스윙의 습관을 들이기 위해 좋은 라이에서 연습한다. 그러나 나쁜 라이나 경사면에서도 가끔 연습해 두어야 한다.

짧은 게임 연습 SHORT GAME PRACTICE

스코어를 줄이는 가장 쉬운 방법은 짧은 거리의 게임을 연습하는 것이다. 핸디캡이 높은 사람들은 그린 주위에서 불필요하게 샷을 낭비한다.

숏 게임 연습에 시간을 소비하는 것은 항상 그만한 가치가 있다. 보통 롱 샷을 향상시키는 것에는 시간이 걸린다.

짧은 피칭은 10야드(1야드=약 91cm)에서 20야드 거리에 우산을 뒤집어 놓고 샌드 웨지로 연습하는 것이 좋다. 볼을 치고 머리를 들지 않은 채 볼이 우산 속에 떨어지는 소리를 들어야 한다.

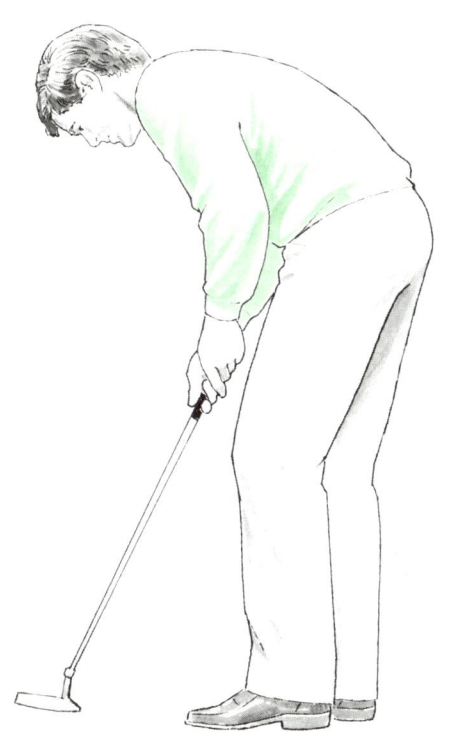

➤ 부드러운 카펫 위에서 퍼팅과 치핑을 연습하라. 성냥갑이나 컵(홀컵보다 작은 것) 속에 다양한 거리에서 집어 넣는 연습을 한다.

➔ 다양한 거리에서 우산 속에 볼을 쳐넣는 숏 피칭과 롱 피칭 연습을 하라. 코스에서의 실전에 대비하여 거리에 대한 감각을 익혀야 한다.

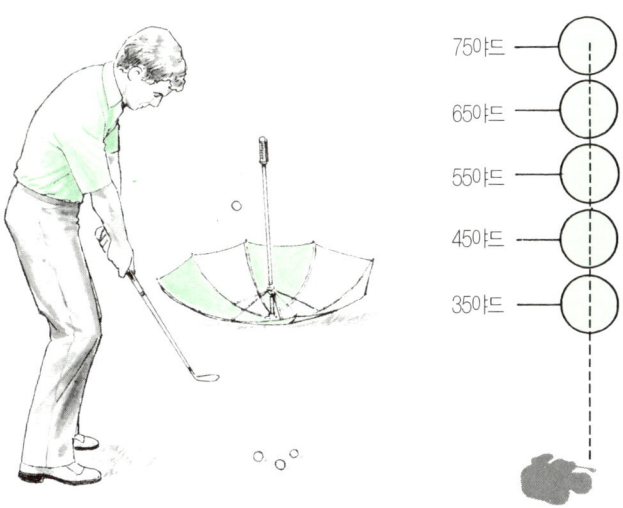

그리고 골프백이나 다른 클럽을 중간에 놓고 그것이 벙커라고 생각하고 그 너머로 피칭하는 연습도 한다. 좋은 라이에서 연습을 시작하여 좋지 않은 라이에서도 연습한다.

치핑의 연습은 5개의 볼을 사용하여 각 볼을 홀컵에 겨냥한다. 치핑 샷으로 홀아웃하면 5점으로 계산하고, 클럽 헤드와 그립 사이의 거리에 멈추면 3

➡ 대부분의 짧은 샷은 짧은 백 스윙 및 볼을 통한 가속이 필요하다. 다른 클럽을 갖고 있는 파트너를 뒤에 있게 하고 백 스윙의 한계를 제한하는 연습을 하라. 그러면 서로 스윙을 비교해 볼 수 있다.

⬅ 120야드 정도 거리(약 11m)의 벙커 샷을 연습하라. 이 거리가 일반적으로 가장 많이 필요로 하는 거리다. 좋은 라이에서 연습하고 차차 나쁜 라이에서도 연습한다. 12 야드 거리의 샷이 정확해 지면 80야드에서 20야드까지의 벙커 샷 연습을 한다.

점, 클럽 길이면 1점으로 계산한다.

숏 피칭과 치핑, 그리고 퍼팅을 함께 연습해야 한다. 그린 밖에서 10개의 볼을 친 후 몇 개를 두 번 만에 홀 컵에 넣는지 세어보라. 고급 플레이어는 같은 방법으로 벙커 샷을 연습한다. 각기 다른 상황에 대처하기 위해 벙커의 위로 또 아래로 연습한다.

항상 뚜렷한 계획을 가지고 연습하고 실력이 향상되는 정도를 모니터해야 한다. 손목이 느슨하게 풀리지 않도록 단단히 고정하고 시간은 여유있게 가지고 숏 샷을 해야 한다. 롱 샷은 부드러운 손목, 짧은 샷은 단단한 손목을 유지한다는 것을 기억해야 한다.

일반적으로 모든 숏 샷은 백 스윙과 스루 스윙의 크기가 같아야 크게 백 스윙하고 감속을 시키려고 하면 안 된다. 숏 게임의 좋은 연습 방법은 클럽 헤드 커버를 우측 어깨 밑에 끼고 하는 것이다.

이렇게 함으로써 왼팔의 동작이 정확해지고 양팔과 다리, 몸이 커버를 떨어지지 않게 하려는 동안 조화있는 동작을 이루게 된다.

대부분의 숏 샷은 짧은 백 스윙과 볼을 지날 때의 가속이 요구된다.

누군가에게 클럽을 들고 뒤에 서서 백 스윙이 커지지 않도록 막아주며 연습하는 것도 좋은 방법이다. 백 스윙과 스루 스윙의 크기가 같아야 함을 명심하라.

기억해둘 것
스코어를 줄이려면
숏 샷 연습을 하라.

볼 컨트롤 BALL CONTROL

좋은 골프의 기본이 되는 것은 반복해서 타겟을 향해 볼을 치는 것이다. 스윙만 좋다고 해서 골프가 되는 것은 아니다. 타겟을 잘 겨냥해야 할 필요가 있다. 연습이든 라운딩 중이든 간에 타겟을 겨냥하고 볼을 쳐야 한다. 친구들과 라운딩할 때는 타겟을 정하고 자신이 해보고 싶은 샷을 한다.

정한 타겟을 긍정적으로 생각해야지 피하고 싶은 장애물을 생각해서는 안 된다. 모든 샷은 타겟을 확실히 머리 속에 심어놓고 볼을 쳐야 한다.

많은 위대한 골퍼들은 한두 개의 클럽으로 골프를 시작했다.

예를 들면 리 트레비노와 세베 발레스테로스는 한 클럽만을 사용하며 모든 샷을 해야 했던 캐디 시절이 있었다. 그들은 클럽 페이스를 오픈하거나 클로즈시키면서 필요에 따라 스윙을 적응시켜 가며 모든 종류의 스윙을 배웠다.

다른 프로들도 느낌과 터칭, 그

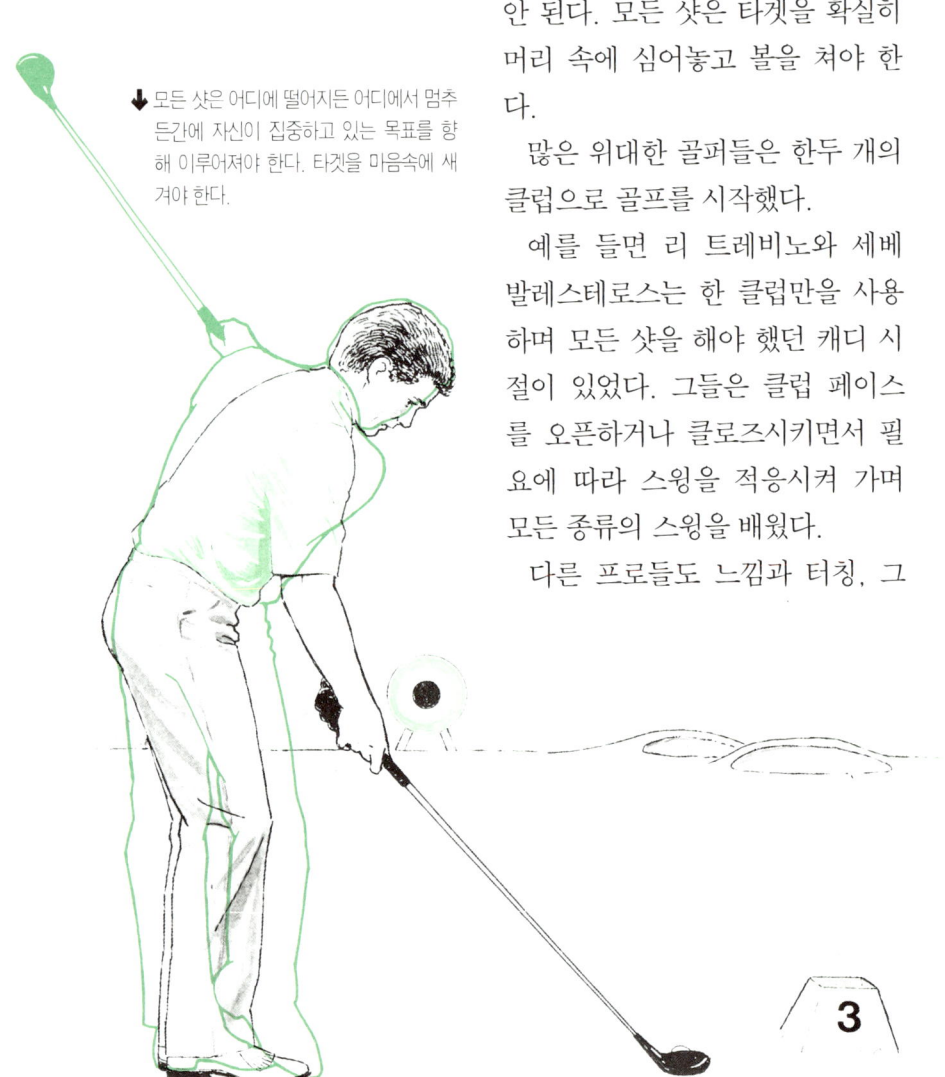

↓ 모든 샷은 어디에 떨어지든 어디에서 멈추든간에 자신이 집중하고 있는 목표를 향해 이루어져야 한다. 타겟을 마음속에 새겨야 한다.

실력 향상시키기

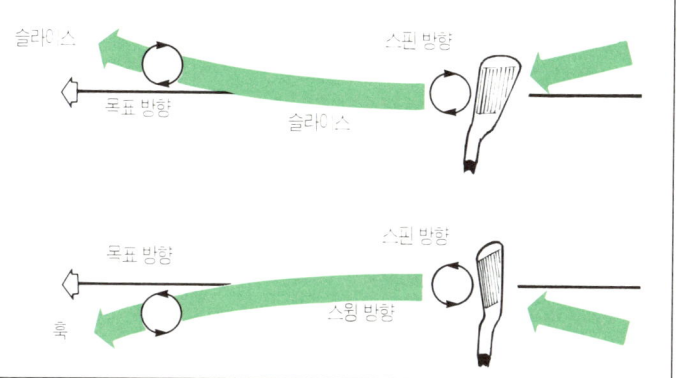

양쪽 방향으로 볼에 스핀을 주기 위한 조준. 어떻게 스핀을 주어야 하는지 안다면, 불필요한 스핀을 방지할 수 있을 것이고 잘못을 교정할 수 있다. 스핀을 줄 수 있다면, 다양한 샷의 구사가 가능해진다.

리고 볼 컨트롤을 익히기 위해 한정된 수의 클럽만으로 연습한다.

스윙에 너무 집착하지 말고 타겟에 집중하라. 어느 한 개의 클럽으로 모든 샷을 구사할 수 있도록 노력하라.

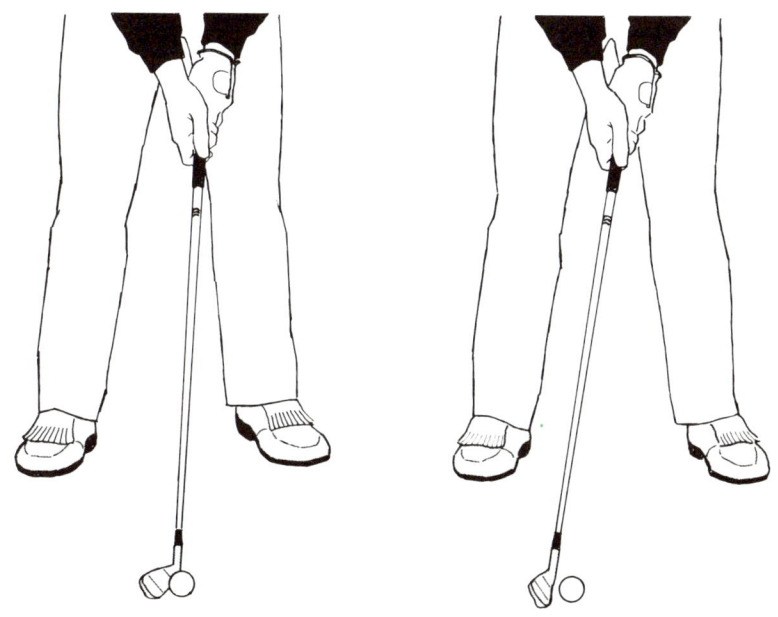

↑ 볼을 높이 띄우려면 클럽 페이스를 오픈하고 볼은 스탠스의 앞에 놓는다. 볼이 우측으로 휘어지는 것에 대비하여 왼쪽을 겨냥하고 클럽 헤드가 볼 밑을 미끄러지듯 지나게 한다. 왼쪽 낮게 드로우 하려면, 볼을 스탠스의 뒤쪽에 두고 볼을 얇게, 그러나 내려찍듯이 공략한다.

기억해둘 것
감각을 기르기 위해서는 클럽 한 개로만 연습하라.

7번 아이언으로 시작하고 4번 아이언으로도 해본다. 모든 거리에서, 5야드에서부터 풀 샷까지, 그리고 볼을 높이 띄우는 것, 낮게 띄우는 것, 우측으로 휘게, 좌측으로 훅이 나게 다양한 모든 샷을 연습하라.

정말 좋은 볼 컨트롤의 느낌을 얻기 위해서는, 그리고 의욕적인 프로라면 우드와 드라이버로 50야드부터 볼을 컨트롤할 수 있어야 한다. 이런 스윙들이 결코 실전에서 사용될 것은 아니지만 클럽 헤드의 감각, 클럽 페이스의 느낌을 개발해야 한다.

골프의 스핀을 다른 운동의 스핀과 비교해 보는 것도 배우자. 슬라이스는 테니스나 탁구에서의 커트 볼과 같다. 손목은 단단히 고정하고 라켓의 헤드는 뒤로 열려 있고 자르듯이 쳐서 볼이 떨어져 멈추게 하는 것이다.

테니스는 골프의 페이드나 슬라이스처럼 볼을 빨리 끌어 당기게 된다. 테니스 볼을 커트하기 위해서는 라켓을 들어올렸다가 볼을 자르듯이 친다. 골프에서도 마찬가지의 느낌으로 쳐야 한다. 이것을 축구와 비교해 본다면, 볼이 빗나가도록 차기 위해 발을 열어주는 것과 같다.

드로우나 훅 샷을 하기 위해서는 톱 스핀을 준다는 느낌을 가져야 한다.

클럽 헤드를 슬라이스와는 반대 방향으로 빗나가게 볼을 치도록 하며 우측에서 좌측으로 스핀을 준다는 생각을 한다.

손목을 뻣뻣이 고정시키지 말고 팔과 손목이 유연하게 움직이도록 느슨하게 한다.

슬라이스 교정 CURING THE SLICE

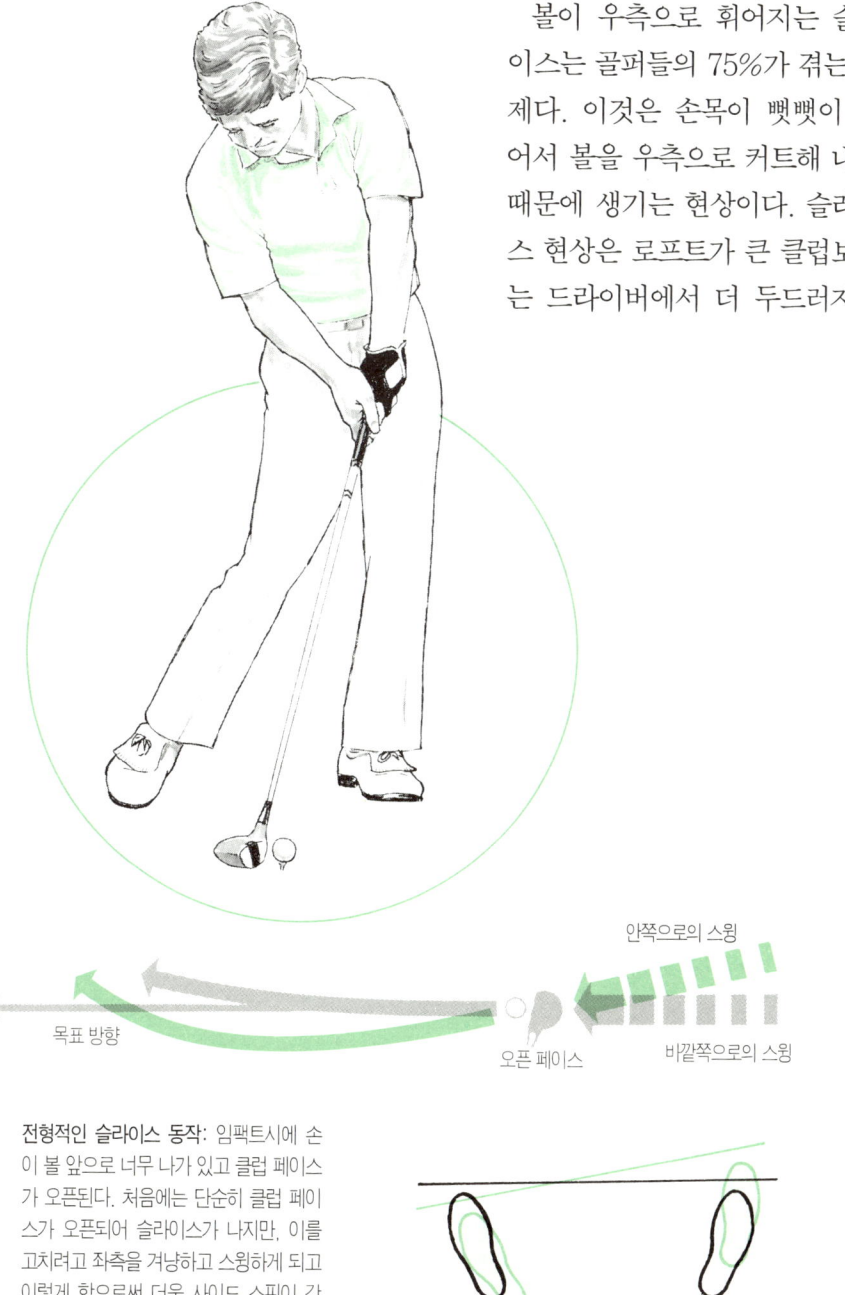

볼이 우측으로 휘어지는 슬라이스는 골퍼들의 75%가 겪는 문제다. 이것은 손목이 뻣뻣이 굳어서 볼을 우측으로 커트해 내기 때문에 생기는 현상이다. 슬라이스 현상은 로프트가 큰 클럽보다는 드라이버에서 더 두드러지게

전형적인 슬라이스 동작: 임팩트시에 손이 볼 앞으로 너무 나가 있고 클럽 페이스가 오픈된다. 처음에는 단순히 클럽 페이스가 오픈되어 슬라이스가 나지만, 이를 고치려고 좌측을 겨냥하고 스윙하게 되고 이렇게 함으로써 더욱 사이드 스핀이 강해지는 것이다.

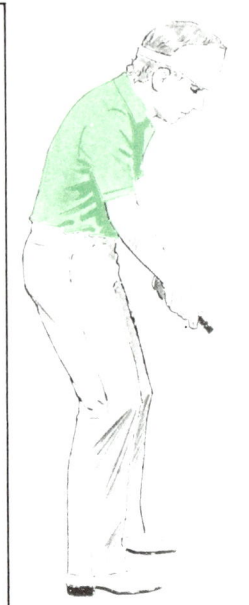

← 일단 슬라이스 스핀을 교정하였으면, 항상 백 스윙을 낮고 길게 가져가도록 스윙궤도를 교정하여야 한다. '넓게, 안쪽으로' 를 생각하라. 라켓을 들고 백 스윙하듯이 뒤쪽으로 백 스윙하도록 한다.

그립을 체크하라: 그립은 매우 중요하다. 양손의 V자가 턱을 향하는 경향이 있으면 클럽 페이스가 열리게 된다. 왼손이 충분히 그립의 위로 보이게 하고 오른손은 클럽의 아래쪽에, 그리고 양손의 V자는 우측 어깨를 향하게 하라. 인터록킹 그립은 너무 굳은 그립이다. 나는 오버래핑 그립이나 베이스볼 그립으로 바꿔보라. 손과 손목의 긴장을 풀어 느슨하게 잡는다.

↓ 안쪽에서 볼을 공략하도록. 다른 말로 하면 백 스윙과 같은 커브선 상에서 공략한다. 백 스윙에서 등이 타겟을 향하도록 충분히 몸을 돌려준다. 우측 어깨의 힘이 작용하는 것을 억제하고 왼팔과 클럽이 우측 어깨에서 떠나 임팩트를 향해 스윙하도록 우측어깨를 고정하는 것처럼 느껴라.

나타난다. 실제로 플레이어들을 보면 아이언 샷은 왼쪽으로 나가게 끌어 당기고 우드 샷은 우측으로 휘어지게 된다. 슬라이스는 임팩트시 클럽 페이스가 열리게 되고 그립이 약하거나 임팩트시에 손목이 굳어져 있기 때문에 생긴다.

이를 교정하겠다고 사람들은 양발을 타겟의 왼쪽을 향하게 하고 볼을 가로질러 왼쪽으로 스윙하게 되는데, 이것이 더욱 사이드 스핀을 강하게 주어서 슬라이스는 더욱 악화되기 쉽다.

볼을 왼쪽으로 보내려고 할수록 더욱 우측으로 휘게 되는 것이다. 우선 사이드 스핀을 없애줌으로써 슬라이스를 교정해야 하고, 둘째로는 스윙의 방향을 교정해야 한다. 그립을 확인하라.

양손의 엄지와 검지 사이의 선이 우측 어깨를 향하거나 더 바깥쪽을 향해야 한다. 임팩트를 지나서 왼팔은 느슨하게 유지되어야 하고 왼팔굽이 안쪽으로 접어져야지 타겟쪽으로 튀어나가지 않게 한다. 클럽 페이스를 클로즈시켜서 훅이 나도록 해본다. 보내고 싶은 만큼 왼쪽으로 볼을 보내보고, 슬라이스의 반대 스핀을 느끼기 위해 필요하다면 팔과 손목을 감아준다.

페어웨이의 우측을 두려워하지 말고 왼쪽을 피하겠다는 마음을 가져야 한다. 일단 슬라이스 스핀이 고쳐지고 왼쪽으로 끌어당기는 샷을 하게 되면 아웃사이드 인 스윙을 교정하는 것이 논리적이다. 이 시점에서 양발부터 어깨까지 스탠스가 스퀘어가 되어 있는지, 그리고 우측 어깨는 긴장을 풀고 약간 아래로 내려져 있는지 확인해야 한다.

기억해둘 것
딱딱하게 침=슬라이스
느슨하게 침=훅

초보자의 나쁜 스윙 THE BEGINNER'S BAD SHOTS

대부분의 초보자들은 스윙이 좋지 않아서라기보다는 볼을 제대로 치지 못해서 나쁜 샷이 나온다. 클럽 헤드도 작고 볼도 작을 뿐만 아니라, 스윙도 지면 때문에 방해를 받는다. 볼을 정확히 치기 위해서는 많은 연습과 완벽한 시선의 집중이 필요하다.

클럽의 토우나 힐에 볼이 맞는 것, 볼의 윗부분을 치는 것, 볼의 뒤쪽 땅바닥을 치는 것 등을 어떻게 교정하는지를 배워야 한다.

스윙을 하는 동안 몸의 균형을 안정되게 유지하고 볼에 시선을 고정하여

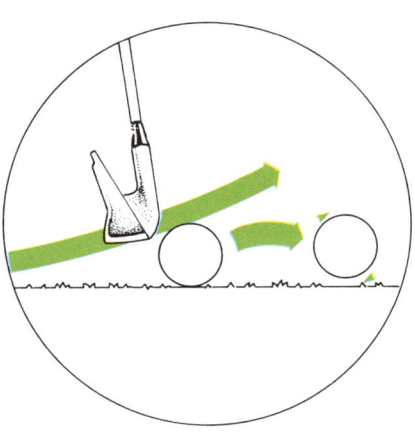

↑ 볼을 들어올리려고 하면 클럽 헤드가 위로 올라가 볼의 윗부분을 때리게 된다.

← 임펙트 때 체중을 왼발로 옮겨라. 아래로 내려치면서 볼을 지나 잔디를 파게 되면 볼은 위로 뜨게 된다.

실력 향상시키기

볼과 클럽이 만나는 것에 정신을 집중하면 훨씬 좋아질 수 있다.

토핑(볼의 윗부분을 치는 것) 샷

이것이 가장 흔히 일어나는 잘못으로 볼이 땅바닥 위로 낮게 굴러가게 된다. 볼이 공중으로 날게 하기 위해서는 볼의 아래를 쳐야 한다.

클럽 헤드가 지면을 쓸어치게 되면 헤드의 로프트(경사)가 볼을 띄워줄 것이다. 토핑은 보통 볼을 띄우기 위해 클럽헤드를 들어올리려고 하기 때문에 생기는 현상이다.

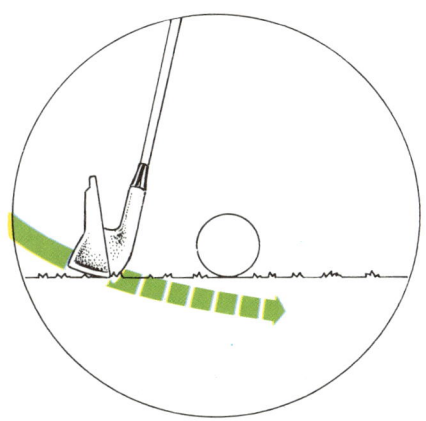

↑ 두터운 샷은 클럽이 볼의 바닥을 치는것이다.

볼의 뒤쪽면을 보지않고 볼의 위를 본다면 이것은 더욱 악화된다.

토핑은 또한 긴장감 때문에 숨을 들이마시며 몸이 들리기 때문에 생기기도 한다.

↓ 소켓 샷은 볼이 우측으로 날아간다.

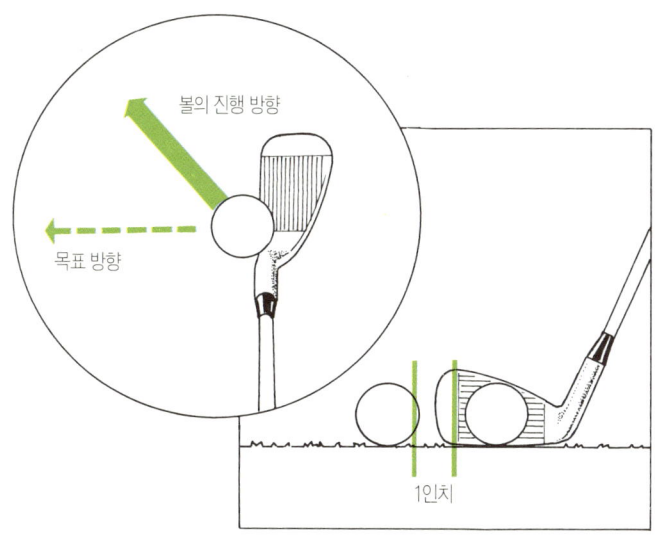

← 소켓 샷을 없애기 위해서, 두 개의 볼을 사용, 가까운 볼만 치는 연습을 한다.

기억해둘 것
클럽 헤드가 볼을 정확히 치는 소리를 생각하며 들으라.

어드레스에서 머리를 낮게 유지하도록 조심해야 한다. 왜냐하면, 임팩트 순간에 클럽 헤드와 함께 머리를 들게 되기 때문이다.

아이언 샷을 할 때는 볼을 스탠스의 중간에 오도록 하고, 임팩트를 통해 체중이 왼발로 옮기며 아래를 향해 볼을 치고 잔디를 파는 스윙을 하여야 한다. 드라이브 샷은 티를 지면에서 쳐내는 듯이 겨냥하라. 그러면 볼은 바라는 대로 솟아 오를 것이다.

두터운 샷

클럽 헤드가 지면에 먼저 닿는 샷이다. 이 샷의 주원인은 백 스윙의 톱에서 그립이 느슨해지거나, 임팩트 순간에 감속하거나, 어드레스 때 볼을 너무 앞쪽에 두기 때문이다.

↑ 볼을 스탠스의 중앙에 놓고, 클럽을 컨트롤할 수 있게 손을 단단히 잡고 볼부터 치고 디보트를 떠내는 샷을 해야 하며, 임팩트에서는 체중이 왼발의 뒤꿈치에 와야 한다.

토우나 소켓(헤드의 목부분) 샷

토우나 소켓 부분으로 볼을 치게 되면 볼은 아주 심하게 우측으로 나간다. 토우로 치게 되는 경우는 어드레스에서 볼로부터 너무 멀리 떨어져 있고, 임팩트를 통해 팔을 끌어당기기 때문일 수 있다.

소켓 샷은, 어드레스에서 볼에 너무 가까이 섰거나, 너무 멀리 섰으므로 임팩트 때 앞으로 쏠리기 쉽다. 볼에 시선을 집중하고 피니시의 균형을 잘 잡아주어야 한다.

밀어내기 샷과 훅 THE PUSH AND HOOK

밀어내기(푸시) 샷과 훅은 고급 플레이어들에게서도 종종 볼 수 있는 현상이다. 두 가지 샷 모두 처음에는 타겟의 우측으로 향하지만, 푸시 샷은 우측으로 똑바로 날아가고 훅은 좌측으로 휘게 되는 것이다. 푸시 샷을 교정하기 위해서는 우선 세트업의 방향을 점검해야 한다. 양발이 샷 라인(타겟 라인)에 평행으로 정확히 서 있다면 다음과 같은 이유 때문에 푸시 샷이 될 수 있다.

- 볼이 스탠스의 너무 뒤쪽에 있는 경우.
- 임팩트시 좌측으로 몸이 밀리는 경우.
- 다리의 동작이 유연하지 못해서 피니시에서 히프가 타겟의 우측을 향하게 되는 경우.

← 푸시와 샷은 둘다 스퀘어 스탠스 볼이 우측으로 나가기 시작한다. 푸시 샷은 똑바로 우측으로 날아가고, 훅 샷은 클로즈된 클럽 페이스 때문에 우측으로 날아가다가 다시 좌측으로 휘어들어오게 된다.

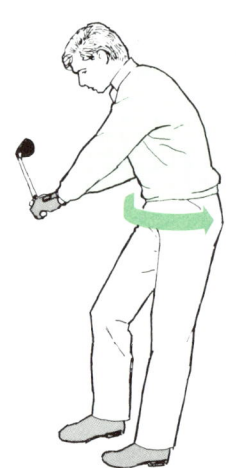

➜ 피니시 자세에서 히프와 다리가 타겟을 향하도록 스루 스윙에서 완전히 돌려줌으로써 푸시나 훅 샷을 교정한다.

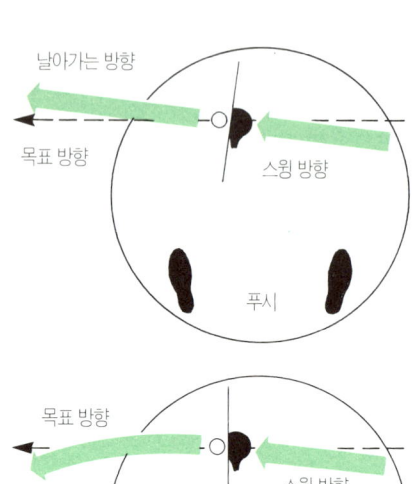

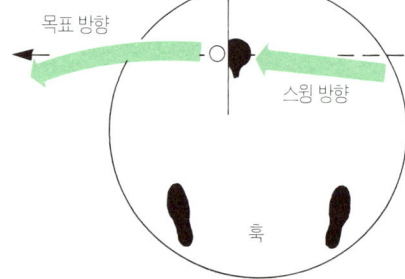

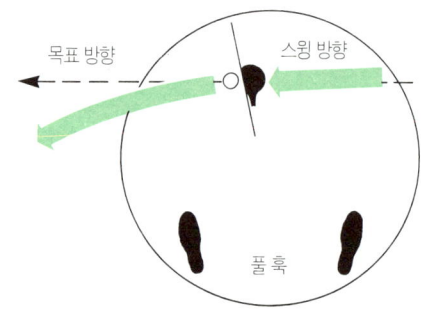

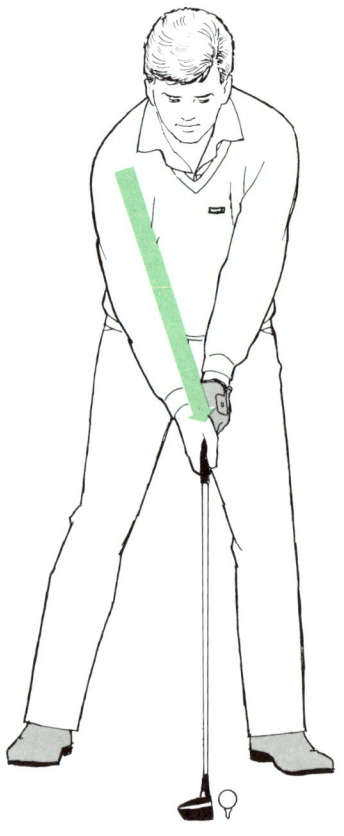

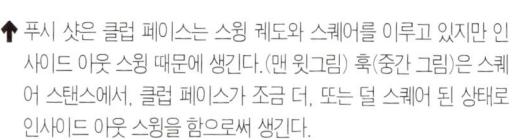

⬆ 푸시 샷은 클럽 페이스는 스윙 궤도와 스퀘어를 이루고 있지만 인사이드 아웃 스윙 때문에 생긴다.(맨 윗그림) 훅(중간 그림)은 스퀘어 스탠스에서, 클럽 페이스가 조금 더, 또는 덜 스퀘어 된 상태로 인사이드 아웃 스윙을 함으로써 생긴다.
　풀 훅과 훅을 혼동하지 말라. 풀 훅(아랫 그림)에서는 플레이어는 종종 아웃사이드 인 스윙을 하고 클럽 페이스를 클로즈하는 그립을 잡는다. 그래서 이것을 바로 잡으려고 우측을 겨냥하게 된다.

⬅ 왼쪽으로 휘는 볼은 그립의 V자를 체크하여 교정한다.(옆 그림) 훅 그립은 V자가 우측 어깨의 바깥을 향한다. 그립을 조정하여 V자가 턱에 가까워지게 하고 샷을 시험해 본다.

- 어드레스에서 우측 발이 너무 바깥쪽으로 벌려져 있어서 스루 스윙을 방해하는 경우.

훅 샷은 푸시 샷과 같이 처음에는 볼이 푸시 샷과 마찬가지로 우측으로 나가기 때문에 같은 원인을 찾아내야 한다.

훅성의 볼은 클럽 페이스가 클로즈 되어있기 때문에 우측으로 날아가다가 스핀으로 인해 좌측으로 휘게 된다.

훅은 스퀘어 스탠스에서도 우측으로 볼이 나가는데, 흔한 일이 아니며 고급 플레이어들에게서 볼 수 있는 현상이다.

이를 교정하기 위해서는 그립을 체크하여 양손의 V자가 턱에 가깝게 향하게 하고, 스루 스윙에서 히프와 다리가 타겟을 향하도록 하며 팔과 클럽이 임팩트를 지나서 몸을 돌아서 가지 않고 위를 향해 올라가도록 스윙하여야 한다.

대개의 일반 골퍼들이 훅이 난다고 하는 것은 끌어당기는 훅이다.

이런 샷은 밖으로 밀어내며 다시 왼쪽으로 휘는 훅처럼 인사이드 아웃 스윙에 의한 것이 아니다.

여기에서의 원인은 거의 좋지 않은 그립 때문인데, 왼손이 너무 우측으로 감겨지고 오른손이 지나치게 그립 아래에 가 있기 때문이다.

이같은 샷을 하는 골퍼들은 종종 오른손과 우측 어깨의 작용으로 임팩트 시에 클럽 페이스를 클로즈시킨다. 이로 인해 볼은 왼쪽으로 당겨지며 휘게 되는 것이다.

이들은 또 이를 교정한답시고 양발을 우측을 향해 겨냥하는데 더욱 악화시킬 뿐이다.

그립을 체크하여 양손의 V자 선이 우측 어깨가 아니라 턱에 가깝게 향하도록 함으로써 교정이 가능하다.

또한 왼손이 리드하는 스윙을 한다. 볼이 우측으로 나가게 될 수도 있는데, 이럴 때는 세트업을 체크하여 교정하라.

기억해둘 것
몸이 타겟을 향하도록 피니시하라.

멀리 치는 법 HITTING IT FATHER

장타는 힘보다는 클럽 헤드의 스피드에 의해 볼의 중앙을 클럽 페이스로 깨끗이 침으로써 이루어진다. 클럽 헤드의 스피드를 높이기 위해서는 어드레스에서 드라이버를 느슨하게 잡고 손목을 유연하게 하여야 한다. 백 스윙은 완전히 몸을 돌리고, 백 스윙 톱에서 스윙의 방향 전환이 급하게 이루어지지 않도록 여유를 두어야 한다. 손목을 자유롭고 느슨하게 하고, 완전히 균형 잡힌 피니시를 해주어야 한다.

균형과 폴로 스루는 절대 요소이다. 스윙이 빠르다는 느낌을 주는 플레이어는 통상 균형이 좋지 않는 것이 흠이다. 왼발 뒤꿈치와 오른발가락 끝으로 피니시를 잘 해야 한다. 손목이 유연한지 확인하고 클럽 샤프트가 왼쪽 어깨나 목 뒤로 가게 한다.

또한 클럽 페이스가 스퀘어 내지는 약간 클로즈되게 볼을 쳐야 하는 것도 중요하다. 이렇게 함으로써 최대의 비거리를 얻을 수 있으며, 또한 런을 많이 줄 수 있다.

실력 향상시키기

⬇ 거리는 클럽 페이스의 스피드에서 발생하는 것이지 힘에서 나오는 것이 아니다. 최대의 클럽 헤드 스피드를 얻기위해 직각 또는 약간 클로즈하여 볼의 중앙 부분을 낮고 얕게 공격한다.

➡ 비거리를 늘리기 위해서는 손목은 임팩트를 통해 유연하고 느슨해야 한다. 프로처럼 칠 수 있을 때와 슬라이스가 아니고 훅이 날 경우에만 손목을 경직되게 하라. 임팩트를 지나서 왼팔이 좌측으로 돌며 접히도록 하라.

기억해둘 것
손목이 부드러움=롱 샷
손목이 경직됨=숏 샷

비거리가 제대로 나지 않는 플레이어는 클럽 페이스가 오픈 된 상태로 볼을 쳐서 높은 커트 샷이 되므로 볼이 지면에 떨어져 멈추어버리는 경우도 종종 있다.

원인은 내려찍는 듯한 동작과, 뻣뻣한 손목 작용, 팔과 손의 스피드보다는 어깨의 힘이 너무 작용하여 생기는 현상이다.

비거리에 대해서는 긍정적으로 생각하라. 망설이지 말고 확실한 목표를 정한 후 그 목표를 머리 속에 그리고 볼을 공략하는 것이다.

볼을 똑바로 보내겠다고 조정하려고 하지 말라. 자유롭게 날아가게 하라.

타이밍이 제대로 맞은 샷이, 모든 것을 완벽하게 다 갖추고 신중하게 한 샷보다 때로는 더 멀리 날아간다는 것을 염두에 두라.

확률 골프 1 PERCENTAGE GOLF

확률 골프를 한다는 것은 여러 방법의 샷 중에서 성공과 실패의 가능성을 저울질해 보고 샷을 선택하는 것이고 다양한 샷의 결과를 생각해 보는 것이다.

상위권에 있는 프로라고 해도 언제나 완벽한 샷을 할 수는 없다.

골프의 완성편이라고 하는 벤 호간도 한 라운드에서 두세 개라도 완벽한 샷이 나왔으면 좋겠다고 말할 정도다.

확률 골프란 긍정적인 자세로 임하여야 하지만, 항상 자신의 실력에 비추어 실패할 확률을 인정하고 완전한 샷이 되지 못했을 때를 감안하여 샷을 선택하는 것이다.

아래의 예는 확률 골프 원리의 적용이 필요한 전형적인 리커버리 상황을 보여주고 있다.

어떤 선택은 옳지 않을 수도 있고, 다른 어떤 것은 아주 옳지 않은 것이고 어떤 것은 올바른 선택이다. 샷을 결정하기 전에 생각을 분석하는 것이 도움이 될 것이다.

결국 목표는 다음 샷을 하기 좋도록 그린이 잘 보이고 가까우며 평평한 지역과 좋은 라이를 찾는 것이다.

안전성을 위해 거리를 희생해야 할지도 모른다.

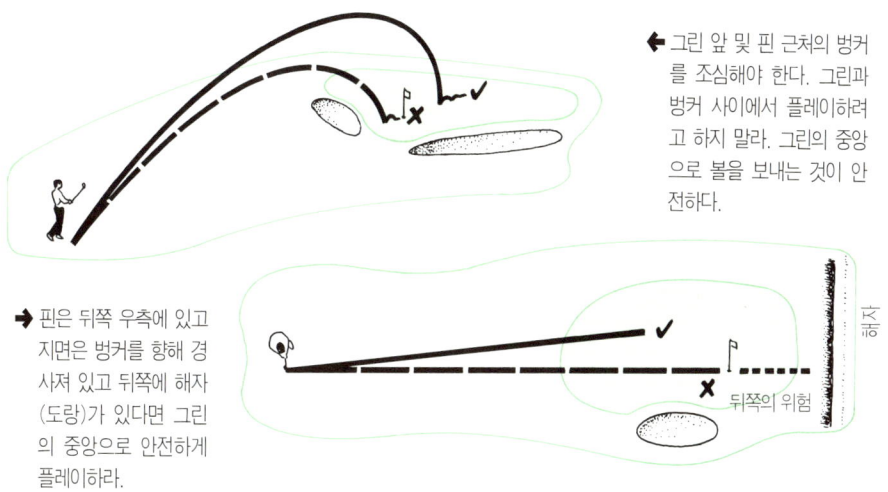

← 그린 앞 및 핀 근처의 벙커를 조심해야 한다. 그린과 벙커 사이에서 플레이하려고 하지 말라. 그린의 중앙으로 볼을 보내는 것이 안전하다.

→ 핀은 뒤쪽 우측에 있고 지면은 벙커를 향해 경사져 있고 뒤쪽에 해자(도랑)가 있다면 그린의 중앙으로 안전하게 플레이하라.

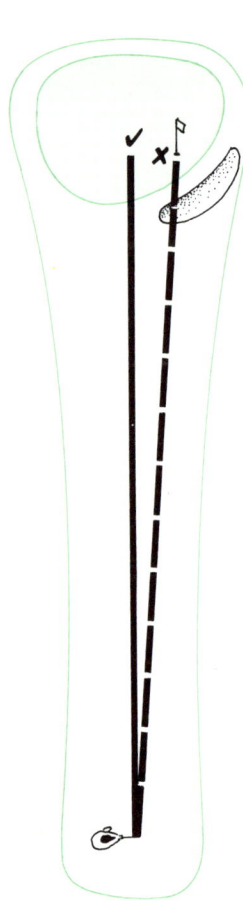

← 올바른 생각의 예. 왜 벙커 너머로 보내는 위험을 무릅쓰는가? 벙커 속에 빠질 수도 있고 그렇지 않더라도 너무 과감하여 그린 뒤쪽으로 볼이 갈 수도 있다. 안전하게 그린 중앙을 향해 보내면 핀에 더 가까이 갈 수도 있고 위험도 적다.

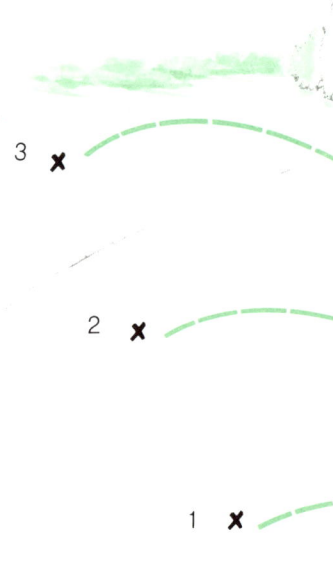

전형적인 리커버리 샷 상황. 다양한 샷을 선택할 수 있지만 어떤 것은 좋고 어떤 것은 위험하다. 리커버리 샷은 그다지 스윙이 어렵지는 않지만, 분명하고 합리적인 사고가 필요하다. 1번에서 5번까지는 잘못된 선택이고 A에서 C까지는 올바른 선택이다.

1. 가장 안전하게 탈출. 그러나 너무 소심하여 다음 샷에 온그린이 어렵다.
A. 이 샷이 안전하고도 온그린이 가능한 탈출이다.
2. 이 샷은 그런대로 괜찮아 보이지만, 너무 멀리 갔고 다음 샷에 벙커를 넘겨야 하는 부담이 있으며, 만일 A보다 짧게 나갔다면 커다란 나무가 그린을 가리게 된다.
3. 너무 멀리 나가서 러프에 있으며 세 그루의 침엽수에 걸린다.
4. 이 샷은 잘된 편이지만 나무를 넘긴다는 것은 역시 위험이 따르고 B와 비교할 때 불필요한 것이다.
B. 이 샷은 위험이 적고 적당한 거리에 와 있다.
C. 이것이 가장 이상적인 탈출로서 좋은 라이에, 그린까지 아무 위험도 없는 깨끗한 지역이다. 5번보다 더 좋은 위치다.
5. 나뭇가지와 러프의 위험을 무릅쓰고 한 샷의 결과이지만 벙커를 넘겨야 하는 부담이 있다.

실력 향상시키기

기억해둘 것
긍정적으로 생각해야
하지만 완벽한 샷보다는
어느 정도의 실수는
감안해야 한다.

확률 골프 2 PERCENTAGE GOLF

그린 주변에서의 샷은 분명한 사고와 현명한 결심이 필요하다.

전형적인 그린의 형태는 솟아오른 턱이라든가 벙커, 풀이 아주 긴 러프 등으로 둘러싸여 있어 이를 잘 감안하여 플레이하여야 한다.

100% 완벽한 샷을 기대하며 샷하기보다는 미스 샷의 결과까지 감안하여 샷하는 것이 옳다.

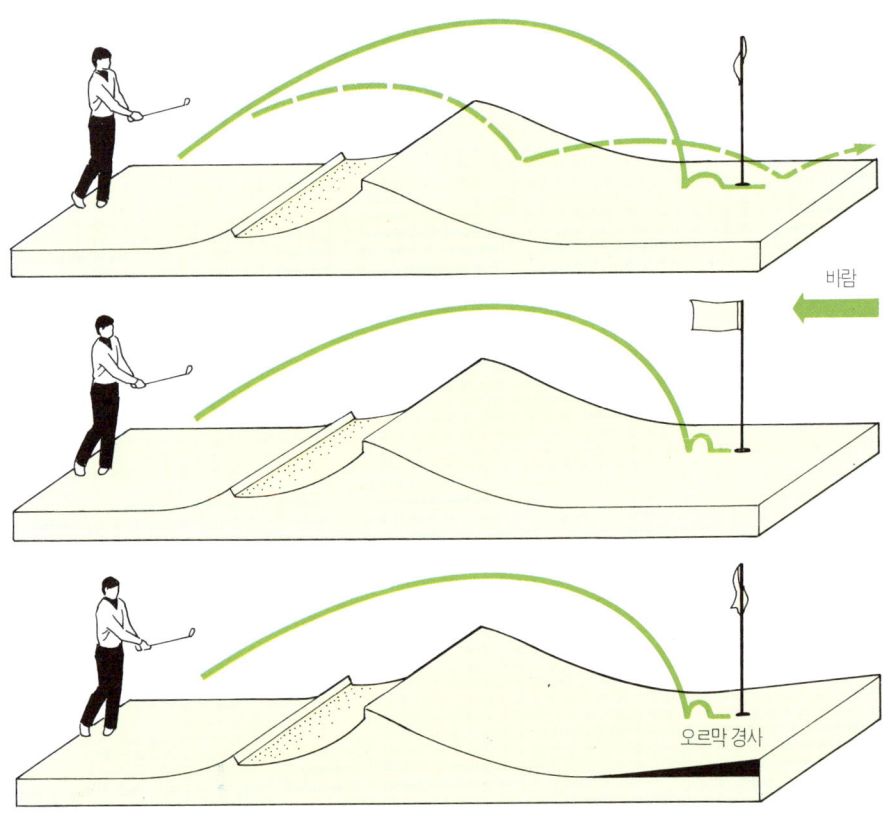

바람

오르막 경사

↑ 내리막에 볼을 떨어뜨리는 것은 불필요한 위험이 크다. 평평한 곳에 떨어뜨려야 볼이 쉽게 멈춘다.(맨윗그림) 앞바람 속에서 플레이할 때는 과감하라.(중앙그림). 피칭한 볼이 핀까지 날아가서 멈출 것이다. 업힐 그린에서 벙커 너머로 샷할 때는(아랫그림) 오르막 경사에서 퍼팅할 수 있도록 볼을 보내는 것이 좋다. 뒷바람이 불고 내리막 그린에서는(우측 윗그림) 벙커의 옆쪽으로 비켜서 보냄으로써 볼이 굴러갈 충분한 거리를 감안해야 한다.

실력 향상시키기

　벙커 너머로 3피트 거리에 볼을 떨어뜨리려고 피칭하지도, 6인치 가까이에 굴리려고 하지도 않는 것이 좋다.
　좀더 안전한 지역을 찾아서 약간의 미스가 있어도 괜찮은 샷을 해야하고 자신이 선택한 샷에 대해 긍정적으로 생각하라.
　그린 앞에 벙커가 있고 그 뒤에 불룩 솟은 둔덕이 있으며 핀은 바로 그 둔

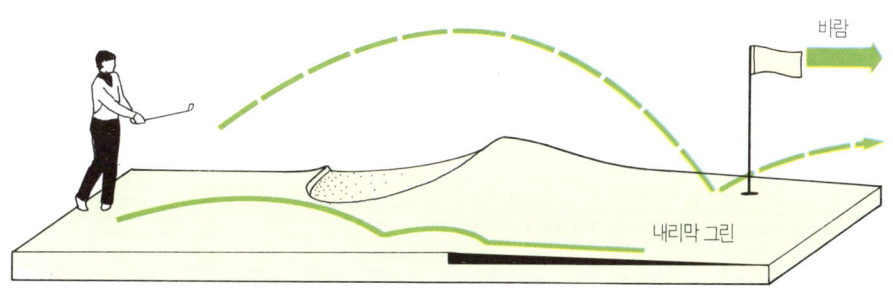

바람

내리막 그린

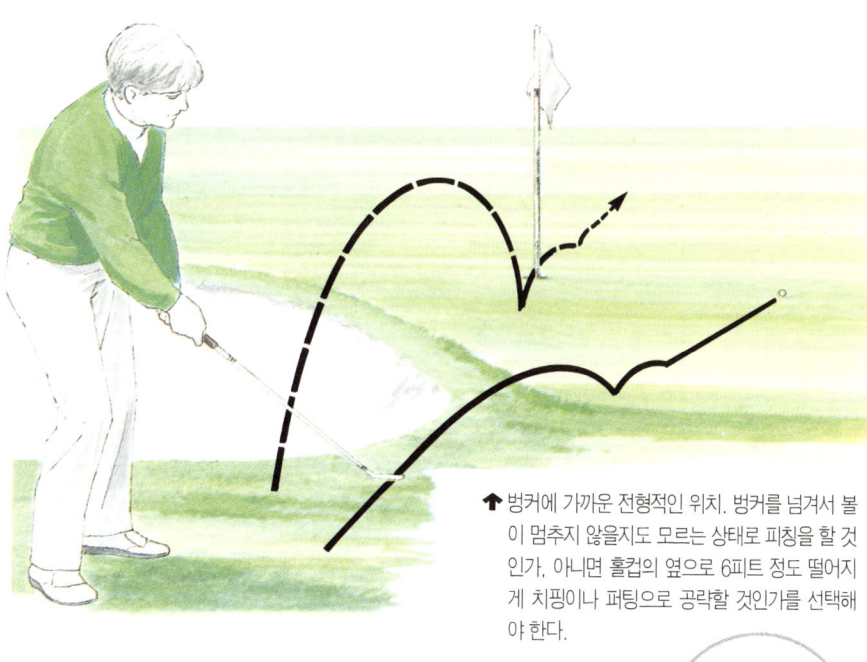

↑ 벙커에 가까운 전형적인 위치. 벙커를 넘겨서 볼이 멈추지 않을지도 모르는 상태로 피칭을 할 것인가, 아니면 홀컵의 옆으로 6피트 정도 떨어지게 치핑이나 퍼팅으로 공략할 것인가를 선택해야 한다.

기억해둘 것
장애물을 피해 지그재그로 공격할 준비를 하라.

덕 위 그린의 앞쪽에 있는 전형적인 홀을 보자. 핀까지 평평한 그린 면이 있다면 볼이 턱의 맨 위 내리막에 떨어지지 않도록 해야 한다.

내리막에 볼이 떨어진다면 많이 굴러갈 것이다. 그러나 평평한 지역에 떨어진다면 쉽게 멈출 것이다.

지형을 옆에서 살펴서 상황을 알아야 한다. 내리막에 떨어뜨리는 것은 피해야 한다.

프로들도 항상 페어웨이의 중앙이나 핀을 직접 공략하는 것은 아니다. 티를 떠나면 장애물을 피해 지그재그로 돌아갈 마음의 준비가 되어 있다.

또한 어프로치 샷이나 피칭 샷을 할 때 언제나 핀을 겨냥하지는 않는다.

때로는 옆으로 보내는 것이 더 바람직하고 안전할 수 있다.

경사가 제법 있는 그린이라면 홀에서 12피트 떨어진 옆으로 보내는 것이 유리할 수도 있고 6피트 짧거나 지나쳐서 보내는 것이 좋을 수도 있다.

바람이 뒤에서 불고 있거나, 그린이 홀까지 내리막일 경우 볼을 멈추는 것이 문제다.

좀더 짧게 피칭할 수 있도록 벙커나 둔덕의 옆쪽으로 보내는 것도 생각해 봐야 한다.

앞면의 그림같은 상황에서 우측으로부터 경사가 있어서 볼이 홀쪽으로 굴러간다면 옆으로 보내는 것이 유리하다. 라이가 좋지 않은 곳에 볼이 놓여 있다면 벙커를 넘기는 피칭 샷보다는 옆으로 굴리는 샷이 더 쉽다.

코스 읽는 법 1 READING THE COURSE

처음 가보는 코스에서 라운드하게 될 때, 어떻게 공략하는 것이 최선의 방법이며, 어떻게 샷할 것인가? 다음에 포함된 여러 가지 상황들은 당신이 어느 골프 코스에서도 직면하게 될 수 있는 9홀의 실례들이다.

매 홀마다 하게 될 샷에 대한 조언과 주의 사항을 자세히 열거하였다.

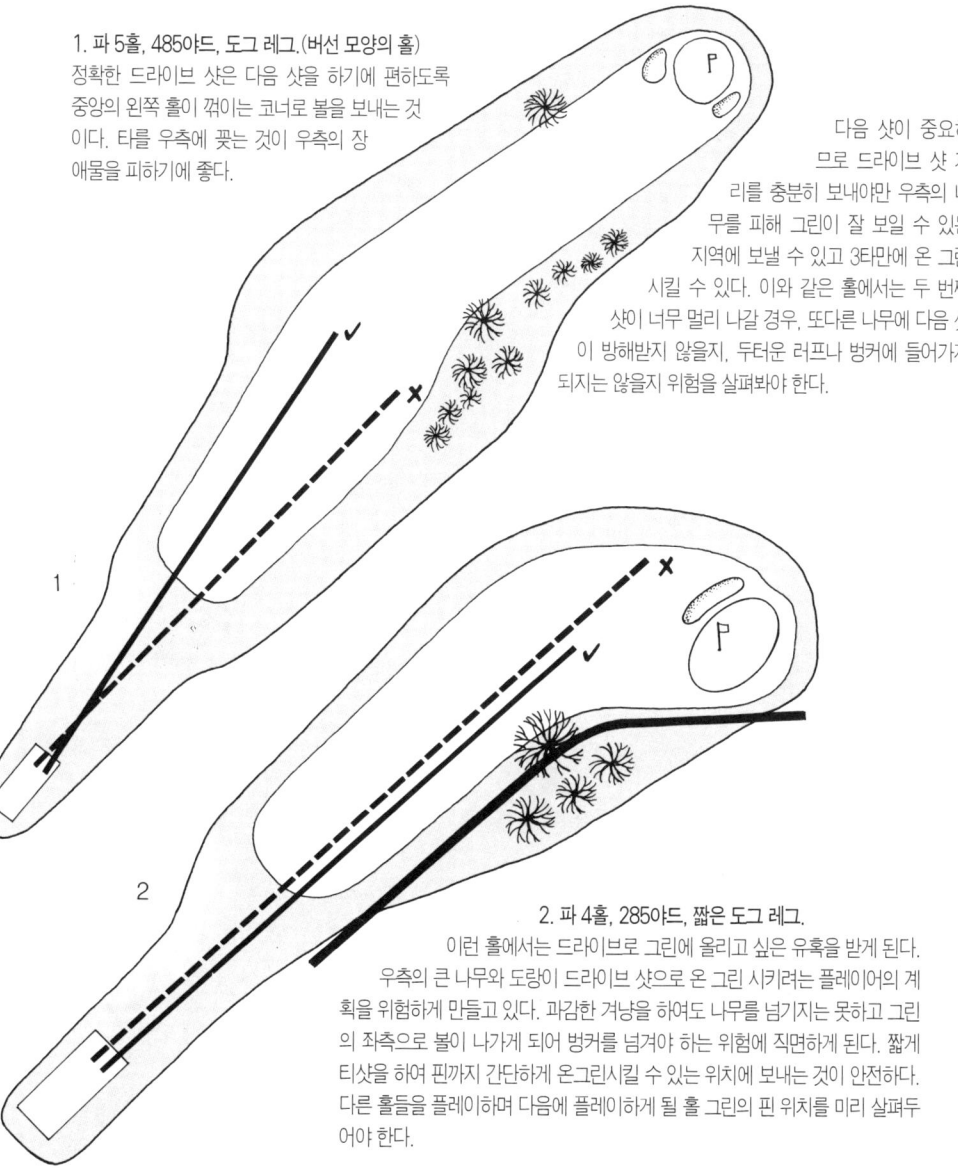

1. 파 5홀, 485야드, 도그 레그.(버선 모양의 홀)
정확한 드라이브 샷은 다음 샷을 하기에 편하도록 중앙의 왼쪽 홀이 꺾이는 코너로 볼을 보내는 것이다. 타를 우측에 꽂는 것이 우측의 장애물을 피하기에 좋다.

다음 샷이 중요하므로 드라이브 샷 거리를 충분히 보내야만 우측의 나무를 피해 그린이 잘 보일 수 있는 지역에 보낼 수 있고 3타만에 온 그린 시킬 수 있다. 이와 같은 홀에서는 두 번째 샷이 너무 멀리 나갈 경우, 또다른 나무에 다음 샷이 방해받지 않을지, 두터운 러프나 벙커에 들어가게 되지는 않을지 위험을 살펴봐야 한다.

2. 파 4홀, 285야드, 짧은 도그 레그.
이런 홀에서는 드라이브로 그린에 올리고 싶은 유혹을 받게 된다. 우측의 큰 나무와 도랑이 드라이브 샷으로 온 그린 시키려는 플레이어의 계획을 위험하게 만들고 있다. 과감한 겨냥을 하여도 나무를 넘기지는 못하고 그린의 좌측으로 볼이 나가게 되어 벙커를 넘겨야 하는 위험에 직면하게 된다. 짧게 티샷을 하여 핀까지 간단하게 온그린시킬 수 있는 위치에 보내는 것이 안전하다. 다른 홀들을 플레이하며 다음에 플레이하게 될 홀 그린의 핀 위치를 미리 살펴두어야 한다.

3. 파 4홀, 3300야드, 오프세트 그린.

짧은 파 4홀이다. 드라이브 샷의 올바른 공략은 페어웨이의 우측으로. 필요하다면 가벼운 러프 지역이라도 우측으로 보내는 것이 좋다. 이 위치에서 핀을 공략하기가 좋은 것이다. 페어웨이의 중앙으로 드라이브 샷을 보내는 것은 이상적인 샷이 아니다. 이 위치에서 두 번째 샷을 하려면 핀 앞에 있는 벙커를 넘겨야 하기 때문에 쉽지 않다. 티 그라운드에서 미리 그린의 상황과 핀의 위치를 보고 이상적인 드라이브 샷의 방향을 선택해야 한다. 그린이 보이지 않으면 다른 홀을 플레이하는 동안 미리 그 홀의 그린을 살펴두는 것이 도움이 된다.

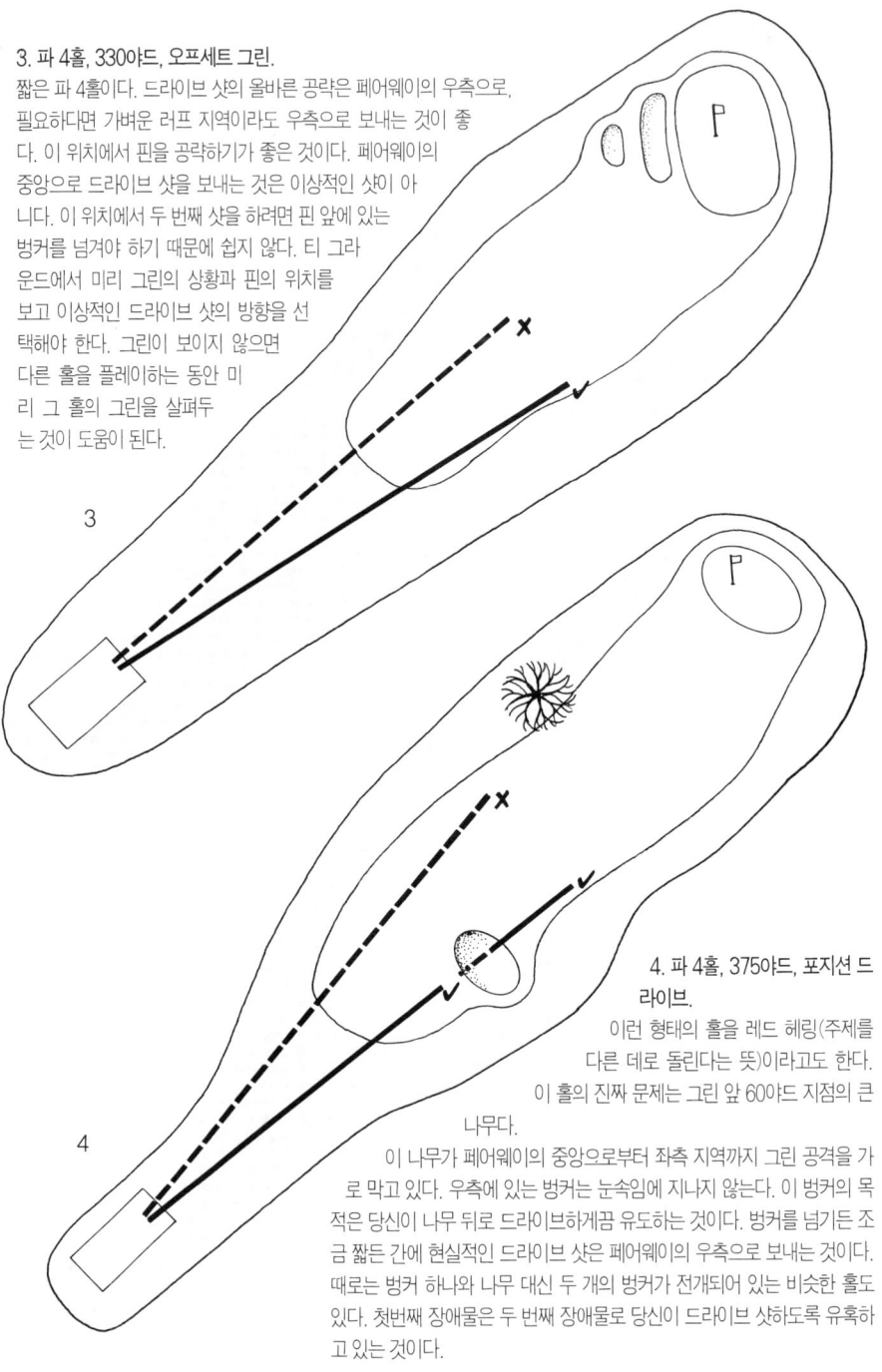

4. 파 4홀, 375야드, 포지션 드라이브.

이런 형태의 홀을 레드 헤링(주제를 다른 데로 돌린다는 뜻)이라고도 한다. 이 홀의 진짜 문제는 그린 앞 60야드 지점의 큰 나무다.

이 나무가 페어웨이의 중앙으로부터 좌측 지역까지 그린 공격을 가로막고 있다. 우측에 있는 벙커는 눈속임에 지나지 않는다. 이 벙커의 목적은 당신이 나무 뒤로 드라이브하게끔 유도하는 것이다. 벙커를 넘기든 조금 짧든 간에 현실적인 드라이브 샷은 페어웨이의 우측으로 보내는 것이다. 때로는 벙커 하나와 나무 대신 두 개의 벙커가 전개되어 있는 비슷한 홀도 있다. 첫번째 장애물은 두 번째 장애물로 당신이 드라이브 샷하도록 유혹하고 있는 것이다.

실력 향상시키기

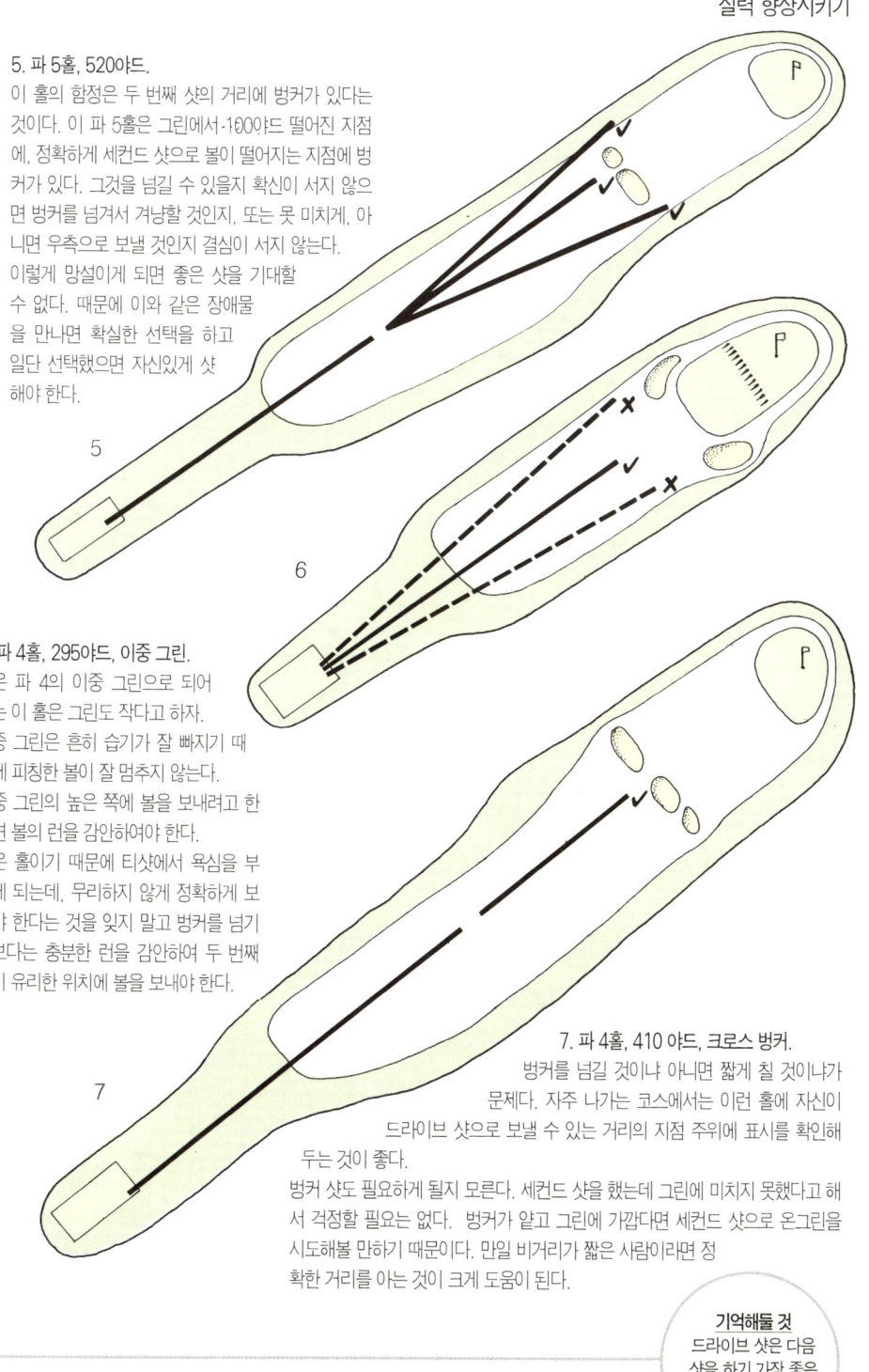

5. 파 5홀, 520야드.
이 홀의 함정은 두 번째 샷의 거리에 벙커가 있다는 것이다. 이 파 5홀은 그린에서 100야드 떨어진 지점에, 정확하게 세컨드 샷으로 볼이 떨어지는 지점에 벙커가 있다. 그것을 넘길 수 있을지 확신이 서지 않으면 벙커를 넘겨서 겨냥할 것인지, 또는 못 미치게, 아니면 우측으로 보낼 것인지 결심이 서지 않는다. 이렇게 망설이게 되면 좋은 샷을 기대할 수 없다. 때문에 이와 같은 장애물을 만나면 확실한 선택을 하고 일단 선택했으면 자신있게 샷 해야 한다.

6. 파 4홀, 295야드, 이중 그린.
짧은 파 4의 이중 그린으로 되어 있는 이 홀은 그린도 작다고 하자. 이중 그린은 흔히 습기가 잘 빠지기 때문에 피칭한 볼이 잘 멈추지 않는다. 이중 그린의 높은 쪽에 볼을 보내려고 한다면 볼의 런을 감안하여야 한다.
짧은 홀이기 때문에 티샷에서 욕심을 부리게 되는데, 무리하지 않게 정확하게 보내야 한다는 것을 잊지 말고 벙커를 넘기기보다는 충분한 런을 감안하여 두 번째 샷이 유리한 위치에 볼을 보내야 한다.

7. 파 4홀, 410 야드, 크로스 벙커.
벙커를 넘길 것이냐 아니면 짧게 칠 것이냐가 문제다. 자주 나가는 코스에서는 이런 홀에 자신이 드라이브 샷으로 보낼 수 있는 거리의 지점 주위에 표시를 확인해 두는 것이 좋다.
벙커 샷도 필요하게 될지 모른다. 세컨드 샷을 했는데 그린에 미치지 못했다고 해서 걱정할 필요는 없다. 벙커가 얕고 그린에 가깝다면 세컨드 샷으로 온그린을 시도해볼 만하기 때문이다. 만일 비거리가 짧은 사람이라면 정확한 거리를 아는 것이 크게 도움이 된다.

> **기억해둘 것**
> 드라이브 샷 다음 샷을 하기 가장 좋은 곳에 떨어져야 한다.

코스 읽는 법 2 READING THE COURSE

8. 파 5홀, 485야드, 경사진 페어웨이.
왼쪽에서 오른쪽으로 경사진 홀이라면 드라이브 샷이 날아가면서 슬라이스가 될 확률이 높다. 또한 볼이 지면에 떨어져서도 우측으로 구르게 된다.
충분히 왼쪽을 겨냥하고, 항상 페어웨이의 높은 지역을 선택하고 그린도 높은 곳으로 공략한다.
페어웨이 우측에 있는 벙커와 나무들을 조심해야 한다.

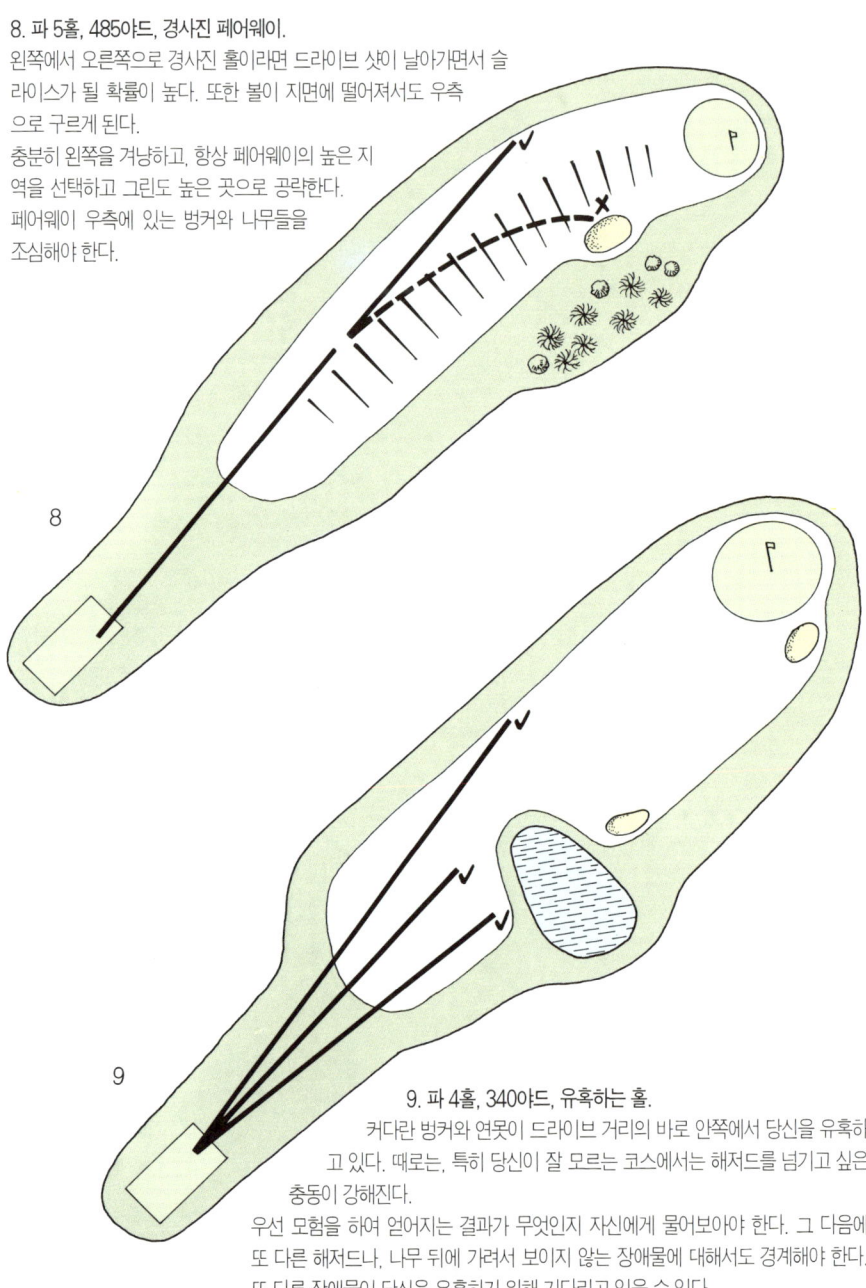

9. 파 4홀, 340야드, 유혹하는 홀.
커다란 벙커와 연못이 드라이브 거리의 바로 안쪽에서 당신을 유혹하고 있다. 때로는, 특히 당신이 잘 모르는 코스에서는 해저드를 넘기고 싶은 충동이 강해진다.
우선 모험을 하여 얻어지는 결과가 무엇인지 자신에게 물어보아야 한다. 그 다음에 또 다른 해저드나, 나무 뒤에 가려서 보이지 않는 장애물에 대해서도 경계해야 한다. 또 다른 장애물이 당신을 유혹하기 위해 기다리고 있을 수 있다.

근육운동 1 EXERCISES

좋은 골퍼가 되려면 유연함과 힘을 가져야 한다. 많은 골퍼들이 별도의 체력 단련을 하지 못하고 있지만, 그들은 생각보다 훨씬 유연하며 좋은 체격을 갖추고 있다. 이러한 육체적 자산은 골프와 관련된 부분을 집중하여 훈련해 주면 향상될 수 있다.

유연성 유지

스윙의 피니시에서 왼발은 정면을 향해 있게 되고 히프는 이 발과 같은 각을 이루며 돌게 된다. 이때 발목의 유연성이 부족하다면 폴로 스루가 제대로 될 수 없다. 그리고 등과 허리 역시 백 스윙의 축 작용을 하기 위해 유연해야 한다. 왼팔은 가슴 앞으로 가로질러 스윙하기 위해 어깨로부터 자유롭게 움직일 수 있어야 한다. 팔과 어깨는 골프 스윙에서는 한 덩어리로 움직인다는 느낌을 가져서는 안 된다. 팔은 우측 어깨로 스윙하여 갔다가 좌측 어깨로 옮겨 오는 것 같은 느낌이 들어야 한다. 특히 왼팔은 자유로워야 한다. 또한 클럽 헤드의 스피드를 높이기 위해서는 손과 손목도 부드러워야 한다. 그리고 목도 역시 머리가 고정되고 몸이 자유롭게 회전하기 위해 유연해야 한다. 다음은 라운드하기 전에 몸을 유연하게 하는 운동들이다. 힘을 길러야 하고 부드럽게 해야 하는 모든 근육 부분들을 목부터 시작하여 모두 포함시켰다.

머리와 목(↓)
머리를 똑바로 세우고 오른쪽 귀로 어깨에 닿게 하듯이 머리를 오른쪽으로 꺾고 다음은 왼쪽으로 꺾는다. 뻐걱거리는 소리 등이 모두 없어질 때까지 천천히 반복하여 목이 펴지는 느낌이 와야 한다.

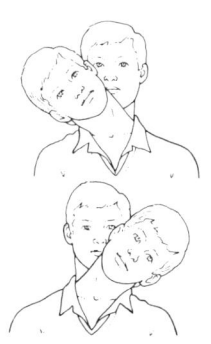

손가락 운동(↓)
이제 손가락으로 내려가자. 손을 앞으로 하고 손바닥이 아래를 향하게 한다. 그림과 같이 손가락을 쭉쭉 펴준다. 양쪽 손가락을 하나씩 벌려서 양손의 움직임이 함께 이루어지게 한다. 안쪽의 두 손가락을 붙이고 바깥쪽 두 개를 붙여서 벌리며 반복하고 다시 다른 손가락을 붙여서 벌렸다가 붙이고 벌렸다가 붙이며 반복한다.

 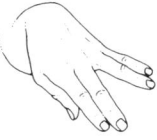

손목 운동(⬇)

다음은 손목이다. 던지는 듯한 동작을 익숙하게 하고 유연한 느낌을 갖도록 손목을 흔들어 준다. 체온계를 들고 그 안의 수은이 내려가게 흔드는 것을 상상하라. 손목이 대략 풀렸으면 엄지손가락을 팔뚝 쪽으로 당겨주어서 점차 그 각도가 커지게 한다. 손목의 동작은 네 방향으로 다 움직여져야 한다. 손바닥 쪽으로 약 90도까지 꺾여져야 하고 반대로 움직였을 때도 마찬가지다. 손목을 엄지 너머로 꺾었을 때는 30도 정도까지 움직여질 수 있어야 한다. 이번에는 새끼손가락 쪽으로 꺾어서 45도 정도 움직여져야 한다. 유연성을 키우기 위해 손목이 네 방향으로 모두 유연하게 움직여야 한다.

왼팔 스트레치(⬇)

왼팔이 자유롭게 가슴을 지나 우측 어깨 쪽으로 가야 할 필요가 있다. 양손을 어깨 높이로 앞으로 내민 다음 오른손을 왼팔꿈치에 대고 왼팔을 가슴 앞으로 당겨서 우측 어깨에 닿을 때까지 똑바로 당긴다. 이때 왼팔이 굽어지면 안 된다. 손바닥은 아래를 향하고 있어야 하는데 이것이 바로 백 스윙과 같은 움직임인 것이다. 이것은 또한 어깨의 뒷부분도 유연하게 해준다.

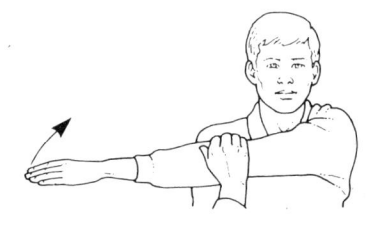

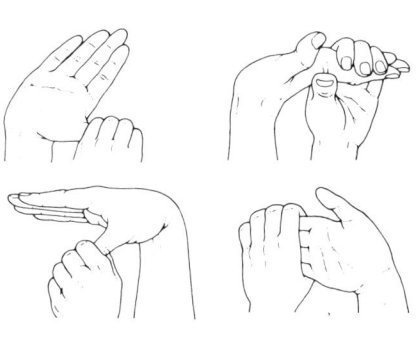

발가락 터치(⬇)

손가락이 발가락에 닿게 하는 간단한 운동을 해보자. 여기에서의 느낌은 히프에서부터 숙이는 것인데 골프 스윙 자세에서 필요한 자세와 같은 굽힘이다. 쉽게 발가락에 닿으면 한 계단 위에서 같은 동작을 해보고 손가락끝이 발보다 아래로 내려가게 해보라.

오른 손목(➡)

골퍼에게 특히 중요한 것은 오른 손목이 뒤로 잘 꺾여지는 것이다. 오른손을 앞으로 내밀어 손바닥을 벽에 대고 어깨폭쯤으로 시작하여 점차 밑으로 내려가며 어느 정도 큰 각도를 이룰 때까지 내린다. 그러나 무리하게 힘을 주지는 말라.

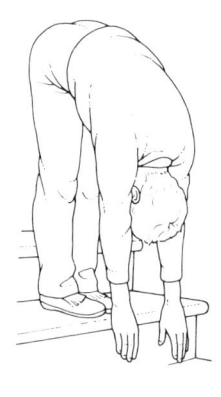

실력 향상시키기

몸통 구부리기(⬇)

몸통을 옆으로 구부리기도 해야 한다. 다리를 벌리고 서서 팔을 양옆으로 벌린다. 이제 우측으로 몸을 꺾고 오른손이 갈 수 있는 데까지 우측 다리를 따라 내려 뻗어준다. 위아래로 왔다갔다 하지 말고, 서서히 내려가야 한다. 그러고 나서 다시 바로 섰다가 이번에는 왼쪽으로 꺾으며 왼손이 밑으로 내려가게 한다. 이쪽 저쪽으로 교대하며 손이 절대로 위아래로 움직이지 않게 천천히 반복한다.

무릎 스트레치(⬆)

이제 다리로 옮겨가서 무릎 운동을 하자. 오른발을 앞으로 뻗고 손을 오른쪽 무릎에 대고 쭈그려 앉는다. 왼쪽 다리는 뒤로 쭉 뻗고 왼발이 앞을 향하게 하여 왼발과 오른발이 일직선상에 오게 한다. 양손으로 무릎을 누르고 이 자세로 움직이지 않고 있는다. 왼쪽 무릎의 뒷부분이 뻗어지는 느낌이 와야 한다. 위아래로 움직여서는 안 되는 게 철칙이다. 그리고 다리를 바꾸어 같은 동작을 되풀이하라.

어깨 유연성 운동(➡)

이제 어깨를 풀어보자. 드라이버 양끝을 두 손으로 잡고 팔을 쭉 뻗어서 머리 위로 들었다가 다시 앞으로 내리기를 반복한다. 점점 양손을 가까이하여 샌드 웨지처럼 짧은 클럽으로도 할 수 있을 때까지 반복한다. 그러나 필드에 나가기 바로 전에는 이 운동을 하지 말라. 이 운동은 일반적인 어깨 푸는 운동이지 골프 스윙과 같은 동작은 아니기 때문이다.

> **기억해둘 것**
> 성공적인 스윙을 하려면 유연해야 한다.

근육운동 2 EXERCISES

손, 팔 그리고 손목

좋은 골퍼는 얼마나 강한 손과 팔을 가졌느냐에 달려 있다. 골프의 한 가지 어려움은 왼손과 팔, 그리고 오른손과 팔이 거의 같은 힘을 가져야 한다는 것이다. 대개의 오른손잡이는 스윙 동작을 원활히 하기 위해서는 어느 정도 왼손의 운동이 필요하다는 것을 느끼게 된다. 다음은 일반적인 운동으로 손과 손목을 풀어주는 방법이다.

손가락 힘 기르기(↓)
가장 쉽고 좋은 운동은 고무공을 잡는 것인데 손가락 안에 볼을 넣고 꼭 쥐는 것이다. 이 운동은 손가락을

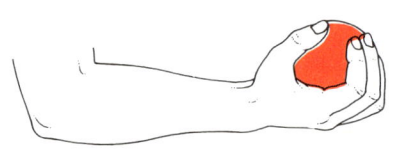

로 앞으로 뻗고 당겼다가 가능한 빠르고 힘있게 반복한다. 처음에는 별것 아닌 것처럼 보이겠지만 횟수를 거듭하면 점차적으로 손에서 손가락까지 운동이 되며 팔의 앞쪽에 탄력이 느껴지게 된다.

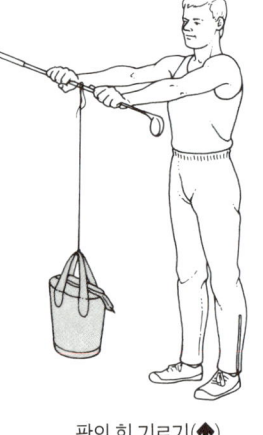

유연하게 해주고 힘을 길러준다. 양손을 번갈아 하며 특히 왼손의 새끼손가락에 무관심해서는 안 된다.

팔의 앞부분과 손가락 운동(↓)
또 다른 간단하면서도 팔과 손가락의 힘을 길러주는 좋은 운동은 팔길이만큼에서 손가락을 뻗어주는 것이다. 팔은 어깨 높이 정도

팔의 힘 기르기(↑)
골퍼들에게 가장 많이 이용되고 있는 운동 중의 하나는 팔을 앞으로 뻗은 다음 빗자루 같은 데에 줄을 매고 무거운 것을 매달아서 위아래로 올렸다 내렸다 하는 운동이다. 연습볼 백을 빗자루 손잡이나 낡은 골프 클럽에 줄로 매달아 연습한다. 그리고 백 안에 볼을 조금씩 더 집어넣으며 무게를 더해 준다.

팔과 클럽 헤드 콘트롤(↑)
생각보다 효과가 큰 또 다른 간단한 운동은 골프 클럽을 손에 들고 팔길이만큼 뻗어서 자신의 이름을 공중에 쓰는 것이다. 팔이 강하지 못한 사람들의 팔운동만 되는 것이 아니라 클럽 헤드의 컨트롤도 어느 정도 익히게 된다.

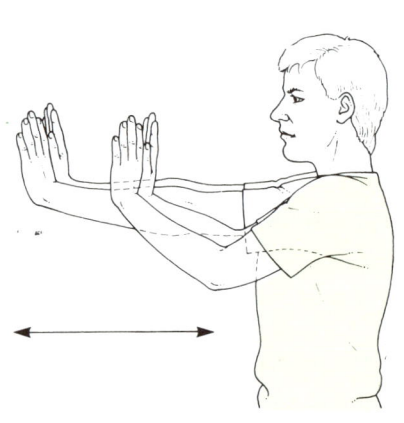

실력 향상시키기

손목 비틀기(⬇)

덤벨이 있으면 손목 운동에 효과적인 두 가지 훌륭한 방법이 있다. 덤벨을 잡고 그림과 같이 팔을 굽혀서 안과 밖으로 움직이며 손목을 돌린다. 팔의 윗부분에 힘을 길러준다. 다음에는 테이블 위에 팔꿈치를 받치고 같은 동작을 반복하면 팔의 아랫부분의 힘과 손목의 유연성을 길러준다. 덤벨의 무게를 선택하는 것이 중요한데, 팔의 힘을 기를 수 있을 정도, 그러나 한 번에 40회 정도를 계속할 수 있는 무게라야 한다.

클럽을 가지고 운동하기(⬇)

좋은 골퍼가 되려면 왼손과 오른손에 강한 힘이 있어야 한다. 프로나 싱글 핸디캐퍼가 되려는 골퍼들에게 도움이 되는 한 가지 운동법은 왼팔로만 스윙하는 것이다. 중간 크기의 아이언을 보통과 마찬가지로 왼손으로 잡고 그러나 엄지손가락은 평상시보다 약간 아래로 내려 잡는다. 백 스윙 톱까지 스윙하는데 왼손 엄지가 클럽을 받치고 있게 되며, 왼팔이 굽어져서 클럽 샤프트가 등에 가로질러 닿게 한다. 스윙이 계속됨에 따라 왼팔이 굽어지는 것이 중요하다. 그런 다음 클럽을 어드레스 자세로 다시 내려오게 하고 이것을 반복한다. 계속해서 백 스윙과 스루 스윙을 반복만 하면 안 된다. 이렇게 하는 것은 아무 성과도 얻을 수 없다. 또한 왼팔이 임팩트 후에 앞으로 똑바로 뻗어지지 않도록 주의해야 한다. 이 동작은 골프 스윙에서 필요 없는 것이기 때문이다.

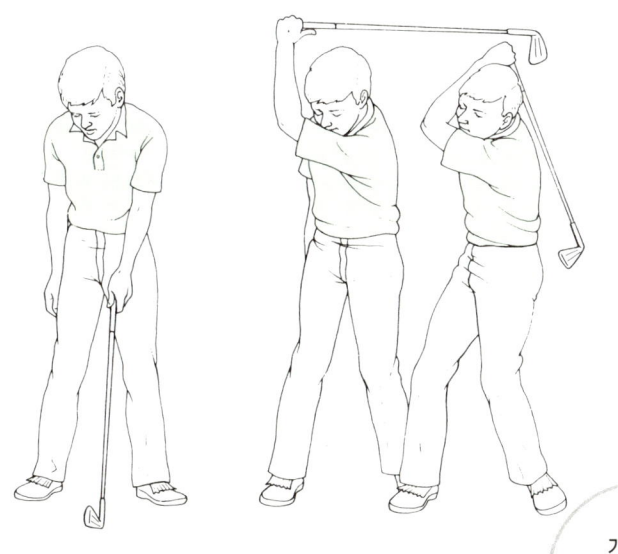

기억해둘 것
성공적인 스윙을 하려면 유연해야 한다.

근육운동 3 EXERCISES

백 스윙의 향상(⬇)
또 다른 힘기르기 운동은 왼팔로 백 스윙의 톱까지 스윙하여 왼손목으로 단단히 잡고 한 방향으로 손목을 꺾었다가 다시 평평하게 하기를 반복한다. 이 운동은 왼손목의 힘을 강하게 해주면서 궁극적으로는 좋은 백 스윙 자세를 익히게 해 줄 것이다.

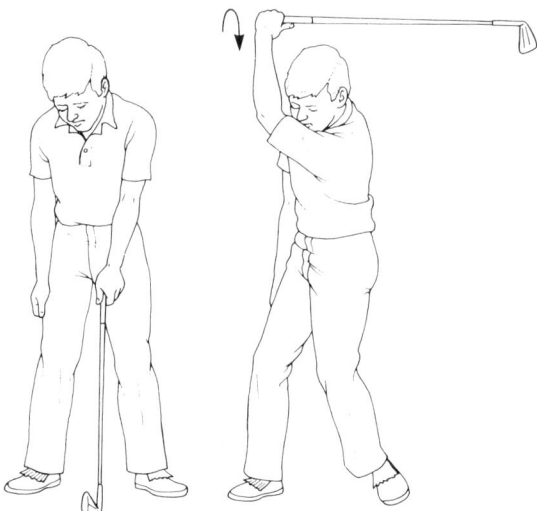

다리 밀어올리기(⬇)
골프를 치기 위해서는 강한 다리가 필요하다. 특별한 기구 없이도 가능한 간단한 운동은 한쪽 다리를 단단한 의자 위에 딛고서 다리를 밀어 올리는 것이다. 다리를 쭉 뻗은 후 서서히 지면에 다시 닿을 때까지 내린다. 천천히 이 동작을 반복하며 다리를 바꾸어서 계속한다. 시간이 많이 걸리지 않고도 다리의 힘을 강화할 수 있다.

양손, 손목, 팔의 앞부분(⬆)
간단하면서도 효과가 큰 운동은 미디움 아이언으로 풀이 긴 러프에서 백 스윙과 스루 스윙을 빠르게 하는 것이다. 스윙은 짧게 그리고 펀치 샷처럼 함으로써 손과 손목 그리고 팔의 힘을 기른다.

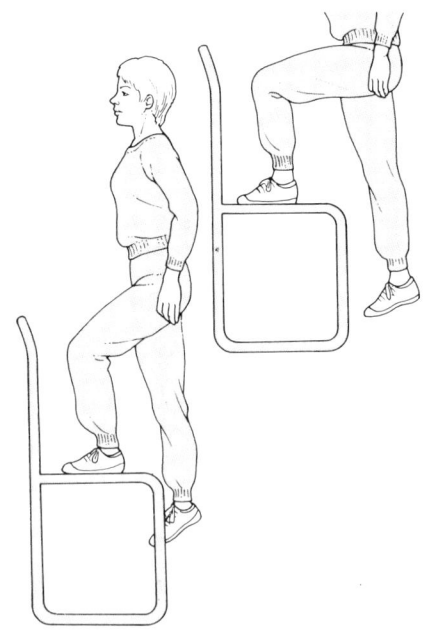

실력 향상시키기

다리와 등 운동

세베 발레스테로스와 닉 팔도가 하고 있는 운동으로서 다리 운동에 가장 좋은 것이 자전거 타기다. 많은 프로 골퍼들이 겨울 운동으로 자전거를 타거나, 날씨가 안 좋으면 실내에서 싸이클링 운동기구를 이용한다.

다리 들어올리기(⬇)
또 다른 흔한 다리 근육 강화 운동은 테이블에 앉아서 연습볼 백을 발목에 매달고 다리를 들어올렸다 내리는 것으로서 운동의 횟수를 늘려가며 백 속의 볼도 점차 많이 넣어 무게를 더해 준다.

벽에 기대어 앉기(⬇)
다리 윗부분의 운동에 좋은 것은 벽에 기대어 앉아 다리 윗부분이 수평이 되도록 등을 밀어내리는 것이다. 처음에는 아무 것도 아닌 것처럼 생각되지만 조금 지나면 윗다리에 힘을 느끼게 되고 다리의 힘 강화에 큰 도움이 된다.

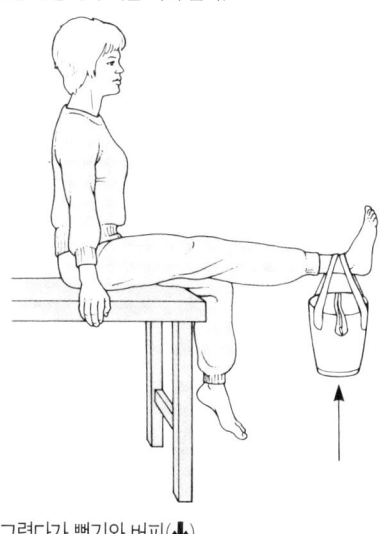

쭈그렸다가 뻗기와 버피(⬇)
두 가지 격렬한 다리 운동은 쭈그렸다가 펴고 점프하는 것이다. 쭈그렸다가 펴는 것은 잘 알려진 운동으로서 양손을 바닥에 대고 발은 거의 양팔의 사이에 오게 하였다가 다리와 발을 뒤로 밀어내고 다시 앞으로 당기는 것이다. 버피는 여기에다가 점프를 포함시킨 것이다. 발을 뒤로 뻗었다가 당기고, 일어서서 점프하여 스트레치해주고 다시 쭈그리고 앉으며 동작을 반복한다.

기억해둘 것
양손의 힘을 길러라.

근육운동 4 EXERCISES

줄넘기
일반적인 다리 운동으로 이보다 더 낳은 것도 별로 없다.

다리 올리기(➡)
등과 다리 운동의 방법으로 등을 바닥에 대고 누워서 다리를 올렸다가 내리기를 서서히 반복한다. 가능한 한 다리가 수직이 되도록 올렸다가 천천히 내린다. 이 운동은 다리와 등을 강화시키고 배의 근육도 강하게 해준다.

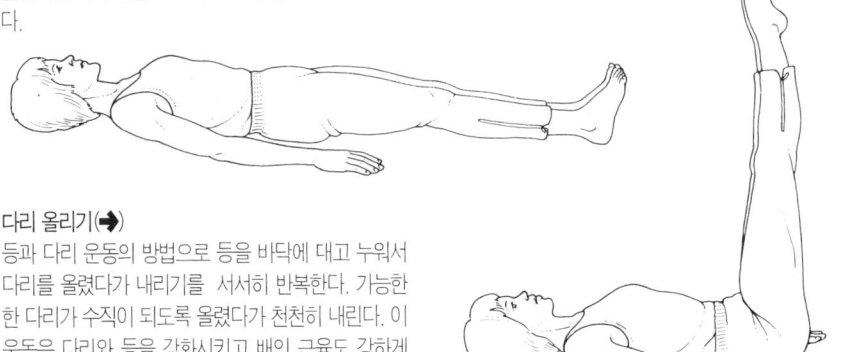

뒤로 스트레칭하기(➡)
코브라 운동처럼 앞으로 엎드려서 머리와 다리를 동시에 위로 올려 등 근육을 강화시킨다. 팔은 이마에 대고 팔꿈치는 밖을 향하게 하고 동작을 한다. 처음부터 크게 움직일 생각은 하지 않는 게 좋다.

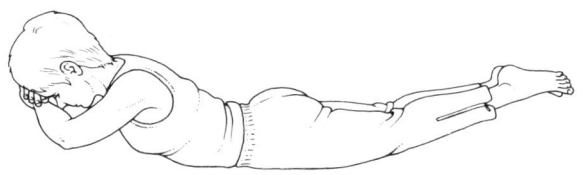

클럽을 이용하여 운동하기(⬇)
다리를 크게 벌리고 클럽 하나를 어깨와 수평이 되록 목뒤에 걸친다. 무릎과 발은 고정시킨다는 느낌을 가지고 각도를 유지하며 최대한 우측으로 돌린 다음 다시 왼쪽으로 돌린다. 이 동작은 골프에서 필요한 동작으로서 스윙을 할 때 히프와 등이 최대한 돌아가게 된다.

실력 향상시키기

벽을 향해 몸 비틀기(➡)

등의 근육을 풀어주는 간단한 운동은 벽으로부터 2피트 정도 떨어져서 등을 돌리고 선다. 손과 팔을 앞으로 뻗고 한 방향으로 몸을 비틀어 뒤에 있는 벽에 손이 닿게 하는 동작이다. 다시 반대 방향으로 비튼다. 등과 히프로 비틀어야 하고 무릎과 무릎 아랫부분의 다리는 고정시킨다는 느낌을 가져야 한다.

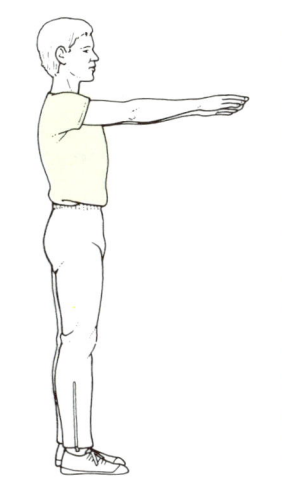
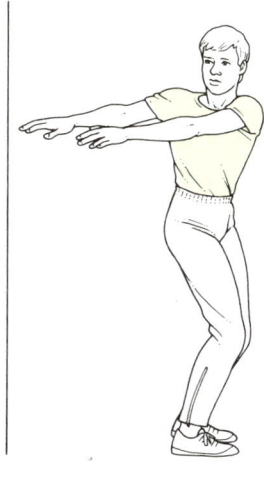

시트 업(⬇)

마지막으로 시트 업 운동이다. 발을 침대 가장자리 같은 것의 밑에 끼워 넣어 다리를 고정하고 상체를 앞으로 들어올려서 손이 허벅지와 무릎에 닿을 때까지 끌어올린다. 그리고 천천히 상체를 다시 들어올리는 동작을 반복하여 배와 등의 근육을 강화시킨다.

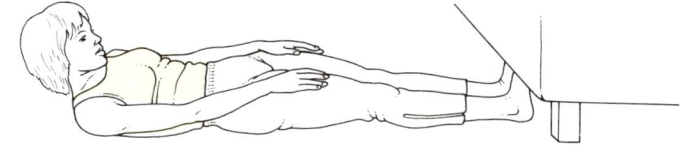

기억해둘 것
좋은 골퍼가 되는 데는 강한 다리가 필수적이다.

발전과정 모니터하기 MONITORING IMPROVEMENTS

골프 실력을 향상시키기 위해서는 다른 사람의 반응도 들어볼 필요가 있다. 또한 연습으로 최대의 효과를 얻기 위해서는 연습 결과의 성과에 대해 알아야 한다.

골프 스윙을 연습할 때 동시에 한 가지 이상의 동작을 바꾸려고 하지 말아야 한다. 한 가지 이상을 변화시키고 연습하면 어느 변화가 효과를 가지고 왔는지 모르게 된다. 예를 들면, 너무 볼에서 멀리 떨어져 서기 때문에 문제가 생겼고 또 볼을 스탠스의 너무 앞쪽에 놓고 친다는 지적을 받았다고 하자. 이 두 가지를 동시에 고치려고 하지 말라는 것이다. 먼저 볼과의 거리를 변화시켜 보고 나서, 볼의 위치를 바꾸어 보는 것이다. 이렇게 해야만 잘못된 원인을 제대로 찾아내며 스윙의 원리에 가까이 접근해 갈 수 있는 것이다.

항상 스케줄을 짜서 연습해야 하고 연습장에 가기 전에 연습 계획을 세워야 한다. 계획성 없이 막연하게 볼을 쳐서는 안 된다. 가능하다면 연습으로 이루어진 성과를 기록하여 어디에 문제가 있었는지와 얼마나 향상되었는지를 측정해야 한다.

코스에서도 스코어 카드에 단순히 스코어만 기록하는 것이 아니라 게임 전체의 전개 상황을 기록하는 것이 좋다. 게임의 어느 특정 분야를 향상시켰으면 스코어 자체도 향상될 것이다. 스코어 카드에 여러 가지 칼럼을 만들어서 기록한다. 한 칼럼은 페어웨이에 보낸 드라이브 샷의 결과를 기록하는데, 똑바로 나갔으면 체크 표시만 하고 우측으로 나갔으면 R, 좌측으로 나갔으면 L을 표시한다. 다음 칼럼은 200야드 이내에서 몇 개나 온그린시켰는가 하는 것을 기록한다. 역시 그린에 올렸으면 체크 표시만 하고, 경험 많은 플레이어라면 볼이 짧았는지, 핀을 지나갔는지 S와 P자나 플러스 마이너스를 이용하여 기록한다. 고급 플레이어라면 핀에서 짧았거나 지나갔거나 그 거리까지 야드로 기록한다. 예를 들면 핀을 지나서 5야드 지점에 볼이 갔다면 '+5'를 적고 10야드가 짧게 갔다면 '-10'을 적는다. 이렇게 함으로써 자신의 클럽 선택이 정확한지를 알게 된다.

일반 골퍼들은 한 라운드 중 대개 15 내지 16홀을 핀에 못 미치게 볼을 보낸다. 능동적으로 홀컵을 공략하지 못하는 것이다. 이와 같이 기록해 감으로써 스스로를 돌아보게 되어 자신이 충분한 공략을 못하고 있음을 알게 된다.

실력 향상시키기

또한 볼이 핀의 우측으로 갔는지 좌측으로 갔는지도 기록한다. 어떤 플레이어는 스스로 깨닫지 못하고 계속해서 한쪽 방향으로 보낸다. 온그린이 안 되었으면 어느 쪽으로 나갔는가? 오른쪽? 아니면 왼쪽? 짧았는가 아니면 길었는가? 역시 기록해야 할 사항이다. 또 다른 칼럼에는 치핑, 피칭, 그리고 벙커 샷을 기록한다. 이 역시 핀을 지났는지 짧았는지 기록한다.

스코어 향상에 언제나 걸림돌이 되

↓ 경기에 임할 정도의 단계가 되었으면 실전을 하게 될 코스에서 연습라운딩을 하며, 특히 거리와 해저드 및 코스에 관해 많은 것을 기록해두어야 한다. 홀마다 이런 것들을 속기로 적어두라. 연습중에 또한 매 홀마다 자신의 샷이 좌측으로 나갔는지, 우측으로 갔는지, 또 짧았는지 길었는지 어디로 나갔는지 기록해야 하고 몇 번이나, 얼마나 긴 퍼팅을 했는지도 기록한다.

기억해둘 것
발전과정을 체크해야
발전이 빠르다.

는 일반적인 문제가 어프로치 샷이 핀에 못 미치는 것이다. 아마 80%는 핀에 못 미친다는 것을 알게 될 것이다. 기록하지 않는다면 항상 거리가 못 미친다는 사실조차도 알 수 없다. 또 다른 칼럼에는 퍼팅을 측정해야 한다. 얼마나 멀리에서 몇 번의 퍼팅을 하였는가? 롱 퍼팅이 길거나 짧지는 않았는가? 실질적인 기술 향상 없이도 게임이 개선될 수 있는 여지는 과연 없는 것인지 찾아내야 한다.

자신이 충분히 낼 수 있는 스코어도 내지 못하는 가장 일반적인 이유는 클럽 선택에 있다. 대개의 골퍼들은 한 클럽을 적게 잡는다. 그들은 자신의 능력보다 더 멀리 보낼 수 있다고 생각하거나 거리를 제대로 판단하지 못하고 있는 것이다. 골프 코스에서의 거리 판단은 쉬운 일이 아니다. 짧아 보이기 쉽고 언제나 벙커의 위치와 크기, 나무 등으로 인해 착시 현상이 일어나므로 판단이 어렵다.

대개의 골프장들에는 홀의 그림과 거리가 표시되어 있는 차트가 있다. 각각의 클럽마다 자신의 비거리를 확인하고(런은 계산에 넣지 않음) 자주 다니는 코스의 거리를 정확히 알게 되면 정확한 클럽을 선택할 수 있다.

프로 골퍼들은 정확한 거리를 모르고는 시합에 임하지 않는다. 그들은 항상 노트를 가지고 다니며 연습 라운딩에서 많은 것을 기록하였다가 시합에서 활용한다. 거리를 기록하는 한 예는 이렇다. 〈홀 5, 파인 트리 R fg 115 cg 128bg 141+25.〉 즉, 그린의 우측 앞에 소나무가 서 있고 그린 앞까지는 115야드이고, 그린 중앙까지는 128야드, 그린 뒤쪽까지는 141야드이며 그린의 뒤쪽을 지나서 해저드 앞까지는 25야드라는 뜻이다. 그들은 자신만의 속기록을 사용하는데, 프로들은 그들의 드라이브 거리보다 20야드 정도 뒤의 거리를 기록하여 그린까지의 거리를 측정한다. 대개는 이 거리를 핀에서부터 50야드 정도까지 활용한다. 그리고 가벼운 바람 속에서 플레이한다면 10야드, 강한 바람이 분다면 20야드 정도를 가감하고 경사가 있다면 10야드 정도를 가감한다. 각 클럽마다의 비거리를 분석하는데, 5번 아이언을 시작으로 각 번호에 따라 10야드의 거리 차이가 있어야 한다. 특히 3번과 4번 아이언의 거리를 체크하여 실제로 10야드의 거리차가 있는지 확인해야 한다.

프로 경기 관전 WATCHING PROFESSIONALS

프로 경기를 보러 가면 우선 연습장에서 프로들의 스윙을 보는 것이 좋다. 프로의 바로 뒤에 서서 스윙의 라인을 보도록 한다. 가능하다면 비슷한 키의 프로 뒤에 서서 어떻게 그들이 세트업하는지 보는 것이 좋다. 대부분 프로들이 얼마나 볼에 가깝게 서는지 보라. 또한 안쪽으로 테이크 백하고 볼을 공략하는 것, 안쪽으로부터 커브를 그리며 볼을 때리는 클럽 헤드를 보아야 한다.

거의 모든 훌륭한 프로들은 완벽한 몸의 균형을 유지한다. 이 균형이, 정확한 타이밍과 조화를 이루어 엄청난 클럽 헤드의 스피드를 가능하게 해 준다. 또한 프로들이 세트업에서 지나치게 신중함을 알게 될 것이다. 연습장에서도 발끝에 클럽 하나를 놓아서 타겟 라인에 평행을 이루었는지 확인하는 프로도 종종 볼 수 있을 것이다.

코스에서도 볼을 보지 말고 프로를 보아야 한다. 볼만 보고 있다면 임팩트와 폴로 스루를 볼 수 없다. 프로들은 다른 프로가 치는 볼을 보는 것이 아니라 그 프로의 스윙을 연구한다. 프로들이 볼을 치기 전에 하는 판에 박힌 행동(프리 루틴)을 관찰하고 배워야 한다. 한 프로를 따라다니며 몇 홀을 지켜보면 어떤 버릇이 있고 스윙 전의 행동이 똑같이 반복되는 것을 알 수 있을 것이다. 대개는 볼 앞에 세트업하고 클럽을 흔들고, 타겟을 쳐다보는 등 행동이 일정할 것이다. 좋은 프로의 전체적인 리듬과 타이밍을 배우도록 해야 한다.

프로들이 클럽 선택을 위해 어떻게 거리 차트를 활용하고 어떻게 거리를 재는지도 관찰하라. 대개의 프로들은 페어웨이의 특정 지점으로부터의 거리가 적힌 노트를 가지고 다니며, 특정 지점으로부터 앞뒤로 왔다갔다 하며 정확한 거리를 측정하는 것을 알 수 있을 것이다. 또한 프로들이 풀을 뜯어서 공중에 조심스럽게 뿌려보고 바람을 판단하여 클럽을 신중하게 선택하는 모습도 볼 수 있을 것이다. 프로들이 어떻게 홀을 공략하는지도 봐야 한다. 대부분 프로들은 볼이 핀을 지나가도록 칠 것이다. 한 골퍼를 지켜본다면 아마추어 골퍼들보다 얼마나 자주 그가 친 볼이 핀을 지나가는가를 알 수 있을 것이다.

숏 게임에서는 어프로치 피칭의 펀치 샷 공략과, 고정된 머리, 짧은 피니시, 체중이 왼발로 이동하는 것 등을 봐야 한다. 다시 말하지만 볼을 보는 것이 아니라 선수를 보는 것이다. 그래서 임팩트와 임팩트 후의 과정을 보는 것이다. 퍼팅 그린에서 얻을 수 있는 최고의 레슨은 프로들의 완벽한 머리 고정이다.

또한 프로가 퍼팅하기 전의 습관적인 행동, 연습 퍼팅을 하는지 볼 앞에 세트업은 어떻게 하는지도 보아야 한다. 그러나 프로들이 퍼팅 라인을 설정하고 세트업하는 데 시간을 오래 끄는 것까지 배우면 안 된다. 칩 샷을 볼 때 배울 수 있는 것은 프로가 얼마나 볼에 가까이 서는가를 보고, 일반적으로 짧은 샷에서는 손목이 아래로 처지지 않고 활처럼 팽팽히 뻗쳐 있는 것도 보아야 한다.

대개의 숏 샷에서 프로들의 스윙이 백 스윙과 스루 스윙의 길이가 얼마나 같으며 동시에 볼을 지날 때 얼마간의 가속이 붙는가도 유심히 보라. 그린 주위에서 클럽을 선택할 때의 논리를 이해하고 특히 그린 주위의 풀이 적을 때 퍼터로 러닝 샷을 하는 것도 배워야 한다.

리커버리 샷도 유심히 봐야 한다. 프로들은 일반 골퍼들이 과감히 리커버리 샷을 하는 것보다 덜 욕심을 부리고 안전하게 샷하는 것을 알 수 있을 것이다.

좋은 골퍼는 코스의 위험들을 피해 언제나 핀을 향해 똑바로 조준하지 않고 지그재그로 공략할 마음의 준비가 되어 있다. 프로들의 매샷과 함께 확률 골프의 시각으로 프로의 생각을 읽도록 하라.

실력 향상시키기

기억해둘 것
볼을 보지 말고
스윙을 보라.

코스 설계의 대가들 MASTERS OF DESIGN

골프 게임이란 게임을 하는 코스에 달려 있다고 해도 지나친 표현이 아니다.

모든 코스는 각각의 특성을 가지고 있고 특히 챔피언 코스들은 날씨, 계절의 변화와 함께 시시각각으로 달라지는 특징이 있다.

예전의 코스들은 대지의 윤곽을 거의 그대로 이용하여 만들어졌다. 바닷가의 코스들에는 종종 바람에 모래가 쓸려와 움푹한 곳에 쌓여 벙커가 생겼고 토목 공사도 크게 없었으며 이런 코스들의 장점이라면 어떤 땅을 이용하느냐와 자연 그대로의 해저드를 따라 이루어진 설계에 달려 있었다.

해저드가 의도적으로 만들어진 곳은 대체로 해저드가 깊거나 보이지 않게 되어 있었다.

이런 해저드들은 티에서 그린까지 플레이를 유도하기보다는 조금이라도 완벽하지 않은 샷이라면 걸려들게 되어 있었다.

오늘날의 챔피언십 코스의 설계와 건축에 막대한 영향력을 끼친 사람들이 있다.

이러한 코스들은 그들의 전통적인 특성을 유지하도록 규정되어 있고 클럽의 임원들에 의해 마음대로 변경하지 못하게 되어 있다.

올드 톰 모리스(Old Tom Morris, 1821~1908)

오늘날의 거의 모든 전문가들이 그렇듯이 올드 톰도 처음에는 프레스튁과 세인트 앤드류스의 그린 관리인이었다.

그가 디자인한 코스는 아일랜드의 라힌치, 데본에 있는 웨스트워드 호, 무어필드, 그리고 로열 카운티 다운 등 영국의 가장 수준 높은 코스로 알려진 네 개의 코스다.

어떤 이들은 그를 천재라고 하고, 다른 이들은 그의 천재성은 자연의 아름다움을 그대로 보존할 줄 아는 현명함에서 나오는 것이라고 한다.

헨리 콜트(Henry Colt, 1869~1951)

아마추어 골퍼로서 서닝 데일의 첫번째 비서였던 헨리 콜트는 세계에서 가장 훌륭한 내륙 코스 중의 하나인 세인트 앤드류스의 올드 코스를 개조했으며 뉴 코스를 설계했다. 그는 또한 세인트 조지 힐, 웬트워스, 라이, 그리고 스윈리 포리스트를 설계했다.

1908년에 시작된 스윈리 포리스트는 어쩌면 최초로 산림 지역에 건설된 코스인지도 모른다. 정확성을 요구하고 매 홀마다 전략을 강조한 콜트의 독특한 특성을 가지고 있는 코스다.

미국에서는 파인 밸리가 콜트의 영향을 많이 받았고 도널드 로스는 미국에서 가장 훌륭한 코스라고 칭찬하였다.

허버트 파울러(Herbert Fowler, 1856~1941)

또 다른 아마추어 골퍼였던 허버트 파울러는 월튼 히스 올드 코스와 뉴 코스들, 그리고 버크셔의 레드와 블루 코스를 설계했다. 그의 철학은 가능한 한 자연을 훼손하지 않는 것이었다.

톰 심프슨(Tom Simpson, 1877~1964)

챈틸리와 모르폰틴을 포함하여 유럽 대륙의 여러 훌륭한 코스들을 설계한 톰 심프슨이 1930년에 골프 코스 설계에 관해 쓴 글은 많은 영향을 끼쳤으며 코스의 변화와 좋고 나쁜 것에 관해 입증하고 있다.

1931년에 심프슨이 계산한 코스의 건설비는 단지 25,000달러였는데 60년이 지난 지금은 1.5백만 달러에서 심프슨이 설계했을 만한 코스의 건설비는 3천만 달러는 족히 들 것이다.

앨리스터 멕켄지(Alister Mackenzie, 1870~1934)

골프 코스 설계에서 누구보다 큰일을 한 사람은 해리 콜트 밑에서 공부한 스코틀랜드의 의학자인 닥터 앨리스터 멕켄지이다.

멕켄지는 리드에 있는 앨우들리와 무어타운, 로열 멜버른의 웨스트 코스, 캘리포니아의 사이프레스 포인트, 그리고 마스터스가 열리는 오거스타 내셔널 코스를 설계했다.

전설적인 인물인 바비 존스와 함께 미국내의 대륙 코스의 가장 이상적이고 새로운 기준을 세우며 이 아름다운 코스를 건설했다.

오거스타의 그린과 윤곽은 브리티시 챔피언십 코스의 전통적인 디자인과는 대조적이다.

도널드 로스(Donald Ross, 1873~1948)

원래는 스코틀랜드의 도노크 사람이지만 도널드는 600개에 달하는 코스를 설계하며 미국에서 선두를 달리는 골프 설계가가 되었다.

그의 디자인은 그가 골프를 배웠던 스코틀랜드 코스의 언덕들이라든가 이중 그린, 그리고 놀라운 자연 경관 등을 많이 흉내내었다.

그가 설계한 챔피언 코스들은 브래 번, 오클랜드 힐, 인버니스, 씨오토, 그리고 세미놀 등이다.

'파인허스트 넘버 2'는 모래 같은 흙과 전나무 사이로 깎아 놓은 페어웨이 등이 어우러진 아마 그의 최고의 작품일 것이다.

그 자신도 그의 디자인 중에서 가장 훌륭한 실험이었다고 술회하였다.

로버트 트렌트 존스, 시니어(Robert Trent Jones, Sr., 1906~)

영국의 랭커셔에서 태어났지만 4살부터 미국에서 살았고 전쟁 후 미국에서 가장 잘 알려진 골프 코스 건축가가 되었다.

그는 코넬 대학에서 농경학, 조경학 그리고 엔지니어링을 공부하며 미래의 직업을 준비하였다.

그는 건강 때문에 골프를 포기하기까지는 훌륭한 아마추어 골프 선수였다. 지금은 그의 두 아들이 이어받아 하고 있는 그의 설계 사업은 톱 클래스의 코스들을 설계 변경하기도 하였고 현대화시키기도 했으며, 새로운 코스들도 만들었다.

트렌트 존스의 전형적인 코스들은 타이거 티로부터 7,000야드의 거리이고, 많은 인공 벙커와 크고 굴곡이 심한 그린이 있다.

페어웨이는 더러 아주 좁으며 도그 레그 홀이 많다.

이런 코스들의 특징은 토너먼트에 참가하는 프로들에게는 매우 어렵지만 레귤러 티에서 플레이하는 아마추어들에게는 핀만 쉽게 꽂아놓으면 재미있게 플레이할 만하다는 것이다.

피트 다이 (Pete Dye, 1935~)

피트 다이는 미국의 설계가로서 코스의 디자인에 그만의 독특한 아이디어를 가지고 있다. 그는 로열 도노크를 처음 방문했을 때 자연 그대로의 코스 아이디어에 크게 영향을 받은 것 같다. 그의 코스들은 플레이어들이 그 아름다움에 숨이 막힐 정도이다.

물을 끼고 있는 코스들 THE WATERY GRAVES

⬆ 발 도 로보 코스는 포르투갈의 알가 브에서 가장 유명한 코스들 중의 하나다. 16번 홀의 티 그라운드에서 바라본 이 경치는 포르투갈 오픈의 최고의 매력이다.

➡ 페블 비치는 캘리포니아 해변에 있는 US 오픈 챔피언십 코스로서 1984년 톰 왓슨이 17번 홀에서 칩 샷으로 홀 아웃하며 잭 니클라우스로부터 타이틀을 빼앗았던 곳이다.

골프 코스 및 설계

← 프레드 커플스가 텍사스의 콜로니얼 컨트리 클럽에서 워터 해저드 가까이에서 라인을 읽고 있는 모습.

클래식 챔피언십 코스 1 CLASSIC CHAMPIONSHIP COURSES

↑ 그린 이글 코스는 (윗그림) 경제적으로 여유 있는 사람들만이 찾을 수 있는 영국에서 가장 고급스러운 골프 리조트이며 아름다운 스코틀랜드의 내륙 코스이다.

→ 오거스타 내셔널 코스는 마스터스 대회가 열리는 곳으로서 바비 존스와 앨리스터 멕켄지의 혼이 깃든 작품이다. 매년 봄이면 세계 최고의 프로들과 아마추어들이 우승자에게 주어지는 그린 재킷을 입기 위해 플레이한다. 상금이 대회의 중요성에 일치하는 것이지만 전통에 의해 별로 입에 올려지지는 않는다.

골프 코스 및 설계

→ 로열 멜버른은 오스트레일리아에서 가장 오래된 골프 클럽이다. 앨리스터 멕켄지가 디자인한 웨스트 코스는 세계에서 가장 훌륭한 내륙 코스 중의 하나로 알려져 있고, 오스트레일리아 챔피언십 대회가 자주 열린다. 이스트 코스는 월드컵 대회와 월드 아마추어 팀 챔피언십이 열린다.

↓ 서닝데일. 1900년에 윌리 파크에 의해 처음 디자인되었고 헨리 콜트가 건설한 영국의 명문 중의 하나인 내륙 코스이다. 어느 골프 코스 평론가는, 경관 뿐만 아니라 모든 샷이 완벽해야 라운딩할 수 있는 코스라고 평했다. 272야드에서 304야드밖에 되지 않는 3번, 9번, 11번의 세 개의 짧은 파 4홀은 골프에 있어서 거리가 모든 것이 아님을 증명해 준다.

클래식 챔피언십 코스 2 CLASSIC CHAMPIONSHIP COURSES

골프 코스 및 설계

◀ 로열 세인트 조지(왼쪽 그림). 켄트 해변의 바람이 심한 지역에 있는 유명한 코스로서 최근에 1985년 샌디 라일이 우승한 브리티시 오픈을 유치하며 명성을 되찾았다.

턴 베리(아래 왼쪽 그림). 브리티시 오픈이 열렸고 미국인들에게 유명한 코스다. 전형적인 울퉁불퉁한 지형이고 가끔 바람이 심한 스코틀랜드의 코스인데, 경관으로 유명한 9번 홀은 바위에 부딪치는 파도를 향해 티샷을 해야 한다.

▼ 세인트 앤드루스(아래). 예전의 많은 골프 설계가들에게 영향을 준, 자연 그대로의 둔덕과 웅덩이들을 이용하였고 200여 년 간 거의 변화가 없었던 코스다. 브리티시 오픈에 참가하여 18번 홀에서 클럽 하우스로 걸어가보는 것이 많은 골퍼들의 꿈이다.

세계의 코스들 1 COURSES AROUND THE WORLD

골프 코스 및 설계

← PGA 웨스트(왼쪽)와 캘리포니아의 스타이움 코스의 유명한 17번 홀은 피트 다이의 최고의 코스 설계를 상징한것이라고 할 수 있거나, 그것이 아니라면 가장 우스꽝스러운 코스라고 할 수 있다. 피트 다이가 설계한 코스에서 라운딩하는 것은 추억에 남을 만한 경험이며 다른 코스들은 심심하게 보일 정도가 된다.

↙ 사우디 아라비아의 다하란 코스(아래 왼쪽). 잔디가 극히 귀한 이 사막의 코스도 골프광들을 막지는 못한다. 플레이어는 매트나 인조 잔디를 가지고 다니며 매번 샷을 해야 한다.

↓ 미시건의 오클랜드 힐은(아래) 도널드 로스가 디자인했으며 그의 스코틀랜드 특유의 성향을 보여주는 코스다.

세계의 코스들 2 COURSES AROUND THE WORLD

➡ 미국의 애리조나에 있는 트루 노스 코스는(우측 그림) 숨이 막힐 정도의 아름다운 경관 속에 거대한 선인장들이 언덕 위로 펼쳐져 있다.

↘ 아이슬랜드의 아쿠리리 코스(우측 아래)에서는 장려한 배경 속에서 플레이하게 되며 한여름에는 스태미너만 있다면 하루에 24시간 플레이가 가능하다.

⬇ 싱가포르(아래)는 싱싱하고 무성한 잔디의 페어웨이와 그린으로 되어있다. 잘 다듬어진 아름다운 이 코스에서는 세계에서 가장 큰 멤버십 대회가 열린다.

골프 코스 및 설계

세계의 코스들 3 COURSES AROUND THE WORLD

골프 코스 및 설계

← 펜실베이니아의 오크몬트 골프 클럽 (왼쪽). 1994년 US 오픈 마지막 날, 어니 엘스가 플레이 오프에서 두 번째 샷을 하고 있다.

↓ 인버니스 골프 클럽(아래 오른쪽). PGA 마지막 라운드 18번 홀에서 닉 팔도가 두 번째 샷을 하고 있다.

← 세인트 피에르, 쳅스터(아래 왼쪽) 코스는 전형적인 영국의 공원 지대에 세워진 코스이며 자주 메이저 대회가 열린다.

스트로크 플레이 STROKE PLAY

스트로크 플레이 또는 메달 플레이라고 하는데, 18홀 전체의 점수를 기록하여 매 홀의 스코어를 합산하는 것이다. 스트로크 플레이는 주로 프로 시합이나 챔피언십 대회에서 사용하는 게임 방법이고 챔피언십 대회가 아닌 아마추어 시합에서는 플레이어의 핸디캡을 전체 스코어에서 빼고 네트 스코어를 계산한다.

가장 낮은 스코어가 스크래치 상

➡ 1992년 마스터스 챔피언인 프레드 커플스가 1996년 싱가포르의 타나메라 골프 클럽에서 열린 조니 워커 클래식에서 플레이하고 있다.

◇ 스트로크 플레이에서 해야 할 일과 해서는 안 되는 일

스트로크 플레이를 하게 되면 전략적인 것 외에도 많은 것을 생각해야 한다. 이런 형식의 게임을 처음 시작하게 되면 아무 것도 기억하지 못하게 된다. 그러나 최대한 노력해서 가능한 한 기억을 살려야 한다. 이기느냐 지느냐가 달려 있다.

- 게임이 잘 풀린다고 자만하지 말라.
- '안 되면 어떻게 하나?' 하는 생각은 금물이다. 스트레스를 받게 된다.
- 마지막 샷을 하기 전까지는 스코어를 생각하지 말라.
- 좋지 않은 시작이 좋지 않은 라운드가 되는 것은 결코 아니라는 것을 잊지 말라.
- 매치가 끝날 때까지 스코어는 잊고 있어야 한다. 잘하고 있다면 너무 흥분할 수도 있고, 잘 안되고 있으면 걱정이 생기고 상황을 악화시키게 된다.
- 마지막 스코어가 프론트 나인홀의 두 배가 되리라고 추측하지 말라. 스코어는 전반에 45, 후반에 35가 될 수도 있고, 전반에 35, 후반에 45가 될 수도 있다. 게임에만 전념하라.
- 우승하기 전까지는 우승을 생각하지 말라.
- 시합에서 이겼다는 것을 알기 전까지는 우승한 후에 어떻게 인사말을 할 것인가 걱정하지 말라.
- 오직 하나 생각해야 할 것은 홀마다 어떻게 공략할 것인지를 계획하는 것뿐이다.

- 핀이 어디에 있는지 확인하고 조심스럽게, 어떻게 샷할 것인지 계획을 세우라.
- 앞의 일을 생각하지 말고 현재에 직면한 상황만 생각해야 한다.
- 일단 볼을 친 후에는 그 샷은 잊어버려야 한다. 볼까지 걸어가서 그 다음 샷만 생각해야 한다. 그리고 또 다음 샷……
- 언제나 마음속에서는 한 번에 하나의 샷만을 한다.
- 볼 앞에 이르기 전까지는 미리 어떤 클럽을 선택하겠다는 생각은 하지 말아야 한다. 생각을 더 어지럽히게 될 뿐이다.
- 매샷을 그 자체로 받아들여야지 과거에 경험한 비슷한 상황에서의 샷과 연계해서 생각하지도 말고 어떤 샷이 되리란 기대도 하지 말라.
- 만일 실수를 범했다면 가능한 빨리 마음속에서 실수한 기억을 지워버려야 한다.
- 어떤 홀에서도 스코어를 생각하여 플레이, 특히 스윙을 바꾸지 말아야 한다. 시합이 어떻게 되어가든 평상시의 방법대로 매샷에 임해야 한다.
- 불필요한 위험을, 특히 리커버리 샷이나 모험을 걸 요인이 있는 경우, 감수하려 하지 말라. 게임이 잘 안되어 간다는 생각이 들게 되면 게임이 더 나빠질 수도 있다.

경기방법, 에티켓 및 룰

을 받고 가장 낮은 네트 스코어가 핸디캡 상을 받는다. 스트로크 플레이어에서는 특정한 한 사람과 시합하는 것이 아니라 시합에 참여하는 모든 이들과 경쟁하는 셈이 된다. 이것 때문에 스트로크 플레이와 매치 플레이는 룰과 벌칙이 다르다.

  스트로크 플레이에서는 게임의 동반자가 당신의 스코어를 기록한다. 라운딩을 시작하기 전에 스코어 카드를 서로 바꾸어서 각자 동반자의 스코어를 기록하는 것이다. 스트로크 플레이는 핸디캡을 측정하기 위해 이용되는 게임의 한 형식이다.

매치 플레이 MATCH PLAY

상대방과 매 홀 승부를 하는 형식의 게임이다. 필드에 있는 모든 플레이어와 동시에 스코어로 경쟁하는 스트로크 플레이와는 전혀 다르다. 매치 플레이에서는 홀마다 낮은 스코어의 플레이어가 그 홀을 이기는 것이 되며 핸디캡을 주거나 동등하게 플레이한다.

예를 들어 A가 B와 함께 플레이하는데 핸디캡 없이 동등하게 한다고 가정하자. A는 첫번째 홀을 4타로 홀아웃했고 B는 5타로 끝냈다. A는 1업이라고 하고 B는 1다운이라고 한다. 두 번째 홀에서는 둘 다 5타를 쳤다면 그 홀은 비기게 되는 것이고 A는 그대로 1업(up)이 된다. 세 번째 홀에서 A가 이기면 2업이 되고 B는 2다운이 되는 것이다.

15번 홀을 지나서 A가 3업이고 플레이할 홀이 3개 남았다고 하자. 우리는 A를 도미니 3이라고 하는데, 추가로 홀을 플레이하지 않으면 A가 질 수는 없다는 것을 뜻한다. 16번 홀에서 A와 B가 비겼다고 하면 A는 아직 3업이고 나머지 홀은 두 개밖에 없다. 이 시점에서 B는 절대로 A를 따라 잡을 방법이 없기 때문에 A가 플레이할 홀은 2개지만 3홀을 이기고 있으므로 A가 이긴 것이 되고 이를 줄여서 3:2(3홀을 이겼고 남은 홀은 2개라는 뜻)로 이겼다고 한다. 예를 들어서 B가 16번, 17번 그리고 18번 홀을 계속해서 이겼다면 두 선수는 동등하게 비기게 된다. 시합의 룰에 따라 추가로 홀을 플레이할 것인지가 결정된다. 1번 홀로 다시 가서, 열아홉 번째 홀을 플레이하여 승자를 가리든가 또는 매치를 18번 홀에서 끝내고 서로 비기게 된다.

만일 시합이 끝까지 승자를 가리는 것이라면 19번, 20번 홀로 승자가 가려질 때까지 계속된다. 클럽내의 시합이나 국제 대항전이라면 종종 18홀에서 무승부로 끝내게 된다. 여기에 매치 플레이에서 지켜야 할 에티켓을 소개한다.

- 첫홀 티에서 누가 먼저 플레이할 것인지를 정하기 위해서 순서를 정하는 제비뽑기가 없다면 티를 던져서 순서를 정한다. 로우 핸디캡퍼가 먼저쳐야 한다는 것은 올바른 매너가 아니다.
- 그 홀에서 이기는 사람이 다음 홀에서 먼저 드라이브 샷을 할 수 있는 오너(우선권)를 갖게 된다. 그는 이 오너를 다른 사람이 이기는 홀까지 계

속 유지하게 된다.

- 정확하게는 그 홀에서 진 사람이 매 홀이 끝날 때마다 스코어를 불러야 하는데, 항상 지켜지는 것은 아니지만 그렇게 하는 것이 원칙이다. 이것이 지켜진다면 스코어 카드를 지닐 필요가 없다. 매치 플레이에서는 끝까지 홀아웃하지 않아도 되고 홀과 홀의 스코어는 아무 의미도 없다.
- 핸디캡으로 한 점을 받는다면 핸디캡을 받은 사람이 이를 말해야 하고 그 홀에서 플레이한 타수를 말할 의무가 생긴다. 매치 플레이와 스트로크 플레이의 룰은 다르다. 매치 플레이에서는 동반한 상대방과 게임을 하지만 스트로크 플레이에서는 필드에 있는 모든 선수들과 게임하는 것이다.

뒤로 돌아갈 수도 스코어를 바꿀 수도 없다. 질문을 받으면 자신의 타수를 정확하게 말해야 한다. 상대방이 플레이하기 전에 스코어를 말하지 않거나 잘못 말한 스코어를 정정해 주지 않으면 그 홀을 몰수당하게 된다. 이것은 스트로크 플레이에는 해당되지 않는 룰의 한 예이다.

매치 플레이에서 생각하는 법

매치 플레이에서 이것은 매우 중요하다. 일반적으로는 스트로크 플레이와 마찬가지로 플레이한다. 다른 말로 하면 코스 플레이에만 열중하고 상대방이 어떻게 하든 생각하지 말고 자신의 스코어에만 신경쓰면 된다.

만일 상대방이 제대로 샷이 안 된다고 해도 다음 샷에서 자신의 플레이 방법을 바꾸려고 해서는 안 된다. 상대방의 타수를 알기 전에는 홀의 공략법을 바꾸려고 하지 말아야 한다. 4피트짜리 숏 퍼팅을 상대방이 성공하리라고 추측하는 건 어렵지 않다. 그래서 자신도 퍼팅을 성공시키겠다고 욕심을 부려 10피트짜리 퍼팅을 너무 과감하게 스트로크한다면, 상대방이 퍼팅을 놓쳤을 때 당신은 그 다음 퍼팅도 놓칠 수 있다. 마지막 퍼팅이 끝날 때까지는 이기고 지는 것을 알 수 없다는 것을 잊지 말고 스트로크 플레이에서처럼 당장의 샷에 대해 긍정적인 생각을 가지고 임해야 한다. 아까는 5업이었는데 이제는 2업이라고 해도 과거는 잊어야 한다.

➔ 프레드 커플스

경기방법, 에티켓 및 룰

카드 및 핸디캡 CARDS AND HANDICAPS

골프에서는 관련 용어—특히 파와 핸디캡에 관하여—를 이해한다는 것이 절대적으로 중요하다.

국제적 표준의 실력을 갖춘 좋은 아마추어 플레이어가 있다고 가정하자. 우리는 그를 스크래치 플레이어라고 부르기로 한다. 파 또는 스탠더드 스크래치나 코스 레이팅은 그가 어떻게 골프 코스를 라운딩하는가를 측정한 것이다.

250야드까지의 홀은(여자의 경우는 220야드) 스크래치 플레이어는 한 번의 샷으로 온그린시킬 수 있고 두 번의 퍼팅으로 홀아웃한다고 가정할 수 있다. 우리는 이 홀을 파 3이라고 한다. 파 4는 251야드에서부터 대략 470야드 거리의 홀로, 스크래치 플레이어가 그린에 도달하기까지 두 번의 샷이 필요하고 두 번의 퍼팅으로 홀아웃할 수 있다고 가정하여 파 4라고 한다.

파 5는 대략 471야드부터 그 이상 거리의 홀로서 스크래치 플레이어가 3번 만에 그린에 도달하고 두 번의 퍼팅을 한다고 가정하여 파 5가 된다. 18홀의 토탈 파는 매 홀의 파를 합산하여 계산한다. 대개의 경우 이것은 스탠더드 스크래치라고 하는 것과 같다.

← 스트로크 플레이에서의 스코어 카드 기록.

각 플레이어는 매 홀마다 상대방의 스코어도 함께 기록한다. 라운드가 끝난 후 핸디캡에 따라 토탈 그로스 스코어에서 핸디캡을 뺀다. 이 빼는 숫자가 받은 스트로크가 되고, 스크래치 플레이어는 아무 스트로크도 받지 못하는 것이다.

경기방법, 에티켓 및 룰

이 토탈 파는 나라마다 약간씩 다르기도 하고 여성 골프의 경우도 다르다. 그러나 이것이 핸디캡을 측정하는 SSS 또는 코스 레이팅인 것이다. SSS와 같은 타수로 라운딩하는 스크래치 플레이어는 아마추어의 국제 표준, 또는 클럽 프로의 표준이 되는 것이다.

핸디캡 4의 플레이어는 스탠더드 스크래치보다 4타를 더 치고 라운드하게 될 것이며, 그는 대략 클럽의 첫번째 상위 그룹 표준의 플레이어가 된다. 남자의 경우 최대의 핸디캡은 28까지 허용되고, 논리적으로는 28핸디캡퍼는 스탠다드 스크래치(파)보다 28만 더 치고 라운드해야 한다. 그러나 이보다 더 많은 타수를 기록하는 사람도 28의 핸디캡만 주어진다. 여자의 경우, 최대의 핸디캡은 보통 36이며 이 사람은 스탠더드 스크래치에서 36타 이내에 라운드해야 하는 것이 원칙이다. 스코어 카드를 보면 여러 가지 다양한 칼럼이 있다. 우선 눈에 띄는 것이 야드 표시인데, 티 그라운드의 특정 마크에서 페어웨이를 거쳐 그린 중앙까지의 거리이다.

다음이 홀의 파이다. 남자의 경우 파는 거리에 따라 정해지지만 여자의 경우는 거리와 난이도를 함께 감안하여 정해진다. 스트로크 인덱스, 또는

◀ 스테이블포드 게임에서는 네트 스코어에 대해서 홀마다 점수가 주어진다. 스코어 카드를 작성하는 법은 그림과 같다. 이 경우 플레이어 A는 핸디캡 13을 받으므로 핸디캡 1에서 13까지의 홀에 표시를 한다. 이로써 이 홀들에서 홀마다 한 스트로크씩 받는 것이다. 버디를 기록하면 3점, 파는 2점, 보기는 1점을 자신의 네트 스코어에 대해 받아 매 홀 그 점수를 적는 것이다.

핸디캡이라고 적혀진 것은 핸디캡 시합에서 이용되는 것인데, 그 다음에 실제 기록하는 스코어를 적는 칼럼이 있다. 카드의 뒷면에는 보통 클럽의 로컬 룰이 적혀 있고, 여러 형태의 시합에 따른 핸디캡 산정법을 알려준다. 스트로크 인덱스나 핸디캡이라고 적힌 칼럼은 두 사람이 경쟁하는 게임을 하거나 나중에 설명할 스테이블포드 보기, 또는 보기 컴피티션 같은 다른 형식의 시합에서 이용된다. 예를 들면, 핸디캡을 받는 플레이에서 핸디캡 9와 21을 받는 플레이어가 있으면 핸디캡 차이는 12가 된다.

두 사람만의 매치에서는 핸디캡 21인 사람이 이 차이의 4분의 3만 받게 된다(9타). 그림의 카드를 보면 21핸디캡퍼는 낮은 핸디캡퍼로부터 핸디캡 칼럼에 9 또는 그보다 낮은 숫자가 적혀진 홀에서만 핸디캡 스트로크를 받는다. 그는 이 홀들에서 토탈 9스트로크를 받으며 경쟁자와 승부를 결정하기 이전에 이들 홀마다 자신이 기록한 스코어에서 1타씩을 빼는 것이다. 만일 시합이 무승부로 끝나서 19번째 홀로 가게 된다면 핸디캡 홀에서는 또다시 핸디캡 스트로크를 받으며 시합하게 되는 것이다.

스코어 카드의 이면에는 자세한 로컬 룰이 적혀 있는데 보통은 벙커에서 플레이어가 돌멩이를 꺼내도 된다든가, 또는 코스내에서 정확하게 OB 지역을 구분한 규정 등을 명시하고 있다.

또 어떤 스코어 카드는 4인 1조, 또는 2인 경기와 스테이블포드와 보기 경기에서 사용되는 핸디캡 산정법을 자세히 알려주기도 한다.

경기 | COMPETITIONS

핸디캡 제도가 있기 때문에 실력이 다른 사람들끼리도 동등하게 시합할 수 있고, 이를 위하여 플레이어들에게 공정한 기회를 주기 위해 여러 가지 형태의 시합 형식이 생기게 되었다. 코스에 사람들이 많이 밀리는 날 6명이나 그 이상의 인원이 이용하기 좋은 시합 방법, 그리고 게임을 빨리 진행시키거나 자신없는 초보자가 사람들 앞에서 첫홀의 티샷을 해야 하는 염려를 덜어줄 수 있는 시합 방법들도 있다. 전세계를 통해 흔히 이용되는 시합의 형태들을 소개한다. 이들 방법들은 때에 따라 상황에 알맞도록 보다 진보한 시합 방법들을 만들 수 있는 기초가 된다.

스트로크 플레이

스트로크 플레이는 매 홀의 스코어를 합산하여 토탈 18홀의 그로스 스코어(실제 친 타수)에서 핸디캡을 뺀 네트 스코어로 경쟁하는 시합 형태다. 총 핸디캡 스트로크를 그로스에서 빼면 네트 스코어가 된다. 이것이 가장 흔한 시합 방법이다.

매치 플레이

이것은 두 사람이 경쟁하는 시합이다. 핸디캡을 받는 시합이라면 낮은 핸디캡퍼가 높은 핸디캡퍼에게 핸디캡 수의 4분의 3만 주는 것으로서 스코어 카드의 핸디캡란에 있는 수에 따라 그 홀에서 한 스트로크씩 받는 것이다.

포섬 또는 스코틀랜드식 포섬

네 명의 플레이어가 두 명씩 조를 나누어 볼은 하나씩만 사용하고, 둘이 교대로 샷하는 방법이다. 한 플레이어가 첫홀과 홀수 번호의 홀에서 드라이브 샷을 하면, 다른 플레이어는 짝수 번호의 홀에서 드라이브 샷을 한다. 이것은 또한 스트로크 플레이나 매치 플레이 형태로 할 수 있다.

포 볼 베터 볼(Four Ball Better Ball)

네 명이 함께 플레이하는데 각각 볼 하나씩으로 플레이한다. 두 명이 한 조를 이루어 매치 플레이 형식으로 이루어지는데, 두 사람 중 더 낮은 스코어를 가지고 경쟁한다. 4볼 베터 볼은 스트로크 형식으로도 할 수 있다. 핸디캡은 4분의 3만 주어지고, 네 명 중 가장 낮은 핸디캡퍼로부터 세 사람이 핸디캡을 받는다.

그린섬

두 명이 한 조로 네 명이 플레이한다. 네 명 모두 홀마다 드라이브 샷을 하고 두 볼 중에 더 좋은 볼을 선택하여 둘이 번갈아 샷하여 홀아웃하는 시합 방법이다. 드라이브 샷한 볼이 선택되지 않은 플레이어가 두 번째 샷을 하게 된다. 어떤 클럽에서는 이 방법에도 핸디캡 시스템을 도입하여, 두 핸디캡의 평균을 적용한다. 낮은 핸디캡의 10분의 6, 높은 핸디캡의 10분의 4를 적용한다. 그린섬 방법은 매치 플레이, 메달 또는 스테이블포드로도 할 수 있다.

스테이블포드 또는 스테이블포드 보기

이 방법은 파를 기준으로 경쟁하는 방법으로 잘 알려진 시합 형식이다. 플레이어는 스트로크 인덱스에 따라 자신의 핸디캡의 8분의 7을 받는다. 달리 말하면 핸디캡이 24라면 21을 받는데, 홀마다 18홀을 한 스트로크씩 받고 인덱스의 핸디캡 1, 2, 3번 홀에서는 한 스트로크씩 더 받는 것이다. (때로는 핸디캡을 모두 받기도 한다.) 스코어 카드에는 그로스 스코어를 기입하고 마음속으로 핸디캡 타수를 뺀 후 파나 네트 파면 2점, 보기 또는 네트 보기면 1점, 버디나 네트 버디면 3점, 이글이나 네트 이글이면 4점을 적는다. 18홀에서 가장 많은 점수를 기록한 사람이 승자가 되는데, 대개 승자의 점수는 35에서 42점 사이이다. 스테이블포드 보기 형식의 시합은 싱글, 포섬, 4볼, 또는 그린섬에서도 사용된다.

보기 경기

이 방법은 스테이블포드를 대신할 수 있는 매치 플레이 형식이다. 플레이어는 핸디캡의 4분의 3을 스트로크 인덱스에 의해 받는다.

실제 매치 플레이와는 달리 전체 라운드를 마쳐야 하며, 홀마다 핸디캡을 받은 후, 그 홀에서 졌든 이겼든 보기에 대해 업인지 다운인지를 기록해야 한다. 라운드가 끝난 후 파 또는 보기에 대해 몇 개가 업이고 다운인지 기록하는데, 예를 들면 3업 또는 6다운같이 되는 것이다. 이 방법은 어려우므로 점차 사용되지 않고 있으며 승자의 스코어도 2업에서 2다운으로 저조하다.

비스크 보기

매치 플레이나 보기 경기의 변형이 '비스크(bisque)'를 이용하는 것이다. 실질적으로 이것은 지정된 홀에서 핸디캡 스트로크를 받는 것이 아니라 플레이어가 어느 홀에서 핸디캡 스트로크를 받을 것인가를 선택하는 것이다. 예를 들면, 비스크 보기에서 15스트로크를 받은 플레이어는 한 홀의 플레이를 마친 후에 핸디캡을 받을 것인지 아닌지를 본인이 선택하는 것이다. 비슷한 방법으로 매치 플레이에서도 이용이 가능한데, 한 플레이어가 다른 플레이어에게 6점을 준다면 받은 사람이 어느 홀에서 적용할까를 결정하는 것이다.

에클레틱 경기

이것은 몇 주나 몇 달 동안 계속되는 경기 방법으로서 이 기간 동안에 각 홀에서 가장 잘 친 스코어를 기록하는 것이다. 어떤 경우에는 스코어 카드의 수에 제한이 없고 또 어떤 경우에는 제한을 둔다. 일반적인 원칙은 처음 라운드가 끝나면, 핸디캡의 반을 빼기 전에 각 홀마다 스코어를 적게 하려고 노력한다.

플래그 경기

여기에서는 플레이어에게 자신의 핸디캡을 더해서 네트 파를 정해 주고 게임을 하는 것이다. 다른 말로 하면, 핸디캡 20의 골퍼는 파 70의 코스에서 90번의 샷만 할 수 있는 것이다. 첫티에서 시작하여 90타를 치게 되면 그의 이름이 적힌 작은 깃발을 90번째 샷이 끝난 자리에다 꽂아 놓는다. 18번 홀에 가장 가깝거나 마치는 사람이 승자가 된다.

세인트 앤드류스 그린섬

이 그린섬 방법은 플레이어들이 두 번째 샷을 교대로 하는 것으로서 한 플레이어가 홀수 번호의 홀에서 하고 다른 플레이어는 짝수 번호의 홀에서 하는 것이다. 드라이브 샷은 각자 치고 다음 샷을 하기에 더 좋은 라이의 볼을 선택하여 두 번째 샷을 한다.

스크램블 또는 텍사스 스크램블

이것은 팀 대항 형식으로서 4명이 한다. 각 플레이어는 첫홀에서 드라이브 샷을 하고 팀의 주장이 가장 좋은 드라이브 샷을 선택하여 다른 플레이어들 모두 이 자리에 볼을 놓고 플레이하는 것이다. 주장은 다시 가장 좋은 세컨드 샷을 선택하고 모두 그 자리에서 첫플레이어가 홀아웃할 때까지 계속한다.

> ◇ **스트로크 플레이를 위한 초보 게임**
>
> 초보자나 경험이 부족한 골퍼들은 보통 스트로크 플레이를 하기 원한다. 프로들이 늘상 하는 시합 형식이기 때문이다. 그러나 스트로크 플레이는 제일 어려운 게임 형식이다. 매치 플레이나 스크램블 또는 스테이블포드 방식으로 시작하는 것이 훨씬 쉽다. 이런 방법으로 하면 게임이 영 안풀릴 경우에는 반드시 홀아웃을 하지 않아도 되고 게임의 진행도 빠르고 보다 재미있다. 스코어 카드를 기록하는 것도 경험이 부족한 플레이어의 경우에는 시간이 오래 걸린다. 남자의 경우 110 이하를 치지 못한다면 스코어를 기록하지 말고, 여자의 경우는 120 이하의 경우에 스코어 카드를 기록할 필요가 없다. 그리고 자기 팀보다 진행이 빠르고 잘 치는 팀에게는 순서를 양보하여 먼저 진행하도록 해야 한다.

에티켓 ETIQUETTE

골프에서 가장 중요한 것은 무엇보다 에티켓이다. 그렇기 때문에 영국의 R&A나 미국의 골프 협회에서 발간된 골프 규정집에는 에티켓이 제일 앞장에 나와 있는 것이다. 이것은 골프의 전통이기도 하지만 안전의 중요성 때문이기도 하다. 가능한 빨리 골프 에티켓을 배움으로써 아무리 하이 핸디캡퍼라고 해도 언제나 필드에서 환영받는 골퍼가 되어야 한다. 좋은 매너라고 할 수 있는 중요한 에티켓을 소개한다.

- 다른 사람이 플레이하고 있을 때는 움직이거나 걸으면 안 된다.
- 항상 뒤에서 플레이하는 사람들에게 신경을 써야 하고 당신 때문에 진행이 지연되고 있다면 그들이 먼저 가도록 양보해야 한다. 어떤 이는 아무리 멀리 보이는 것 같아도 250야드의 거리로 볼을 칠 수도 있고 당신을 기다리고 있을지도 모른다는 것을 기억해야 한다. 볼을 잃어버렸을 때는 뒤 팀을 통과시키고 진행해야 하며 볼을 찾았다고 해서 다시 그들 앞에 가서 플레이하려고 하면 안 된다.
- 항상 첫번째 티샷에 시간을 지켜야 하며 티 그라운드에서는 연습 스윙을 하면 안 된다.
- 떨어져 나간 잔디(디보트)는 다시 제자리에 심어주고 피칭한 볼이 그린에 떨어진 자리는 수선해야 한다.
- 벙커에 볼이 들어가면 벙커의 앞면에 볼이 있지 않는 한 뒤쪽으로 들어가야 한다. 발자국을 깨끗이 지우도록 고르게를 사용하고 없는 경우에는 클럽 헤드를 이용하여 정리한다.
- 그린에서는, 다른 사람의 퍼팅 라인을 밟지 말아야 하고 핀에 접근할 때도 조심스럽게 퍼팅 라인을 피하거나 건너서 접근해야 한다. 다른 플레이어가 퍼팅하는 동안 핀을 잡아 줄 때는 핀 옆에 서면 우선 핀이 홀컵에서 잘 빠질 수 있는가 확인한다. 둘째는 홀컵의 옆으로 충분히 비켜서야 하며 자신의 그림자가 홀을 가리지 않게 한다. 셋째는, 바람이 불 때는 깃발이 펄럭이지 않도록 잡아야 하며, 상대방의 퍼팅 스트로크가 끝나자마자 곧장 핀을 빼내야 한다.
- 매치 플레이에서 당신이 다운(지고 있는 것)이라면 홀마다 스코어를

말해야 한다. 당신이 업이었을 때 상대방이 스코어를 말하지 않으면 당신이 해야 한다.

• 그린 위에서 볼을 마크할 때는 작은 동전이나 볼 마커를 볼의 뒤에 놓은 다음에 볼을 집어들어야 한다. 다시 제자리에 놓을 때는 정확히 그 자리에 놓아야 하고 마커를 집어든다. 어떤 이유로 상대방의 볼을 마크해 달라고 했다면 그가 제자리에 볼을 놓을 때 원위치에 놓도록 알려주어야 한다. 예를 들면 상대방의 볼이 자신의 퍼팅 라인에 있으므로 마크해 달라고 해서 옆으로 퍼터 헤드만큼 비켜서 마크했다면, 리플레이스할 때 다시 퍼터 헤드만큼 옮겨서 원래 있던 자리에 볼을 놓아야 한다는 것을 상대방에게 일러주어야 하는 것이다.

에티켓은 안전을 위해서도 중요하다

• 항상 샷하는 사람의 우측에 서 있어야지 뒤에 서 있으면 안 된다.

• 티에서는 항상 플레이하는 사람의 우측으로 가서 플레이를 본다. 안전을 위해서 이 점은 매우 중요하다. 티 그라운드에서 먼저 티샷한 사람이, 당신이 드라이브 샷 준비를 위해 앞으로 다가갈 때, 자신이 드라이브한 샷이 불만스러워서 다시 한번 연습 스윙을 할 수도 있기 때문이다.

• 플레이어의 앞으로는 절대로 나가지 말고, 아무리 능숙한 사람이 플레이 한다고 해도 절대로 등을 돌려서는 안 된다. 항상 다른 플레이어와 같은 선상에 있고 올바른 위치에 있어야 한다.

• 당신이 친 볼이 앞사람을 맞힐 우려가 있거나 나무 너머로 옆의 다른 페어웨이로 날아갔을 때는 "볼!"(영어로는 "포(fore)!"라고 함)이라고 외쳐야 한다. 또 누군가가 "볼!"이라고 소리치면 당신에게 한 소리이든 아니든 그 방향으로 돌아다 볼 것이 아니라 앞으로 엎드려서 팔로 머리를 감싸야 한다.

• 앞 팀의 플레이어들이 충분히 멀어진 다음에 플레이하라. 그린을 향해 칠 때도 앞 팀이 완전히 그린에서 벗어나서 멀어진 다음에 플레이해야 한다.

• 마지막으로 적절한 스피드를 지키며 플레이해야 한다. 당신이 오너라

경기방법, 에티켓 및 룰

← 그린에서의 진행은 잘 인식하고 있어야 할 에티켓이다. 핀에 접근하는 올바른 방법도 그중 하나이며 프로들의 캐디가 어떻게 하는지를 보면 배울 수 있다. 중요한 것은 홀컵에 그림자가 드리워지지 않게 서는 것과 깃발이 바람에 펄럭이지 않게 하는 것이다. 상대가 퍼팅할 때 이 두 가지가 지켜지지 않으면 집중력을 크게 떨어뜨리게 된다.

면 티 그라운드에 가서 전 홀의 스코어를 기록하려고 하지 말라. 가능한 빨리 티에 오르고 그러나 스윙에는 시간을 가져야 한다. 이때 다른 플레이어들은 그들의 드라이버를 준비해야 하고, 필요하다면 다음 페어웨이를 향해 걸어가며 스코어를 기록할 수 있다. 홀아웃한 다음에 그린 위에서 카드를 기록하거나 그린 옆에서 하려고 하면 안 된다. 그린을 완전히 벗어나서 해야 한다.
- 사용한 클럽은 그린의 옆에, 다음 홀을 향해 가게 될 방향에 놓도록 버릇을 들여야 한다. 그래야만 클럽을 잃어버리지 않고 챙겨 갈 수 있다.
- 샷을 한 후에 다음 샷을 하기 위해 걸을 때는 빨리 걸어서 다른 플레이어들에게 지장을 주지 않도록 한다.
- 샷한 볼을 잃어버릴 것 같으면 잠정구를 치는 습관을 들여서 페어웨이까지 나갔다가 다시 티로 돌아가는 일이 없도록 한다.
- 로스트 볼에 대한 룰은 볼을 찾는 데 5분의 시간을 허용하고 있다. 볼을 잃어버렸다고 생각되면 그 장소에 도착하자마자 시간을 확인하고 뒤에 있는 다른 플레이어를 먼저 지나가게 하고 5분간 찾는다.

주요 룰 POINTS FROM THE RULES

볼은 있는 그대로의 라이에서 플레이되어야 한다. 티를 제외하고는 라이를 개선할 수 없다는 뜻이다. 티 그라운드에서는 볼 뒤로 걸어갈 수도 있고 볼 뒤의 잔디를 뽑을 수도 있지만, 코스의 다른 어느 곳에서도 허용되지 않는다. 볼을 잃어버렸다면 같은 장소에서 하나를 더 치고 1타를 가산한다. 이것은 스트로크 앤드 디스턴스라고 하는데 다른 말로 하면 드라이브 샷한 볼을 잃어버렸다면 같은 자리에서 하는 다음 티샷은 3타째가 되는 것이다. 볼을 잃어버렸다고 생각되면 잠정구를 치겠노라고 선언하고 원래의 볼을 잃어버렸다고 생각되는 장소로 잠정구를 친다.

만일 첫번째 친 볼을 잃어버렸으면 잠정구로 플레이를 계속하고, 첫번째 볼을 찾았다면 잠정구를 포기하든가 언플레이어블을 선언해야 한다.

만일 그린이나 해저드, 또는 티를 제외하고 다른 곳에서 볼이 플레이할 수 없는 상황이라면, 세 가지 선택을 할 수 있다. 첫번째 선택은 1벌타를 받고 그린에 가깝지 않은 곳에 볼이 있던 위치에서 두 클럽 이내에 볼을 꺼낼 수 있다. 두 번째 선택은 스트로크 앤드 디스턴스로 원래 볼을 쳤든 장소로 돌아가서 치는 것이다. 물론 1벌타가 가산된다. 세 번째는, 당신과 그린 사이에서 언플레이어블 볼이 있던 위치에서 직선상으로 원하는 만큼 뒤로 물러가서 플레이할 수 있다.

벙커에서도 볼이 플레이할 수 없는 상황이라면 같은 경우에 해당된다. 그러나 두 클럽을 물러나든, 원하는 만큼 뒤로 가는 것을 선택하든 간에 볼은 벙커 안에서 드롭하고 플레이되어야 한다. 벙커에서 벗어나는 유일한 선택은 스트로크 앤드 디스턴스뿐으로 먼저 볼을 쳤던 원래의 장소로 돌아가서 플레이하는 것뿐이다.

자신의 볼을 확인한다

자신의 볼을 플레이해야 한다. 볼의 마크와 번호를 기억하고 시합에서는 자신의 마크를 볼에 새기는 것이 좋다. 스트로크 플레이에서 다른 볼을 계속해서 치면 샷마다 2벌타에서 최대 4벌타까지 받게 된다. 매치 플레이에서 다른 볼을 치게 되면 그 홀을 잃게 된다. 벙커에서 다른 볼을 쳤을 때는, 자신의 볼이 아니라고 확인하지 않았으면 벌타는 받지 않지만 벙커 밖에서 그 볼로 플레이를 계속할 수는 없다. 다시 벙커로 돌아가서 자신의 볼을 찾아야 한다.

볼의 리플레이스(다시 제자리에 놓는 것)가 허용되는 그린이 아닌 다른 지역에서 실수로 다른 볼을 건드리면 스트로크 플레이나 매치 플레이에서도 페널티를 받는다.

골프의 룰은 상당히 복잡하다. 예를 들면, 아웃사이드 에이젠시(outside agency)와 러브 오브 그린(rub of green)의 차이를 보자. 개가 정지해 있는 볼을 입에 물고 달아났다고 하자. 페널티 없이 제자리에 놓고 플레이한다. 구르고 있는 볼을 개가 물어갔다면 플레이어가 그린에 있지 않았다면 개가 물어간 자리에서 플레이해야 하는데 이것을 러브 오브 그린이라고 한다. 볼을 아예 잃어버렸다면 로스트 볼로 간주된다. 한편, 그린에서 퍼터로 볼을 쳐서 볼이 굴러가고 있는 도중에 개가 물어갔다면 페널티 없이 제자리에 놓고 다시 플레이할 수 있다.

물이 있는 곳에서는 조심

원칙적으로는 캐주얼 워터나(페어웨이나 그린에 고인 물) 언더 리페어(수리중인 지역)는 코스 안에 있어서는 안 된다. 그러므로 그 지역이 끝나는 지점에서 벌타 없이 한 클럽 이내에서 프리 드롭이 허용된다. 만일 그린 위에서 핀과 플레이어 사이에 물이 고여 있다면 물이 없는 곳으로 옆으로 돌아서 볼을 놓고 플레이할 수 있다. 그러나 치핑 샷을 할 때는 핀과 볼 사이에 물이 있다고 해도 구제받을 수 없다.

장애물

장애물은 움직일 수 있는 것도 있고 움직일 수 없는 것도 있다. 어떤 이에게는 움직일 수 있는 것도 다른 사람에게는 움직일 수 없는 것이 될 수도 있다. 예를 들어 그린 관리인의 쇠스랑이라든가 음료수 캔이라면 옮겨 놓을 수가 있으며 부주의로 볼을 움직이지 않는다면 페널티는 없다. 옮길 수 있는 장애물은 사람이 만든 것에 국한 되는 것이고 나뭇가지라든가 가지의 부스러기 같은 자연물은 해당이 안 된다. 장애물이 움직일 수 없는 것일 때는 그린에 가깝지 않게 장애물에 스윙이 방해받지 않는 가장 가까운 장소로 볼을 옮겨 놓을 수 있다.

워터 해저드

워터 해저드에는 두 가지 종류가 있는데 스탠더드와 래터럴(병행) 해저드이다. 일반 해저드는 일단 어느 지점인가에서는 반드시 건너가야 한다. 만일 물에 볼이 빠진다면 원하는 만큼 뒤로 가서 플레이할 수 있지만 반드시 물을 건너야 한다. 병행 해저드는 홀의 옆으로 뻗어 있는 물이다. 병행 해저드에 볼이 들어가면 볼이 물을 건너 들어간 장소와 같은 지점의 거리에서 어느 쪽에서나 드롭할 수 있다.

티샷에 관하여

티샷을 할 때도 조심하여야 한다. 매치 플레이나 스트로크 플레이 어디에서도 페널티가 해당된다. 매치 플레이에서는 오너를 잘못하여도, 티 라인의 밖에서 샷해도 상대방이 당신의 샷을 취소할 수 있는 권리를 갖는다. 스트로크 플레이에서는 티 밖에서 샷을 하면 페널티를 받는다. 매치 플레이와 스트로크 플레이의 차이점을 알아두는 것이 도움이 될

◇ **게임의 관리**

골프의 룰책은 34개 조항밖에 되지 않는다. 그러나 클럽을 묘사하는 데는 한 페이지나 되고 볼의 티샷의 최대 속도와 적법성에 대한 테스트에 관한 자세한 사항은 반 페이지나 된다. 골프는 1774년부터 공식적인 룰을 가지게 되었다. 1890년부터는 세계 대부분의 나라들이 영국의 R&A를 최종 결정 기관으로 알아 왔고 근대에 와서는 골프 선진국들의 대표로 구성된 Rules of Golf Committee가 또하나 유일한 골프 룰의 규정기구인 미국골프협회와 함께 작업하여 국제규정이 생기게 되었다. 질문들에 대해서는 소위원회에서 대답해 준다. 만일 소위원회에서 흥미있는 해석이 나오면 골프 룰의 개정에 대해 전세계에 회람으로 알린다. 또 다른 소위원회에서 다루고 있는 현재의 관심사는 클럽과 볼을 만드는 데 사용되는 새로운 재질이나 기술이 플레이어들에게 불공정한 이익을 줄 수 있거나, 이러한 신제품들의 뛰어난 우수성 때문에 이미 건설되어 있는 코스들의 설계 목적을 무력화시킬 수 있다는 것이다. 1952년에 룰 하나가 개정되었는데, 구어로 사용되면 절망적인 상황을 의미하는 'stymie'라는 단어를 삭제해 버린 것이었다. 퍼팅 그린에서 볼이 다른 플레이어의 볼과 홀 컵 사이의 퍼팅 라인 선상에 놓여 있는 상황을 가리키는 말이었다. 그 이전에는 이런 경우에도 볼을 움직일 수 없었지만 지금은 움직일 수 있고 스티미란 단어는 골프에서 없어져 버렸다. 그러나 언어에서는 절망적인 상황을 뜻하는 단어로 아직도 쓰이고 있다.

것이다.

루즈 임피디먼트

루즈 임피디먼트란 종이, 담배 꽁초, 또는 그린 관리에 사용되는 쇠스랑 같은 움직일 수 있는 장애물이 아니라 나뭇잎이라든가 나뭇가지 같은 자연물이다. 벙커에서는 로컬 룰이 허용하지 않는 한 어떠한 자연 장애물도 움직일 수 없다. 그러나 인공적인 장애물, 즉 움직일 수 있는 장애물은 들어낼 수 있다. 볼을 건드리지 않는 한 페널티는 없다.

부록
골프용어 해설

A

Ace(에이스) 단 한 번에 쳐서 홀에 넣는 것으로 홀인원(hole-in-one)과 같다.

Address(어드레스) 볼을 치려고 준비한 자세.

Advice(어드바이스) 플레이어의 캐디 또는 타 플레이어로부터 클럽의 선택, 스트로크(샷)의 방법, 방향 등에 대해서 조언하는 것. 단, 룰에 대한 조언은 해당되지 않는다.

Against Par(어게인스트 파) 각 홀마다 파를 기준하여 운영하는 경기 방식. 각 홀의 결과를 플러스와 마이너스만을 기록하여 플러스가 많은 사람이 우승.

Against Bogey(어게인스트 보기) 보기를 기준하여 승패를 정하는 경기. 방식은 어게인스트 파와 같다.

Against Rule(어게인스트 룰) 규칙을 위반하는 것.

Air Shot(에어 샷) 볼을 향해 스윙은 했는데 전혀 볼이 맞지 않은 샷.

Albatross(알바트로스) 파보다 3타 적게 홀을 마치는 것. 미국에서는 '더블 이글'로 더 잘 알려져 있다.

All Square(올 스퀘어) 매치 플레이에서 플레이어가 비기고 있을 때.

Annual Fee(애뉴얼 피) 회원들의 연회비(年會費).

Approach Play(어프로치 플레이) 홀 가까이에서 치는 묘기. 여기에는 칩(chip), 피치(pitch), 러닝(running), 어프로치 등이 있다.

Approach Putt(어프로치 퍼트) 핀을 직접 노린 퍼팅은 아니지만 다음 퍼팅이 확실히 홀컵에 들어갈 수 있도록 핀 가까이 붙이는 퍼팅.

Approach Shot(어프로치 샷) 볼을 치려고 준비한 자세.

Apron(에이프런) 그린 입구의 잔디를 잘 다듬은 지역. 페어웨이보다는 짧고 그린보다는 길다.

Army(아미) 전반 9홀의 성적으로 핸디캡을 정하는 것.

Attest(아테스트) 경기 후 상대방 스코어 카드에 착오가 없는지를 확인하는 것. 주로 상대방이 하고 아테스터(Attester)라는 난에 서명한다.(또는 마커라고도 한다.)

Average Golfer(애버리지 골퍼) 핸디캡 18~15 정도의 수준인 사람을 가리키는 말.

Away(어웨이) 처음 타격 후 홀로부터 멀리 떨어진 사람이 먼저 플레이한다. 따라서 누가 더 먼가를 가리킬 때 쓰는 말.

B

Back Nine(백 나인) 18홀 코스에서 후반 코스 9홀을 말한다.

Back Spin(백 스핀) 클럽 페이스의 경사각에 의해 볼이 받는 스핀. 고급 플레이어는 스핀을 강하게 하여 볼이 지면에 떨어진 후 바로 멈추게 한다.

Back Swing(백 스윙) 클럽을 뒤로 올리는 동작.

Back Tee(백 티) 프론트 티(전방), 미들 티(중앙), 백 티(후방) 등의 세 가지가 있고, 통상 가장 잘하는 플레이어(싱글 이하)가 백 티를 사용한다.

Baffy(버피) 우드 4번 클럽의 다른 말. 미국에서는 클리크라고 한다.

Banana Ball(바나나 볼) 오른쪽으로 휘어지는 타구로 슬라이스(slice) 볼의 미국식 용어.

Biginner(비기너) 골프를 처음 시작한 사람, 초보자.

Better Ball(베터 볼) 한 조에서 가장 낮은 스코어가 매 홀마다 채택되는 것.

Birdie(버디) 파보다 한 타 적게 홀을 마치는 것.

Bisque(비스크) 핸디캡으로 매치 플레이 하는 경우, 지정된 핸디캡 홀에서 핸디캡 스트로크를 받는 게 아니라 핸디캡 받은 플레이어가 어느 홀에서 핸디캡을 적용할 것인가를 정하는 것. 홀이 끝난 후에 결정한다.

Bite(바이트) 백 스핀(back spin)과 같은 말. 바이트는 능숙한 아이언 샷에 의해 나타난다.

Blade(블레이드) 아이언 클럽의 칼날형으로 된 타구 면.

Blast(블래스트) 벙커에서 볼 아래의 모래를 폭발시키듯 크게 치는 샷으로 익스플로전(explosion) 샷과 같다.

Blaster(블래스터) 가장 로프트(경사각)가 큰 클럽의 다른 이름. 샌드 웨지 같은 것.

Blind Hole(블라인드 홀) 티 그라운드에서 그린이나 깃대에 가리어져 보이지 않는 홀.

Blow(블로우) 강타. 볼에 힘을 넣어 치는 동작을 말함.

Bogey(보기) 파보다 한 타 많게 홀을 끝내는 것.

Bogey Competition(보기 컴피티션) 플레이어가 핸디캡의 4분의 3을 받고 파를 기준으로 플레이하는 것을 기록. 예: 2Up(파에 대해), 3Down(파에 대해).

Borrow(보로우) 그린 표면의 경사에 대해 플레이어가 볼을 우측으로 보내든가 좌측으로 보내는 것을 보로우라고 한다.

Brassie(브래시) 우드 2번 클럽의 다른 말.

Buffy(버피) 우드 4번 클럽의 다른 말.

Bunker(벙커) 지면보다 낮게 움푹 들어간 지역으로 항상 그런 것은 아니지만 보통은 모래가 채워져 있으며 볼을 잘못 쳤을 경우 그 안으로 떨어지게 하려고 설계되어 있다. 미국에서는 '트랩' 또는 '샌드 트랩'이라고 한다.

Bunker Shot(벙커 샷) 벙커 안에 들어간 볼을 그린 또는 페어웨이로 쳐내는 타법. 이때 클럽을 모래에 소올(sole) 해서는 안 된다.

Butt(버트) 그립 쪽의 샤프트 맨 앞.

Bye(바이) 매치 플레이에서 18홀 전에 승자가 결정되면 나머지 홀을 비공식적으로 플레이 하는 것.

C

Caddie(캐디) 코스에서 플레이어의 골프백을 들어주고 코스나 게임에 대해 조언을 해주는 사람.

Caddie Master(캐디 매스터) 캐디를 교육하거나 지휘하는 사람.

Card(카드) 스코어 카드의 준말. 18홀의 거리, 파, 핸디, 날짜, 이름란 등이 있다.

Carry(캐리) 친 볼이 공중에서 날아가는 거리.

Carryway System(캐리웨이 시스템) 정식 핸디캡이 없는 사람한테 하는 간단한 핸디캡 계산법.

Cart(카트) 골프 가방을 실어 나를 수 있도록 만든 삼륜차.

Casual Water(캐쥬얼 워터) 빗물 웅덩이라든가 넘쳐 흐른 물같이 원래 설계되어 있지 않는데도 코스에 물이 있는 것. 만일 볼이 이런 물에 빠져 있거나 플레이어의 발이 물에 잠기게 되거나, 물에서 플레이해야 한다면 벌타 없이 프리 드롭할 수 있다. 그린에 캐쥬얼 워터가 있다면 홀과 같은 거리에서 물이 없는 가장 가깝고 물을 피할 수 있는 곳에 옮겨놓을 수 있다.

Center-Shaft(센터 샤프트) 퍼터의 샤프트가 헤드의 중앙에 붙어있는 것.

Chip(칩) 그린 주변에서 로프트가 큰 클럽으로 샷하는 것. 보통은 피칭이나 샌드 웨지를 쓴다.

Chip and Run(칩 앤드 런) 중간 아이언으로 그린 가까이에서 러닝 어프로 치하는 샷.

Chip In(칩 인) 칩 샷으로 볼이 홀에 들어가는 것.

Chip Shot(칩 샷) 그린 근처에서 핀(깃대)을 향하여 치는 샷.

Choice Score(초이스 스코어) 조를 짜서 스트로크 플레이를 할 때 그 조원 중 스코어가 가장 좋은 것을 선택하여 계산하는 것.

Circuit(서키트) 순회경기.

Closed(클로즈드) 스탠스의 방향과 클럽 페이스 방향 사이의 관계. 클럽 페이스가 발 쪽을 향해 있다면 클로즈된 것이고, 왼발이 타겟 라인에 크로스(가로질러)되어 있으면 스탠스가 클로즈된 것이다.

Club House(클럽 하우스) 플레이어의 식사, 목욕, 휴식, 탈의, 주차 등을 하기 위한 시설 건물.

Club Length(클럽 렝스) 클럽의 길이.

Cock(코크) 손목의 꺾임.

Collar(칼라) 그린 또는 벙커 주위의 풀.

Compact Swing(컴팩트 스윙) 빈틈없고 완전한 스윙.

Concede(컨시드) 매치 플레이 때 상대방 볼이 원 퍼트로 넣을 수 있다고 생각되면 '좋다'고 말하고 홀인을 준다. 스트로크 플레이에서는 허용되지 않는다.

Country Club(컨트리 클럽) 맴버제로 운영되는 골프 클럽.

Course Rate(코스 레이트) 코스의 난이도를 표시하는 숫자.

Cross Bunker(크로스 벙커) 페어웨이 옆으로 길게 늘어져 있는 벙커. 실수로 이 지역에 볼이 들어갈 수도 있다.

Cross Wind(크로스 윈드) 측면에서부터 부는 바람.

Cup(컵) 홀 안에 넣어놓은 둥근 컵. 홀 자체를 홀컵이라고도 부른다.

Cut In(커트 인) 코스의 순서를 무시하고 도중에서부터 플레이하는 것.

Cut Up(커트 업) 볼을 높이 때리는 것.

Cut Shot(커트 샷) 볼의 스핀이 시계방향으로 생기게 하는 타법으로 그린 위에서 갑자기 볼이 정지하게 된다. 커트 샷은 정교한 기술을 요하는 기법이다. fade라고도 한다.

D

Default(디폴트) 기권(D.F).

Dead(데드) 홀에 아주 가까워서 다음 퍼팅에서 놓칠 리 없는 볼, 매치 플레이에서는 이런 볼은 기브를 준다.

Dimple(딤플) 볼 표면에 파인 작은 자국.

Divot(디보트) 잘 맞은 아이언 샷이 볼을 칠 때 뜯긴 잔디의 조각.

Dogleg(도그레그) 페어웨이가 좌 또는 우로 굽은 코스.

Dormie(도미) 매치 플레이에서 한 사람이 남은 홀의 숫자와 같은 홀을 이기고 있을 때 도미라고 한다.

Double Bogey(더블 보기) 한 홀에서 파보다 2타수 많은 것.

Down Swing(다운 스윙) 스윙의 일부분으로서 백 스윙의 톱에서부터 볼을 때리기까지의 스윙.

Double Eagle(더블 이글) 파보다 3타 적게 홀을 마치는 것. 알바트로스라고도 함.

Down Blow(다운 블로우) 아래로 내려친 스윙. 디센딩 블로우(decending blow).

Downhill Lie(다운힐 라이) 볼이 내려가는 경사면에 정지해 있는 상태.

Down Swing(다운 스윙) 스윙할 때 백스윙 후에 아래로 내려가는 순서의 스윙.

Draw(드로우) 의도적으로 약간 볼을 좌측으로 휘게 치는 샷.

Drive(드라이브) 홀에서 맨 처음 하는 샷. 통상 티에서 한다.

Driver(드라이버) 우드 1번. 클럽 세트 중에서 가장 파워가 센 클럽이며 티에서 최대한의 거리를 내기 위해 사용한다.

Driver Shot(드라이버 샷) 우드 1번으로 치는 샷. 티샷 때 주로 사용된다.

Driving Range(드라이빙 레인지) 250야드 이상의 거리를 갖춘 연습장.

Drop(드롭) 페널티를 받든 아니든 볼을 들어내야 하는 경우, 플레이어는 똑바로 서서 어깨 높이로 팔을 뻗어서 핀에 가깝지 않게 볼을 떨어뜨리는 것.

Dub(더브) 실패한 타구 또는 수준이 낮은 골퍼. 더퍼(duffer)라고도 한다.

Duck Hook(덕크 훅) 심한 훅 현상으로 볼이 급강하하면서 휘어지는 타구로 위협적이다.

E

Eagle(이글) 파보다 2타 적게 홀을 마치는 것.

Eclectic(에클레틱) 몇 주나 몇 달 동안에 걸친 시합으로 코스의 매 홀마다의 베스트 스코어를 채택한다.

Edge(에지) 홀, 그린, 벙커 등의 가장자리 또는 끝을 말한다.

Even(이븐) 스트로크 수가 같을 때, 승패의 우열을 가리기 어려울 때, 이븐 파라 하면 코스의 규정파와 같은 스트로크를 말한다.

Explosion Shot(익스플로젼 샷) 벙커의 모래 속에 볼이 파묻혀 있을 때 탈출하기 위해 하는 샷.

Extra Hole(엑스트라 홀) 규정 홀에서 승부가 가려지지 않아 연장전을 할 때 사용하는 홀.

F

Face(페이스) 볼을 치는 클럽 헤드의 면.

Face Insert(페이스 인서트) 우드 클럽의 페이스에 특별히 강한 임팩트 부분을 끼워 넣은 것.

Fade(페이드) 의도적으로 볼을 왼쪽에서 오른쪽으로 약간 휘어져 날아가게 하는 샷.

Fairway(페어웨이) 티와 그린 사이에 짧게 잔디를 깎아놓은 곳.

Fairway Woods(페어웨이 우드) 티샷 후에 볼이 플레이 상태에 있을 때 사용하기 위해 디자인된 2, 3, 4, 5번 우드, 그리고 때로는 이보다 높은 번호의 우드도 사용한다.

Fast Green(패스트 그린) 볼이 많이 구르는 그린.

Feather Shot(페더 샷) 페이드 샷 때 볼을 의도적으로 높이 치는 것.

Finish(피니시) 스윙의 완료 자세. 또는 경기 끝.

Flag(플래그) 그린 위에 홀의 위치를 알려주는 깃발.(흔히 핀이라고 함.)

Flag competition(플래그 컴피티션) 각 플레이어가 코스의 파에다 핸디캡을 더한 타수를 정해 놓고 플레이한다. 이 정한 타수를 다 치게 되면 거기에서 끝나고(플레이어의 이름을 적은 깃발을 이 위치에 꽂아둠) 가장 멀리까지 플레이해 간 사람이 승리한다.

Flange(플랜지) 아이언 클럽의 넓은 바닥을 가리키며 샌드웨지가 가장 크다.

Flat Swing(플랫 스윙) 몸을 돌아서 하는 궤도가 낮은 스윙.

Follow-through(폴로스루) 임팩트 이후의 스윙의 한 부분.

Fore(포) 플레이어가 자신이 샷한 볼에 필드의 다른 사람들이 맞을 위험이 있을 때 이를 알리려고 소리치는 단어.

Fourball(포볼) 네 명이 벌이는 시합으로서 보통 두 명이 한편이 되어 각자의 볼을 사용. 매 홀의 더 잘 친 사람의 스코어로 계산함.

Foursome(포섬) 두 명이 한편이 되어 하는 시합으로 한편이 볼 하나만 사용하며 교대로 샷한다. 티샷은 교대로 한다.

Fringe(프린지) 그린을 둘러싸고 있는 약간 풀이 긴 부분.

Front Nine(프론트 나인) 18홀 코스의 처음 9홀. 아웃 코스라고도 한다.

Full Swing(풀 스윙) 최대한으로 스윙을 한다는 뜻. 백 스윙이 크다.

G

Gallery(갤러리) 골프 시합을 관전하러 온 관중.

General Rule(제너럴 룰) 골프협회가 정한 규칙.

Gimme(기미) 상대방에게 퍼팅을 우선하도록 양보하는 것.

Gobble(고블) 과감히 퍼팅해 볼을 홀에 넣는 것.

Golden Eagle(골든 이글) 파 5의 홀에서 2타로 홀인시키는 것. 알바트로스.

Grain(그레인) 그린의 풀이 자라는 각도. 그레인에 거슬러서 퍼팅을 하게 되면 그레인을 따라 하는 것보다 어렵다.

Grass Bunker(그래스 벙커) 모래는 없

고 풀만 있는 벙커.

Green(그린) 잔디를 짧게 깎고 잘 다듬어 놓은 타겟 지역으로 홀이 있다.

Green Fee(그린 피) 플레이어가 지불하는 코스 입장료.

Greensomes(그린섬) 두 사람이 한편이 되는 시합의 종류. 네 명 모두 드라이브를 매 홀마다 치고 잘 맞은 볼부터 교대로 치면서 게임하는 것. 각 팀의 핸디캡은 낮은 핸디캡은 10분의 6, 높은 핸디캡은 10분의 4가 주어진다.

Grip(그립) 클럽을 잡고 있는 손의 위치, 또한 클럽 샤프트의 끝에 있는 고무나 가죽으로 감은 손잡는 부분.

Gross Score(그로스 스코어) 네트 스코어를 산출하기 위해 핸디캡을 빼기 전에, 라운드하며 실제로 친 타수.

Ground Under Repair(그라운드 언더 리페어) 임시로 정한, 플레이할 수 없는 코스 내의 지역으로, 여기에 있는 볼은 페널티 없이 옮겨서 드롭할 수 있으며, 지역 밖에 볼이 있다고 해도 플레이어가 그 지역에 서게 됨으로써 플레이에 방해가 된다면 옮길 수 있다.

H

Half(하프) 상대방도 같은 스코어를 기록했을 때. 동점일 경우 매치 게임은 비기게 된다.

Half Shot(하프 샷) 백 스윙을 절반 정도만 하는 타구 동작인데 거리에 따라 조정하여 샷한다.

Half Swing(하프 스윙) 풀 스윙을 반 정도의 힘을 줄여서 하는 스윙.

Handicap(핸디캡) 코스의 파에 비교하여 플레이어의 실력을 비교하는 것. 핸디캡 20의 플레이어는 파 70짜리 코스를 90의 스코어로 마쳐야 한다. 핸디캡을 허용함으로써 실력이 다른 사람끼리도 이런 조건하에 동등한 경쟁이 가능하다.

Hanging Lie(행잉 라이) 플레이어 앞쪽이 낮은 경사에 볼이 있을 때.

Havard Match(하버드 매치) 무승부 경기.

Hazard(해저드) 벙커나 도랑같이 원래 설계에 의해 만들어져 있는 코스 내의 장애물.

Head Up(헤드 업) 스윙시 임팩트 전에 머리를 드는 동작.

Heel(힐) 샤프트 끝에 있는 클럽 헤드 부분.

High Side(하이 사이드) 경사진 그린에서 홀보다 높은 쪽에 있는 지역.

Hole-In-One(홀인원) 티 그라운드에서 단 한번에 홀에 넣는 것.

Hall Match(홀 매치) 매 홀마다 승패를 정하는 경기방식. 매치 플레이라고도 함.

Hall Out(홀 아웃) 한 개의 플레이가 끝난 것.

Home(홈) 18번 홀의 그린.

Home Course(홈 코스) 자기가 소속된 클럽의 코스.

Honor(오너) 전 홀에 이긴 사람이 먼저 티샷할 수 있는 명예를 가진다는 뜻.

Hooded(후디드) 클럽 페이스가 안쪽으로 클로즈되어 로프트가 줄어드는 현상.

Hook(훅) 볼이 좌측으로 심하게 휘는 잘못 친 샷.(오른손잡이의 경우.)

Hosel(호셀) 샤프트가 끼워진 클럽 헤드의 부분.

I

Impact(임팩트) 클럽의 헤드가 볼을 친 순간 상태.

In(인) 컴잉 인(comming in)의 약칭으로 18홀 중 후반의 9홀. 인코스라고도 한다.

In Bound(인 바운드) 플레이가 가능한 지역.

Indoor Golf(인도어 골프) 실내 골프. 실내 골프 연습장.

Inside Out(인사이드 아웃) 클럽 헤드를 비구선 안쪽으로부터 볼에 닿도록 바깥쪽으로 스윙해 쳐내는 것.

Iron(아이언) 쇠로 만들어진 골프 클럽. 퍼터는 제외한다.

Iron Shot(아이언 샷) 아이언 클럽으로 친 샷.

Interlocking Grip(인터락킹 그립) 그립을 잡는 한 방법으로 오른손 약지와 왼손 인지를 걸어 쥐는 방법으로 손이 작은 골퍼나 힘이 약한 골퍼에게 좋은 방법이다.

J

Jerk(저크) 스윙의 리듬과 타이밍이 맞지 않아 볼이 잘못 가는 것.

Jigger(지거) 러닝 샷만을 위해 만들어진 클럽. 클리크라고도 한다.

K

Kick(킥) 볼이 지면에 떨어졌을 때 제 자리로 튀어서 돌아오는 것.

Kick Point(킥 포인트) 골프채가 휠 때 가장 많이 굽어지는 부분.

L

Lag(래그) 퍼팅을 할 때 볼을 홀에 넣기보다는 홀컵을 지나치지 않도록 조심스럽게 퍼팅하는 것.

Last Goal(라스트 골) 매 1년 중 마지막으로 행하는 경기.

Last Hole(라스트 홀) 경기하는 마지막

홀. 피니싱 홀이라고 함.

Lateral Water Hazard(병행 해저드) 도랑이나 개천, 또는 연못이 홀과 나란히 있는 것. 여기에 빠진 볼은 1벌타를 받고 좌우 어디에 놓고 쳐도 무방하다.

Lie(라이) 볼이 서 있는 자리를 라이라고 하며, 또한 클럽의 샤프트와 헤드의 각도를 뜻하는 말이기도 함. 키가 크고 작은 사람을 위해 다양한 각도로 되어 있음.

Line Up(라인 업) 퍼팅 방향으로 볼과 홀을 연결하는 선을 눈으로 정하는 것.

Links(링크) 골프가 원래 플레이되었던 모래와 잔디, 그리고 조잡한 풀들이 있는 전형적인 바닷가 코스.

Lip(리프) 홀의 테두리, 또는 벙커의 경계선.

Local Rules(로컬 룰) 스코어 카드의 뒷면에 적혀 있는 코스의 흔하지 않은 특징이나 장애물에 대해 분명히 규정해 놓은 것. 로컬 룰은 **PGA** 룰에 우선한다.

Loft(로프트) 볼을 높이 띄우거나 적게 띄우기 위한 클럽 헤드의 경사각.

Lonesome(론섬) 혼자서 코스를 플레이하는 골퍼.

Long Game(롱 게임) 거리를 많이 내보내는 것이 더 중요한 경우의 샷.

Long Hole(롱 홀) 파 5 이상의 거리가 먼 홀. 파 4의 홀은 미들 홀, 파 3의 홀은 숏 홀(short hole)이라 한다.

Long Iron(롱 아이언) 아이언 클럽 중 1, 2, 3번을 말한다.

Loose Impediments(루즈 임피디먼트) 실제로 자라나는 것은 아니지만 나뭇가지나 잎 등을 가리키는 말이며, 볼 밑에 깔려있지 않으면 페널티 없이 들어낼 수 있음. 볼은 절대로 움직여서는 안 됨.

Lost Ball(로스트 볼) 5분간 찾다가 찾을 수 없는 볼. 1벌타를 받고 원래 잃어버린 볼을 쳤던 장소로 돌아가서 샷하게 되며 3타째가 된다.

Low Handicap(로 핸디캡) 핸디캡이 적은 상급 플레이어. '싱글 플레이어'라고도 한다. 일반적으로 5 이내를 말하며 25 이상이면 하이 핸디캡.

Low Side(로 사이드) 경사진 그린에서 홀보다 낮은 쪽의 지역을 말한다.

M

Mark(마크) 그린 위에서 플레이어가 다른 사람의 퍼팅 라인에 방해되지 않기 위해, 또는 볼을 닦기 위해 집어든 자리를 표시하는 것.

Marker(마커) 다른 플레이어의 스코어를 기록하는 플레이어.

Mashie(매시) 아이언 클럽 중 5번에 해당하는 로프트를 가진 클럽.

Mashie Niblick(매시 니블릭) 7번 아이언의 별칭.

Match Play(매치 플레이) 타수로 승부를 결정하는 것이 아니고, 이긴 홀의 수에 의해서 결정되는 것.

Medal Play(메달 플레이) 스트로크 플레이와 같은 말. 메달 매치라고도 하며, 규정 홀의 전 타수를 합산하여 적은 타수의 경기자가 우승하는 경기 방식.

Medal Score(메달 스코어) 스트로크 수. 벌타 수도 가산된다.

Medium Iron(미디엄 아이언) 아이언 클럽 중 4, 5, 6번을 총칭하는 말. 미들 아이언과 같다.

Middle Hole(미들 홀) 230~430의 홀. 파 4의 홀.

Mulligan(멀리간) 티샷에서 볼을 나쁘게 쳤을 때 벌타 없이 주어지는 세컨샷.

N

Nassau(낫소) 친한 플레이어들끼리 하는 도박경기로서 매치 플레이를 할 때 자주 쓰며 아메리칸 낫소 골프 클럽에서 시작되었다.

Natural Golfer(내추럴 골퍼) 자연스런 폼을 익힌 천부적인 재능을 가진 골퍼, 본 골퍼(born golfer)라고도 한다.

Natural Grip(내추럴 그립) 야구 방망이를 쥐듯이 하는 그립 방식으로 베이스볼 그립(baseball grip), 텐 핑거 그립(ten finger grip)이라고도 한다.

Neck(네크) 클럽 헤드와 샤프트가 연결되는 부분.

Net Score(네트 스코어) 라운드의 스코어에서 자기 핸디캡을 뺀 스코어.

Never Up Never In(네버 업 네버 인) 홀에 가지 않은 볼은 결코 홀에 들어갈 수 없다는 뜻. 퍼팅은 공이 홀을 지나가도록 해야 한다는 교훈의 뜻.

Niblick(니블릭) 9번 아이언.

Nice Shot(나이스 샷) 좋은 샷을 했을 때 하는 칭찬의 말.

Nose(노우즈) 클럽 헤드의 끝 부분. 토우(Toe)라고도 한다.

O

On(온) 볼이 그린 위에 있는 것.

On Green(온 그린) 볼이 그린에 이르는 것. 한번의 티샷으로 온그린하는 것을 '원 온 더 그린'이라 한다.

One On(원 온) 1타에 볼을 그린에 올려놓는 것.

One Round(원 라운드) 18홀 코스를 1회 끝내는 것.

One Shot Hole(원 샷 홀) 티에서 1타로 그린에 올려놓을 수 있는 거리의 홀. 파 3홀을 가리킨다.

Open(오픈) 스탠스의 우측으로 클럽 페이스가 향해 있고 발은 타겟 라인의 왼쪽을 향해 있는 상태.

골프용어 해설

Open Face(오픈 페이스) 클럽 페이스를 수직보다 더 벌어지게 하는 것. 높은 비구선을 그리게 된다.

Open Game(오픈 게임) 프로와 아마추어가 함께 하는 경기.

Open Stance(오픈 스탠스) 기본적인 3가지 스탠스 중 하나로 정상적인 어드레스에서 왼쪽 발을 뒤로 물러서게 한 자세.

Out(아웃) 18홀의 전반 9번까지의 홀을 말한다. 고잉 아웃(going out)의 준말.

Out Drive(아웃 드라이브) 상대방보다 더 멀리 드라이브하는 것.

Out of Bounds(OB) 플레이할 수 있는 지역이 아닌 곳, 말뚝이나 울타리로 표시되어 있다. OB 지역으로 볼이 들어가면 원래 볼을 쳤던 자리에서 다시 플레이해야 하고 1벌타를 받는다. 경기의 원활한 진행을 위해 OB티가 별도로 있는 곳에서는 OB티에 나가서 플레이해야 한다.

Overlapping Grip(오버래핑 그립) 가장 많이 사용하는 그립의 방법으로 오른손 약지를 왼손 검지 위에 포개어 쥐는 방법으로 해리바든이 고안했다. 바든 그립이라고도 한다.

Over Par(오버 파) 각 홀의 타수가 파보다 많은 것.

Over Spin(오버 스핀) 백 스핀의 반대말로 공의 회전이 날아가는 방향으로 생긴다.

Over Swing(오버 스윙) 백 스윙의 정점에서 클럽 헤드가 수평 이하로 내려가는 것.

P

Par(파) 한 코스나 한 홀에서 스크래치 플레이어가 기록할 수 있다고 예상하는 스코어.

Pass(패스) 앞의 그룹을 앞질러 통과하는 것으로 앞그룹의 속도가 느리면 뒷그룹을 추월시키는 것이 예의이다.

Peg Tee(페그 티) 나무 또는 플라스틱 등으로 만든 티.

Penalty(페널티) 스트로크 플레이에서는 규정을 위반하면 보통 2벌타를 받고 매치 플레이에서는 그 홀을 잃게 된다.

Pin(핀) 홀에 꽂혀 있는 플래그 스틱(깃대)의 다른 표현.

Pitch Shot(피치 샷) 그린에 볼을 올리는 짧은 샷, 높이 띄워줌으로써 지면에 떨어져 구르는 것을 막는다.

Pitching Wedge(피칭 웨지) 피치 샷 때 사용하는 아이언 클럽.

Play Off(플레이 오프) 재경기 또는 연장전.

Play Through(플레이 스루) 진행이 늦은 그룹을 추월하는 것.

Provisionnal(프로비저널) 먼저 친 볼이 잃어버린 것 같거나 OB 지역으로 들어간 것 같을 때 잠정구를 치는 것.

이 잠정구 샷도 계산되고, 먼저 친 볼을 찾지 못하면, 페널티와 그리고 먼저 친 샷도 합산된다. 먼저 친 볼을 찾으면 잠정구는 사용하지 못한다.

Public Course(퍼블릭 코스) 회원제가 아닌 누구에게나 공개되는 코스를 말함.

Pull(풀) 볼이 바르게 날다 좌측으로 약간 휘는 타구.

Push(푸시) 타겟의 우측으로 똑바로 날아가는 샷.

Putt(퍼트) 그린 위에서 퍼터를 이용해 볼을 굴리는 샷.

Putter(퍼터) 퍼트에 쓰는 클럽으로 T, D, L형의 3종이 있다.

Putting Green(퍼팅 그린) 홀 주위에 아주 짧게 깎은 잔디로 된 지역. 그린이라고도 한다.

Putting Line(퍼팅 라인) 그린 위의 볼과 홀을 이은 선으로 공격선을 뜻한다.

디보트 또는 볼 마크를 리페어한다고 말한다.

Rough(러프) 잔디가 덜 다듬어지고 풀이 자라는 페어웨이의 경계선.

Round(라운드) 코스를 한 바퀴 도는 것.

Rub of Green(러브 오브 그린) 볼이 사고로 인해 멈추거나 빗나갔을 경우, 볼이 원래 있던 자리에서 다시 플레이한다.

Rules(룰) 전 세계의 골프계는 영국의 **R&A**와 미국 골프 협회에 의해서 규제된다. 로컬 룰은 클럽의 특정한 상황에 맞도록 규제하기 위해 클럽에서 정한다.

Running Approach(러닝 어프로치) 어프로치 샷의 한 방법으로서 로프트가 약간 있는 클럽으로 지면으로 떨어진 후 볼을 멀리 가도록 하는 샷이다.

R

Recall(리콜) 위반한 상대방에게 수정을 요구하는 것.

Recovery Shot(리커버리 샷) 실책한 타구를 만회하기 위한 샷.

Regular Tee(레귤러 티) 보통 사용하는 티. 중간에 위치한 티. 화이트 티(white tee)라고도 한다.

Repair(리페어) '수리하다' 의 뜻으로

S

Sand Bunker(샌드 벙커) 모래벙커. 흔히 벙커라고 말함.

Sand Trap(샌드 트랩) 벙커의 다른 이름.

Sand Wedge(샌드 웨지) 가장 로프트가 큰 아이언 클럽으로 벙커에서의 샷과 피칭에 사용한다.

Scramble(스크램블) 팀 플레이로서 자기팀이 친 볼 중에 가장 잘 나간 드라이브 샷으로 플레이하고, 그 다음 샷도 마찬가지로 하는 플레이 방식이다.

Scratch Player(스크래치 플레이어) 핸디캡이 0인 플레이어.

Scuff(스커프) 바로 볼 뒤의 땅을 치는 것.

Scoop(스쿠프) 볼을 높이 떠올리는 샷으로 아이언 클럽을 쓴다. 벙커에서 그린으로 쳐올리는 것.

Set of Clubs(클럽 세트) 최대로 사용할 수 있는 클럽의 수는 14개며, 4개의 우드와 9개의 아이언, 그리고 퍼터를 보통의 세트라고 한다.

Shank(생크) 호셀이 있는 부분의 클럽 헤드로서 여기에 볼이 맞으면 우측으로 날아간다.

Short Cut(숏 커트) 가로질러 가는 샷. 홀 순위를 무시하고 가까이 있는 홀로 옮겨가는 것. 복잡한 코스에서는 안된다.

Short game(쇼트 게임) 그린에 어프로치하는 샷, 그리고 퍼팅.

Short Hole(숏 홀) 파 3홀.

Shut Face(셧 페이스) 클럽 페이스가 엎어지는 상태. 클로즈 페이스라고도 한다.

Shut(셧) closed를 참조할 것.

Single(싱글) 싱글 핸디캡의 약어로 1~9까지의 핸디캡을 가리킴.

Slice(슬라이스) 좌측으로부터 우측으로 날아가는 잘못된 샷.

Sole(솔) 클럽 헤드의 밑바닥.

Spade Mashie(스페이드 매시) 6번 아이언의 별칭.

Spoon(스푼) 우드 3번의 별칭.

Spare Shot(스페어 샷) 약하게 치는 샷.

Square(스퀘어) 타겟 라인에 평행하게 어드레스되어 있는 몸의 위치를 스퀘어라고 한다. 직각이라는 뜻.

Stableford(스테이블포드) 파를 기준으로 하는 시합의 한 형식. 스트로크 인덱스에 의해 8분의 7의 핸디캡을 적용하여, 네트 파 스코어는 2점, 보기는 1점, 버디는 3점씩 얻는다.

Stance(스탠스) 볼을 치기 위해 양발의 위치를 정렬하는 것.

Standard Scratch Score(스탠더드 스크래치 스코어) 한 코스에 대한 파의 측정으로 핸디캡의 기초가 된다.

Stiff(스티프) 단단한 클럽의 샤프트. 또는 자세가 굳어 있는 경우도 말한다.

Stony(스토니) 핀 바로 옆까지 볼을 보내는 샷.

Stroke(스트로크) 골프의 샷.

Stroke and Distance(스트로크 앤드 디스턴스) 볼이 플레이할 수 없는 상황일 때(언플레이어블) 1벌타를 받고 원래 볼을 쳤던 자리로 돌아가서 다시 플레이하는 것.

Stroke Index(스트로크 인덱스) 핸디캡 플레이어가 핸디캡 스트로크를 받게 되는 홀의 순서를 표시하는 스코어 카드상의 숫자.(흔히 홀의 난이도를 의미한 것이기도 하다.)

Stroke Play(스트로크 플레이) 친 샷의 수(스코어)로 승부를 결정하는 경기

방식.

Sway(스웨이) 스윙할 때 몸의 중심선을 좌우 또는 상하로 이동시키는 것.

Sweep(스위프) 클럽 헤드의 원심력을 이용해 쓸어내듯이 타구하는 것.

Sweet Spot(스위트 스파트) 클럽 헤드의 중심 부분.

Swing Weight(스윙 웨이트) 한 세트의 클럽일 경우 균형과 클럽의 전체 무게를 측정하는 것으로 모든 클럽은 스윙할 때 같은 느낌이 와야 한다.

T

Take Away(테이크 어웨이) 테이크 백(take back)이라고도 하며 어드레스에서 클럽을 들어 올리는 순간 단계로 백 스윙의 처음동작이다.

Tee(티) 각 홀에서 첫번째의 샷을 위해 볼을 놓는 자리. 티 박스의 약어로 쓰임.

Teeing Ground(티 그라운드) 매 홀 첫 샷을 하는 평평한, 때로는 경사도 있는 지역. 남자의 시합 티(타이거 티 또는 챔피언 티, 백 티라고도 함)와 일반 남자의 티, 조금 짧은 남자용 티, 그리고 레이디의 티로 여러 개의 티 그라운드가 있다.

Texas Mark(텍사스 마크) 볼의 타격점을 표시한 자리.

Tee Up(티 업) 볼을 치기 위해 티에 볼을 올려 놓는 것.

Texas Scramble(텍사스 스크램블) 스크램블 참조.

Texas Wedge(텍사스 웨지) 그린 밖에서 퍼터를 써서 어프로치하는 것.

Three Off The Tee(쓰리 오프 더 티) 볼을 잃어버렸거나 OB, 또는 티샷이 언플레이어블되었을 때 1벌타를 받고 다시 티샷하는 것은 3타째가 된다.

Threesome(쓰리섬) 한 사람이 다른 두 사람과 경쟁하는 시합 형식으로 각 팀은 하나의 볼로 플레이 한다.

Through Swing(스루 스윙) 볼을 실제로 때리는 스윙의 한 부분(다운 스윙에서 폴로 스루까지를 의미한다).

Through The Green(스루 더 그린) 티 그라운드, 퍼팅 그린, 해저드, OB 지역이 아닌 골프 코스.

Toe(토우) 샤프트에서 가장 멀리 있는 클럽 헤드의 끝 부분.

Top(톱) 볼의 윗부분을 치는 것, 토핑이 된 볼은 공중으로 뜨지 않는다.

Trap(트랩) 샌드 벙커.

Turf(터프) 잔디.

Two Ball Foursome(투 볼 포섬) 2명씩 짝을 지어 각편이 하나의 볼로 하는 매치 플레이.

Two Shotter(투 샷터) 미들 홀. 2타로 그린에 올려야 하는 홀.

U

Under Clubbing(언더 클러빙) 필요로 하는 클럽보다 짧은 클럽을 사용한다. 예를 들면 3번 아이언이 적당하나 4번 클럽을 사용하는 것.
Under Handicap(언더 핸디캡) 스코어에 핸디캡을 가산하는 것.
Under Par(언더 파) 파보다 적은 스코어.
Under Repair(언더 리페어) 코스 내에 있는 수리 지역. 흰 선이나 붉은 말뚝을 이용한다.
Under Spin(언더 스핀) 백 스핀.
Unplayable(언플레이어블) 플레이어는 볼의 상태가 플레이할 수 없다고 생각되면 언플레이어블을 선언할 수 있고, 1벌타를 받은 후 홀에 가깝지 않은 곳에 드롭할 수 있다. 벙커에서의 언플레이블은 벙커 안에 드롭하거나 아니면 원래 쳤던 곳으로 돌아가서 다시 플레이해야 한다.
Uphill Lie(업힐 라이) 볼이 플레이어의 발보다 높은 경사에 있는 경우.
Upright Swing(업라이트 스윙) 클럽 헤드의 움직임이 거의 수직인 스윙 스타일.

V

Vardon Grip(바든 그립) 해리 바든에 의해 만들어진 그립으로 오버래핑 그립. V자 그립이라고도 함.
Visitor(비지터) 회원제 클럽에서 비회원 골퍼를 말한다.

W

Waggle(왜글) 플레이어가 어드레스에서 긴장을 풀기 위해 클럽을 좌우로 흔드는 동작.
Water Hazard(워터 해저드) 코스 내의 호수, 연못, 습지, 냇물 등 의도적으로 설계된 장애물.
Wedge(웨지) 로프트가 큰 페이스를 가진 클럽으로, 피팅과 샌드 웨지 아이언 같은 것이다.
Whiff(위프) 볼을 완전히 헛치는 실패 동작.
Whipping(휘핑) 우드 클럽의 헤드에 가깝게 줄을 감아 놓은 것.
Winter Rule(윈터 룰) 플레이가 곤란한 겨울 동안 잔디 보호를 위하여 특별히 인정하는 규칙. 페어웨이 내에서 볼을 6인치 이내의 거리까지 옮길 수 있다.
Woods(우드) 먼 거리를 보낼 수 있도록 길게 고안되고 헤드가 감나무, 물푸레

나무 등으로 만들어진 클럽. 각종 금속으로 만들어진 메탈우드도 있다.

Wrist Cock(손목 코킹) 백 스윙시 클럽이 올라가며 시작되는 손목이 자연스럽게 꺾이는 동작.

Y

Yard(야드) 영국에서 쓰는 길이를 나타내는 단위로, 1야드는 3피트, 0.91438cm이다.

◇ 클럽의 이름들

가죽에 깃털을 채워놓은 볼로 골프를 하던 시절에는 클럽들은 번호보다는 이름을 가지고 있었다. 잘 알려진 이름들은 다음과 같다.

버피: 페어웨이에서 사용하는 로프트가 큰 우드를 말함. 흔히 5번 우드를 버피라고 부르는데 다른 번호의 우드도 마찬가지임.

브래시: 2번 우드.

크리크: 드라이브 아이언, 1번 아이언.

매시: 5, 6번 아이언.

니블릭: 7, 8번 아이언.

스푼: 페어웨이 우드, 특히 3번 우드.